AS FAMÍLIAS SIMULTÂNEAS E SEU REGIME JURÍDICO

LUCIANA BRASILEIRO

Paulo Lôbo
Prefácio

AS FAMÍLIAS SIMULTÂNEAS E SEU REGIME JURÍDICO

3ª edição revista, ampliada e atualizada

| 2 |

Belo Horizonte

FÓRUM
CONHECIMENTO JURÍDICO
2021

© 2019 Editora Fórum Ltda.
2020 2ª edição
2021 3ª edição

É proibida a reprodução total ou parcial desta obra, por qualquer meio eletrônico, inclusive por processos xerográficos, sem autorização expressa do Editor.

Coordenação da Coleção
Marcos Ehrhardt Júnior

Conselho Editorial da Coleção

Ana Carolina Brochado Teixeira
Anderson Schreiber
Eroulths Cortiano Junior
Fabiola Albuquerque Lobo
Flávio Tartuce
Gustavo Tepedino
Nelson Rosenvald
Paulo Lôbo
Rodrigo da Cunha Pereira

Conselho Editorial

Adilson Abreu Dallari
Alécia Paolucci Nogueira Bicalho
Alexandre Coutinho Pagliarini
André Ramos Tavares
Carlos Ayres Britto
Carlos Mário da Silva Velloso
Cármen Lúcia Antunes Rocha
Cesar Augusto Guimarães Pereira
Clovis Beznos
Cristiana Fortini
Dinorá Adelaide Musetti Grotti
Diogo de Figueiredo Moreira Neto (*in memoriam*)
Egon Bockmann Moreira
Emerson Gabardo
Fabrício Motta
Fernando Rossi
Flávio Henrique Unes Pereira

Floriano de Azevedo Marques Neto
Gustavo Justino de Oliveira
Inês Virgínia Prado Soares
Jorge Ulisses Jacoby Fernandes
Juarez Freitas
Luciano Ferraz
Lúcio Delfino
Marcia Carla Pereira Ribeiro
Márcio Cammarosano
Marcos Ehrhardt Jr.
Maria Sylvia Zanella Di Pietro
Ney José de Freitas
Oswaldo Othon de Pontes Saraiva Filho
Paulo Modesto
Romeu Felipe Bacellar Filho
Sérgio Guerra
Walber de Moura Agra

FÓRUM
CONHECIMENTO JURÍDICO

Luís Cláudio Rodrigues Ferreira
Presidente e Editor

Coordenação editorial: Leonardo Eustáquio Siqueira Araújo
Aline Sobreira de Oliveira

Av. Afonso Pena, 2770 – 15º andar – Savassi – CEP 30130-012
Belo Horizonte – Minas Gerais – Tel.: (31) 2121.4900 / 2121.4949
www.editoraforum.com.br – editoraforum@editoraforum.com.br

Técnica. Empenho. Zelo. Esses foram alguns dos cuidados aplicados na edição desta obra. No entanto, podem ocorrer erros de impressão, digitação ou mesmo restar alguma dúvida conceitual. Caso se constate algo assim, solicitamos a gentileza de nos comunicar através do *e-mail* editorial@editoraforum.com.br para que possamos esclarecer, no que couber. A sua contribuição é muito importante para mantermos a excelência editorial. A Editora Fórum agradece a sua contribuição.

Dados Internacionais de Catalogação na Publicação (CIP) de acordo com a AACR2

B823f	Brasileiro, Luciana
	As famílias simultâneas e seu regime jurídico / Luciana Brasileiro. 3. ed.– Belo Horizonte : Fórum, 2021.
	202p.;
	Coleção Fórum Direito Civil e seus desafios contemporâneos, v. 2. ISBN da coleção: 978-85-450-0675-6 ISBN do volume: 978-65-5518-274-3
	1. Direito Civil. 2. Direito de Família e Sucessões. 3. Coleção Fórum Direito Civil e seus desafios contemporâneos. I. Título.
	CDD 342.16 CDU 347.6

Elaborado por Daniela Lopes Duarte - CRB-6/3500

Informação bibliográfica deste livro, conforme a NBR 6023:2018 da Associação Brasileira de Normas Técnicas (ABNT):

BRASILEIRO, Luciana. *As famílias simultâneas e seu regime jurídico*. 3. ed. Belo Horizonte: Fórum, 2021. (Coleção Fórum Direito Civil e seus desafios contemporâneos, v. 2). ISBN 978-65-5518-274-3.

Dedico este trabalho às pessoas mais importantes da minha vida: Silvia, Carol e Marcos. Dedico, em forma de gratidão, ao querido Professor Paulo Lôbo, pela alegria e orgulho de tê-lo sempre por perto, meu sempre orientador. Para Zeno Veloso, em memória.

AGRADECIMENTOS

Agradecer é uma importante etapa da construção de uma obra, pois é o fechamento de um ciclo, onde a pesquisa se tornou possível graças a muita gente.

Ao meu orientador e grande mestre, Prof. Paulo Lôbo, por toda sua grandeza e generosidade. Eu preciso lhe agradecer sempre, pelo respeito, pela dedicação e paciência, pela sua crença na academia, pela sua simplicidade e dignidade.

Para Fabíola Lôbo, professora, amiga, conselheira, que sempre me acolheu com cuidado, me integrou ao ambiente acadêmico da Universidade Federal de Pernambuco, assim como me recebeu em seu lar, espaço sagrado de cada família.

Aos meus amigos do Grupo de Pesquisa CONREP, família que cresceu muito ao longo do desenvolvimento desta pesquisa, amigos que me acompanharam na jornada, trazendo colorido para os estudos e companhia para a solidão de escrever, em especial registro a Marcos Ehrhardt, amigo de todas as horas e liderança do grupo, o responsável pela possibilidade de ver meu trabalho publicado; a Gustavo Andrade, amigo e leitor, com quem pude dividir muitas dúvidas; a Everilda Brandão, Elaine Buarque, Rodrigo Toscano, Carla Moutinho, José Barros, todos incentivadores, pesquisadores comprometidos com a docência, mais que colegas, amigos para a vida.

Ao IBDFAM Nacional e Estadual, instituto que fomenta o ensino do Direito das Famílias, responsável por tantos avanços, casa de quem pesquisa famílias, espaço onde me encontrei na profissão, com afetuoso registro a Rodrigo da Cunha Pereira e Maria Berenice Dias, aguerridos e responsáveis pela luta de uma interpretação digna às nossas famílias.

À minha família afetiva, amigas, irmãs, que sororam comigo todos os dias, na ciranda de mulheres que sabem o que querem, resistindo ao sistema que nos diz nãos: Maria Rita Holanda, Catarina Oliveira e Adriana Rocha, pelas incontáveis vezes que vocês me pegaram pela mão, acreditaram em mim, me fizeram sentir quem sou e acreditar que posso chegar aonde quiser, obrigada pela ciranda diária.

Aos amigos de trabalho, sim, por poder trabalhar com amigos (que privilégio!) Eduardo Oliveira, Edmilson Boaviagem, Abel da Hora,

Marcelo Correia e todos os que fazem nosso escritório, colaboradores e funcionários, com um agradecimento especial à Nathaly Saturnino, mais que parceira de trabalho, uma amiga que esteve comigo nas minhas ausências, com o cuidado e a atenção de sempre.

Aos funcionários do PPGD/UFPE, marcadamente Maria do Carmo (Carminha) e Gilka, grandes colaboradoras do programa, assim como à Universidade, pela possibilidade de desenvolver minha pesquisa, me proporcionando crescimento, crença e, sobretudo, a resistência da educação, fortalecendo o espírito por dias melhores no país. Aos meus mestres do programa, destacadamente Eugênia Barza, Torquato Castro, Aurélio Boaviagem, Larissa Leal, Silvio Romero e Fabíola Lôbo, por tantas trocas!

Às minhas famílias, Fonseca Lima, Brasileiro e Lins Auto, pela grande força que é ser família, no sangue e no coração, onde moram Alice Lins, Hercília Auto, Tiago Teodoro e Diego Inglez de Souza, fundamentais na fé que tenho na vida.

Ao meu núcleo afetivo, mãe e irmã, Silvia e Carol, pelo apoio, amor, presença e pelo presente de tê-las no meu convívio e na existência.

Ao meu marido, Marcos, que esteve ao meu lado me ajudando a dizer não, dizendo não por mim e comigo, que acreditou em todos os minutos que eu chegaria até o fim; para você, lindo, meu obrigada por ter me dito sempre sim.

SUMÁRIO

APRESENTAÇÃO
Marcos Ehrhardt Jr...13

PREFÁCIO DA PRIMEIRA EDIÇÃO
Paulo Lôbo..15

INTRODUÇÃO 17

CAPÍTULO 1
CONJUGALIDADE E FAMÍLIA NO DIREITO BRASILEIRO 23

1.1 O Brasil descoberto e a miscigenação – a constituição de famílias
entre nativos e colonizadores..30

1.2 Análise das legislações anteriores ao processo de codificação e suas
influências nas famílias...35

1.2.1 As Ordenações Filipinas...36

1.2.2 As Constituições Primeiras do Arcebispado da Bahia e a necessidade
de interferência da Igreja no Brasil Colônia – o legado canônico........40

CAPÍTULO 2
CONCUBINATO E MONOGAMIA NO DIREITO POSITIVO
BRASILEIRO 45

2.1 Concubinato "puro": o termo precedente da união estável................50

2.2 Concubinato "impuro": a linguagem como forma de discriminação
dos relacionamentos familiares 55

2.3 A monogamia no Direito brasileiro e suas interpretações...................58

CAPÍTULO 3
A APLICAÇÃO DOS PRINCÍPIOS CONSTITUCIONAIS NAS
FAMÍLIAS SIMULTÂNEAS: A PLURALIDADE E OS MECANISMOS
DE PROTEÇÃO..65

3.1 O princípio da dignidade da pessoa humana e a proteção pessoal
dos membros das entidades familiares 74

3.2 A solidariedade como dever jurídico de apoio familiar 78

3.3   A igualdade dos núcleos familiares como forma de blindagem ao preconceito 80

3.4   Liberdade de formar família como garantia intrínseca ao sistema plural 83

3.5   O princípio da afetividade como materialização da solidariedade 88

3.6   O princípio da responsabilidade como elemento estruturante das famílias simultâneas – atribuição de deveres para proteções pessoais 93

CAPÍTULO 4
UNIÃO ESTÁVEL APÓS A CONSTITUIÇÃO FEDERAL DE 1988 97

4.1   Precedentes legais do Código Civil – tentativas de regulamentação da união estável 99

4.1.1   Primeira tentativa: a Lei n° 8.971/1994 e a garantia de alimentos e sucessões 100

4.1.2   Segunda tentativa: a Lei n° 9.278/1996 e a ampliação de direitos para a união estável...101

4.2   A união estável no livro de família do Código Civil de 2002 103

4.2.1   Elementos caracterizadores da união estável e do concubinato 105

4.3   A legitimação do concubinato no Código Civil brasileiro 110

4.3.1   O conceito de concubinato e sua legitimação no art. 1.727 do Código Civil brasileiro: da marginalidade à normatização do *heterismo* 113

4.3.2   A atribuição de responsabilidade jurídica a partir da solidariedade. O dever de prestar alimentos a partir da presunção de formação de nova entidade familiar 118

4.3.3   Os dispositivos de *proteção* patrimonial no viés seletivo do Código Civil 121

4.4   Experiência estrangeira – regras expressas de proibição na França e na Argentina..125

CAPÍTULO 5
A EXTENSÃO DOS EFEITOS JURÍDICOS DE ENTIDADE FAMILIAR AO CONCUBINATO 129

5.1   Bigamia, poligamia, poliafetividade e suas distinções da monogamia 131

5.2   A descriminalização do adultério 139

5.3   Boa-fé nas famílias..142

5.3.1   Casamento putativo 148

5.3.2   União estável putativa 149

CAPÍTULO 6

OS EFEITOS JURÍDICOS DAS FAMÍLIAS SIMULTÂNEAS..............151

6.1 A questão previdenciária e seu precedente histórico de proteção das pessoas dependentes economicamente...152

6.2 Repercussão geral – RE nº 883.168-SC (Tema 526) e RE nº 1045273-SE (Tema 529) – matéria previdenciária com repercussão direta no Direito Familiar...155

6.2.1 A (des)necessidade de comprovação de concubinato de longa duração para a Repercussão Geral...163

6.3 O argumento da proibição ao enriquecimento sem causa e a relativização das presunções nos regimes de bens.............................166

6.4 A repercussão no direito sucessório: a solução através da triação....171

6.5 Impenhorabilidade dos bens de família legais 176

6.6 Preenchimento da função familiar para atribuição de efeitos jurídicos e o dever de responsabilidade...177

CONSIDERAÇÕES FINAIS 185

REFERÊNCIAS..193

APRESENTAÇÃO

COLEÇÃO FÓRUM DIREITO CIVIL E SEUS DESAFIOS CONTEMPORÂNEOS

A vida em sociedade é uma constante mutação nos modos e na intensidade de relações interpessoais cada vez mais fluidas e complexas. Diversidade e pluralidade se tornam um desafio para operadores do Direito comprometidos com as diretrizes axiológicas do texto constitucional, num cenário de pouca tolerância e respeito a pontos de vista e escolhas comportamentais e negociais diferentes da maioria.

O Direito Civil exprime o cotidiano do sujeito comum, do indivíduo que assume funções em seu ambiente familiar, negocial e tem que equilibrar as necessidades de interação e contato social com o respeito a seus valores e visão de mundo, que determinam seu projeto de vida e decisões eminentemente existenciais. A velocidade das mudanças no mundo contemporâneo tem produzido um evidente impacto nos institutos tradicionais da disciplina, que carecem de ressistematização e uma funcionalização atenta aos legítimos interesses das pessoas envolvidas.

O melhor caminho para refletir sobre os desafios de aplicar um conhecimento que era abordado de modo estático numa realidade analógica a um cenário dinâmico de elevada interação digital é ter acesso a um acervo de qualidade técnica, elaborado mediante uma pesquisa de fontes exemplar, comprometido com a análise crítica do contexto fático atual e com uma metodologia que privilegia a pessoa e suas necessidades existenciais em detrimento de aspectos puramente patrimoniais.

Com esses objetivos apresenta-se a *Coleção Fórum de Direito Civil e seus desafios contemporâneos*, criada com a finalidade de servir como um espaço privilegiado para a discussão de um Direito Civil adequado às demandas do tempo presente. Os livros que forem editados com este selo têm por objetivo abordar temas que necessitam de maior atenção e debate de operadores jurídicos, quer seja por sua inovação, necessidade de revisão de entendimentos clássicos, quer seja pela nova abordagem que sugerem para o enfrentamento de questões controversas relevantes para a melhoria da prestação jurisdicional em nosso país. Busca-se reunir uma doutrina útil para novas pesquisas e para servir de fonte preferencial para decisões judiciais, servindo de fundamento para a atuação de advogados, promotores, defensores e magistrados.

Com a criação desta coleção, a Editora Fórum mais uma vez reafirma seu compromisso com a consolidação e a divulgação de doutrina jurídica de qualidade a seus leitores, garantindo um espaço de excelência para o trabalho de todos aqueles que acreditam na pesquisa jurídica como um dos caminhos para a construção de uma sociedade mais justa e solidária.

Maceió/AL, 21 de abril de 2019.

Marcos Ehrhardt Jr.
Coordenador

PREFÁCIO DA PRIMEIRA EDIÇÃO

Esta obra ancora, na racionalidade jurídica, tema vulnerável a considerações de ordem moral e a preconceitos de variados matizes. Seu objetivo é demonstrar que há reconhecimento jurídico suficiente em nosso sistema às entidades familiares simultâneas, que não são apenas fenômenos das relações sociais ou do mundo da vida.

Não é tarefa fácil! Basta lembrar que o STF, mercê de seu papel constitucional de garantias contramajoritárias, reconheceu, por unanimidade, a união homossexual como entidade familiar, mas retardou o julgamento da repercussão geral do tema relativo às uniões paralelas, o que faz despontar como este tema repercute convicções morais profundas da sociedade brasileira, para um lado ou para outro.

Daí a importância da pesquisa desinteressada, fundada em dados e fatos, que seja capaz de ultrapassar as pré-compreensões e contribua para a compreensão de temas controvertidos, que, por serem assim, não podem ser afastados ou sofrerem censura prévia. No âmbito do Direito, interessa saber se há ou não, no sistema jurídico, fundamento para a conclusão a que chegou a autora de serem as entidades simultâneas espécies do gênero união estável, segundo o modelo constitucional aberto, o que lhe permitiu construir o estatuto jurídico próprio dessas entidades, nas relações entre os companheiros e entre estes e seus filhos e demais parentes.

A obra é enriquecida com estudos transversais de história do Direito brasileiro, de Filosofia e de Sociologia, além do diálogo constante entre o Direito Civil e a teoria e as experiências constitucionais. Esta última dimensão me é particularmente cara, pois a ela venho dedicando reflexões, que tornei públicas inicialmente em conferência proferida em 2001, na cidade de Ouro Preto, sobre as entidades familiares constitucionalizadas, para além do *numerus clausus*, cujos pressupostos e requisitos são perfeitamente atendidos pelas entidades familiares simultâneas.

A autora reúne vocação para a pesquisa e os estudos aprofundados em Direito e experiência como advogada militante, na área dos direitos de família e sucessões, o que resulta na interlocução em seu texto entre a doutrina jurídica, tal como vem sendo desenvolvida, suas reflexões próprias e a aplicação pelos tribunais dessa matéria. É marcante sua preocupação com a efetividade do direito e com a realidade da vida, não sendo mais sustentável que essas entidades, que têm de fato finalidade de constituição de família, permaneçam invisíveis, reclamando a tutela do direito.

Questão sensível, enfrentada pela autora, diz respeito ao conceito de concubinato, que atravessa a história jurídica do Brasil, de acordo com os valores dominantes em cada época, e como deve ser encarada na atualidade. Décadas atrás, antes da Constituição de 1988, construiu-se tese, acolhida pelo STF, que na época configurou avanço para a solução das injustiças flagrantes, de equiparar a relação concubinária à sociedade de fins econômicos, para se tangenciar a proibição legal dos efeitos familiares. Depois da Constituição de 1988, essa solução, então humana e engenhosa, passou a ser incompatível e atentatória à tutela constitucional das entidades familiares, máxime com o princípio da igualdade entre estas e entre os integrantes destas (casal e filhos).

A força insurgente dos fatos sociais se impôs ao direito brasileiro, ante os resultados anuais dos censos da pesquisa nacional por amostragem de domicílios (PNAD), divulgados pelo IBGE, que revelam a multiplicidade de entidades familiares existentes no Brasil. Todas são entidades familiares legítimas, por força da norma inclusiva do art. 226 da CF. Não há entidades familiares ilegítimas, da mesma forma que não há mais filhos ilegítimos. Lembremo-nos que os filhos extramatrimoniais eram párias excluídos da legislação, que impedia que tivessem o nome do pai, ainda quando este o reconhecesse. Eram sujeitos sem direitos. Esta mancha de nossa história, radicada no preconceito, não pode mais projetar sua sombra nas entidades familiares de onde provêm esses filhos.

A norma do Código Civil, art. 1.727, que alude ao concubinato tem efeito apenas definitório. Não diz que a união concubinária não constitui entidade familiar. Nem poderia dizê-lo, pois violaria a Constituição.

A contribuição da autora, ao levantar o conjunto de direitos e deveres dos companheiros da união familiar simultânea, no direito brasileiro, é permanente, enquanto houver o *caput* do art. 226 da CF. Não importam as eventuais divergências que emerjam da jurisprudência dos tribunais, inclusive do STF, porque essas entidades familiares permanecerão em nossa sociedade.

Paulo Lôbo
Doutor em Direito Civil (USP). Professor Emérito da UFAL. Líder do Grupo de Pesquisa "Constitucionalização das relações privadas". Diretor do Instituto Brasileiro de Direito de Família.

INTRODUÇÃO

Em setembro de 2018 faleceu Wagner Domingues Costa, mais conhecido como Mr. Catra, cantor de funk carioca, cuja vida privada despertava mais interesse do público que as suas próprias músicas. O cantor declarava viver em pelo menos três relacionamentos estáveis (Silvia Regina, Layana e Larissa são os nomes), nas três casas que mantinha, uma em São Paulo e duas no Rio de Janeiro, além de trinta e dois filhos.

As relações eram públicas e notórias, dotadas de estabilidade, afetividade e o cantor chegou a gravar inúmeras entrevistas dando detalhes de sua intimidade, sustentando que a infidelidade é parte da natureza masculina.[1] [2]

Ao analisar a situação do cantor, Regina Beatriz Tavares da Silva, instada a tratar sobre a partilha dos bens por ele amealhados em vida, assim concluiu:

> [...] Desse modo, partindo da hipótese de que Mr. Catra não se casou civilmente com qualquer uma dessas mulheres e que não deixou testamento, assim como que a relação que manteve com a primeira mulher daquela série foi de 20 anos, com a segunda de 10 anos e com a terceira de 3 anos, teríamos a seguinte hipótese jurídica: somente a primeira mulher, que aparece na internet como "oficial", terá direito à meação sobre os bens deixados por Mr. Catra durante os 20 anos de

---

[1] M DE MULHER. *Com 03 mulheres e quase 27 filhos, Mr. Catra afirma: 'Deus fez isso por mim, deixo tudo nas mãos Dele'*. Disponível em: https://mdemulher.abril.com.br/famosos-e-tv/com-3-mulheres-e-quase-27-filhos-mr-catra-afirma-deus-fez-isso-por-mim-deixo-tudo-nas-maos-dele/. Acesso em: 17 nov. 2018.

[2] SARAIVA, Jaqueline. *Mr. Catra não deixou herança para mulheres e 32 filhos*: família do funkeiro que morreu após luta contra o câncer deve se virar apenas com os lucros de direitos autorais. Disponível em: https://www.metropoles.com/vida-e-estilo/celebridades/mr-catra-nao-deixou-heranca-para-mulheres-e-32-filhos. Acesso em: 17 nov. 2018.

relacionamento, ou seja, à partilha dos bens que ele adquiriu em seu nome durante a relação e também somente ela terá direito à herança sobre os bens particulares do falecido, em divisão com todos os seus 32 filhos, assim como à pensão da previdência social que ele tiver deixado, em divisão com os filhos menores dele. As demais mulheres não terão direito à meação, à herança e nem a receber pensão previdenciária.[3]

A autora parte da tese de que o Brasil não admite o reconhecimento de famílias simultâneas, afastando a possibilidade jurídica de qualquer efeito positivo para as outras duas companheiras, que na realidade terão acesso à herança por força de um acordo firmado pelas partes, atendendo à vontade do funkeiro, que se dizia *poligâmico*. Contudo, o cantor não convivia com as suas três companheiras no mesmo lar, ao contrário, mantinha famílias simultaneamente, em paralelo, com assunção de responsabilidades em relação a todas elas, criação e sustento dos filhos havidos e convivência contínua e duradoura com todas.

O caso do Mr. Catra foge da realidade das famílias simultâneas no Brasil, talvez pela exposição, pelo número de filhos ou, ainda, pelas manifestações sinceras do cantor, que nunca escondeu seu privilégio de ser homem, que lhe põe na condição de *poder* manter as relações sem o julgamento social.

Também vieram à tona as notícias, após a morte do apresentador de televisão Gugu Liberato, de que mantinha um relacionamento estável com Thiago Salvático, além daquele publicizado com Rose Miriam di Matteo, com quem teve três filhos. As notícias indicam que o apresentador mantinha com Rose um contrato de coparentalidade, não obstante as notícias veiculadas em revistas e jornais fossem de que mantinham uma relação estável e que, de forma não pública, mais reservada, se relacionava há alguns anos com Thiago. Ambos buscam o reconhecimento judicial das relações estáveis, para que possam se habilitar no processo de inventário do companheiro.[4]

Por famílias simultâneas, expressão aqui empregada ao longo desta pesquisa, compreende-se a formação de entidade familiar pautada na conjugalidade, que se estabelece simultaneamente a outra entidade, sem ocorrência de separação de fato com qualquer delas. A doutrina

---

[3] SILVA, Regina Beatriz Tavares da. *O que será das mulheres de Mr. Catra?* Disponível em: https://politica.estadao.com.br/blogs/fausto-macedo/o-que-sera-das-mulheres-de-mr-catra. Acesso em: 17 nov. 2018.

[4] Thiago Salvático, companheiro de Gugu, entra na disputa pela herança do apresentador. Disponível em: https://istoe.com.br/thiago-salvatico-companheiro-de-gugu-entra-na-disputa-pela-heranca-do-apresentador/, acesso em: 15 mar. 2020.

também se utiliza da expressão famílias paralelas, traçando como diferença o fato de que as famílias simultâneas deveriam ter um início conjunto, haja vista a etimologia da palavra, ao passo que as paralelas podem ter inícios em tempos diferentes. O fato é que a expressão *'simultâneas'* traduz a coexistência de relacionamentos familiares num mesmo momento, sem ruptura de um para o início de outro, razão pela qual a expressão será aqui adotada para fazer referência ao tema estudado.

Merece ainda atenção o fato de que o termo *'simultâneas'* não representa a nomenclatura que será proposta para definir os relacionamentos coexistentes, mas tão somente para indicar que haverá mais de um relacionamento conjugal ocorrendo, devendo haver resposta estatal de efeitos jurídicos positivos para todos eles, se familiares. Assim, poderá haver o reconhecimento de um concubinato e um casamento, assim como de duas uniões estáveis hétero ou homoafetivas, simultaneamente.

O uso da expressão 'relações conjugais simultâneas', portanto, se presta a indicar a existência de relações familiares entre pessoas com o escopo de constituir família, em um mesmo momento, sem a ocorrência de separações de fato, mas sem a existência de um único relacionamento entre todas as pessoas, o que se aproximaria do conceito de poliafetividade, que por sua vez tem consequências jurídicas distintas, já que o elo entre elas é recíproco, não havendo uma pessoa desvinculada da outra, como ocorre nas relações conjugais simultâneas, onde uma pessoa mantém mais de um vínculo com outras pessoas.

A problemática, portanto, está em investigar os efeitos jurídicos das entidades familiares que se estabelecem, do ponto de vista da conjugalidade, de forma simultânea, tendo em vista, sobretudo, a interpretação inclusiva promovida pela Constituição Federal de 1988, que patrocinou um conceito plural de famílias, democrático, atendendo aos princípios constitucionais orientadores das relações familiares, e ainda tem propiciado a interpretação conforme a constituição de outras conformações familiares para além daquelas previstas de forma expressa no rol do art. 226.

O Brasil é marcado pela construção histórica de famílias patriarcais, patrimonializadas e matrimonializadas. Apenas com o advento da Emenda Constitucional nº 09/1977, que possibilitou o divórcio no ordenamento jurídico brasileiro, portanto, há apenas quatro décadas, é que a sociedade passou a admitir a existência de outras conformações familiares, posteriormente reconhecidas, em 1988.

Pouco antes, com a Súmula nº 380 do STF, as uniões de fato tiveram uma garantia mínima relacionada, destarte, apenas ao patrimônio. Mas, somente a partir de 1988, com o advento da Constituição Cidadã, é que a união estável, antes reconhecida como concubinato, passou a ser forma de constituição de família garantida constitucionalmente.

A Constituição Federal foi além e, no sentir de Paulo Lôbo, possibilitou o reconhecimento de conformações familiares outras desde que houvesse o preenchimento dos requisitos: estabilidade, afetividade e ostensibilidade, dando, portanto, ênfase a um conceito plural de família.[5]

Antes desse reconhecido avanço, por sua vez, a legislação, a doutrina e a própria jurisprudência cuidaram de estabelecer parâmetros para o reconhecimento de direitos a relacionamentos distintos do casamento. A união estável era conhecida como concubinato até então e, passado algum tempo, foi dividida didaticamente, segundo Maria Helena Diniz, por Edgard de Moura Bittencourt, entre concubinato puro e impuro, para diferenciar as relações exclusivas e simultâneas.[6] Às relações exclusivas foram assegurados direitos que depois foram consagrados pela CF/88, como já mencionado, e às relações mantidas em simultaneidade, não.

Após a promulgação da mencionada Carta Constitucional, o Código Civil de 2002 explicitou a diferença de tratamento às duas hipóteses de relação, conceituando o concubinato em seu art. 1.727 como *as relações não eventuais entre o homem e a mulher, impedidos de casar.*

Ao tratar do concubinato, o legislador, além de conceituar, estabeleceu um paradoxo, com restrições no direito patrimonial e garantias do ponto de vista existencial, reconhecendo as relações concubinárias como uniões dotadas de estabilidade, uma vez conceituadas como não eventuais, além da presunção do dever alimentar, previsto pela interpretação do art. 1.708.

Então, a própria legislação civil, ao tratar do tema, é contraditória, pois, apesar de negar direitos patrimoniais às relações concubinárias, numa clara inibição à escolha de sua formação, reconhece sua estabilidade na própria definição, assim como dever familiar de solidariedade.

Diante disso, como superar a contradição existente senão pelo reconhecimento da extensão dos efeitos familiares aos relacionamentos simultâneos?

---

[5] LÔBO, Paulo. *Entidades familiares constitucionalizadas*: para além do *numerus clausus*. Disponível em: http://www.egov.ufsc.br/portal/sites/default/files/anexos/9408-9407-1-PB.pdf. Acesso em: 09 set. 2015.

[6] BITTENCOURT, Edgard de Moura *apud* DINIZ, Maria Helena. *Direito Civil Brasileiro*. São Paulo: Saraiva, 2002. p. 333.

Sobretudo, a superação da contradição se faz necessária em razão da forte influência dos princípios constitucionais na lei civil, que proporciona uma valorização da proteção da pessoa em detrimento do patrimônio.

O objetivo da pesquisa foi empreender a análise da legislação civil e seus efeitos sobre as famílias simultâneas, numa perspectiva civil constitucional, considerando a interpretação extensa do art. 226 da Constituição Federal, que possibilita o reconhecimento de modelos familiares para além daqueles previstos em seus parágrafos, além da necessidade de verificação da realidade, propondo uma análise da monogamia, de sua aplicação na esfera jurídica e, ainda, questionar o tratamento a ser dispensado às relações simultâneas de função familiar.

No primeiro capítulo objetivou-se analisar, historicamente, partindo do contexto hodierno de conjugalidade, como se deu o desenvolvimento das famílias simultâneas no ordenamento jurídico brasileiro, enfrentando a construção da nomenclatura a partir das influências culturais na legislação, desde as Ordenações Filipinas, passando pelas codificações civis e leis ordinárias, além da constitucionalização do direito privado.

No capítulo dois, as atenções foram voltadas para a construção retórica da expressão concubinato, suas variações e sua confrontação com o conceito de monogamia, cultural e jurídico.

O capítulo terceiro foi dedicado ao núcleo central, de pertinência temática da obra com a metodologia eleita, ou seja, a análise dos princípios constitucionais que se encontram com o tema, demonstrando a possibilidade de sua aplicação e proteção às famílias simultâneas, o que viabiliza, portanto, o reconhecimento a partir da interpretação inclusiva do art. 226 da Constituição Federal.

No quarto capítulo, por sua vez, a pesquisa se destinou a fazer a análise da união estável e do concubinato no Código Civil Brasileiro e a necessidade de adequação da interpretação dos artigos conforme a Constituição Federal de 1988, especialmente em razão da herança patrimonialista e matrimonializada que a norma civil carrega, sendo certo que sua aplicação dissociada do contexto de pluralidade da família eudemonista mantém na invisibilidade as relações simultâneas, conduzindo a uma incidência da norma pautada na monogamia como norma aplicável a todas as entidades familiares.

O capítulo quinto versa sobre os elementos conceituais que precisam ser observados para o reconhecimento das relações simultâneas e o movimento social e jurídico que proporcionou esta percepção, desde a diferença conceitual de expressões comumente utilizadas como sinônimas, a exemplo da monogamia, da bigamia, da poligamia ou de famílias poliafetivas, passando pelo processo de descriminalização do adultério, e ainda a análise do argumento da boa-fé para autorizar, ou não, efeitos jurídicos positivos nas relações conjugais simultâneas.

No sexto e último capítulo, a abordagem é direcionada aos efeitos jurídicos das famílias simultâneas, enfrentando a temática nos eixos que mais se revelam presentes no cotidiano do Judiciário: o Direito Previdenciário e a repercussão geral reconhecida pelo Supremo Tribunal Federal; a matéria patrimonial, do ponto de vista do regime de bens; o Direito Sucessório; e a possibilidade de reconhecer a impenhorabilidade dos bens de família.

Ainda neste último capítulo é apresentada a importante noção do preenchimento da função familiar das relações conjugais simultâneas e a proposta de interpretação inclusiva para atribuição de responsabilidades a cada uma das pessoas que compõem os núcleos familiares formados, concluindo pela impossibilidade de interpretação excludente da norma, que precisa ser aplicada dentro de um conceito de sociedade livre, justa e igualitária, fulminando as disposições que restringem direitos e elegem pessoas para a sua incidência.

CAPÍTULO 1

CONJUGALIDADE E FAMÍLIA NO DIREITO BRASILEIRO

O Direito Familiar brasileiro é indiscutivelmente plural, sendo certo que esta premissa gera uma maior abertura no reconhecimento de tipos familiares, alçando o país, em matéria de famílias, a um dos mais democráticos do mundo.

A perspectiva ampla já gerou e ainda gera muitos questionamentos, especialmente em razão da forte influência cultural nas relações jurídicas. O Brasil é geograficamente amplo, com costumes distintos e ainda lidera lamentáveis números relacionados à violência, à pobreza, à educação e a preconceitos.

Não obstante o Direito deva estar dissociado de determinadas interferências, é fato que o comportamento e as reações humanas são responsáveis por algumas modificações ou, ainda, resistências, na transformação legal, muitas delas explicadas pela herança do processo de colonização portuguesa.

A formação das famílias brasileiras sofreu grande interferência a partir das expedições, especialmente no que tange às regras jurídicas até então inexistentes. Pode-se dizer que houve um primeiro momento de ausência de legislação, mesmo com a chegada dos colonizadores; um segundo momento de adaptação, com tolerância grande quanto à ausência de regras; e, só depois, a fase de imposição de regras.

A constituição das leis hoje existentes está, do ponto de vista da estruturação, ainda muito ligada às normas portuguesas, como se verá adiante, algumas delas até hoje resistentes ao tempo, às mudanças sociais e ao processo de construção da identidade cultural brasileira.

No que tange ao Direito de Família, as normas precisaram ser adaptadas para regular o comportamento dos colonos vindos de

Portugal, bem como seus relacionamentos, seja com nativos ou ainda entre eles, relações essas que deram origem ao povo brasileiro.

O estado atual da família passou por um longo processo de democratização, que contou com a transformação das normas de origem predominantemente canônica, de valorização das instituições, para a virada copernicana de valorização pessoal, com atribuição de direitos e responsabilidades para as pessoas, além da garantia de pluralidade. Do ponto de vista da conjugalidade, há dois modelos estruturados na Constituição,[7] sendo o casamento ato formal e certamente o modelo para aquele outro, da união estável, esta, no entanto, informal e mais plástica, emprestando seu sentido para outras formas familiares que se adéquam a uma interpretação conforme a Constituição, muito embora não estejam expressamente previstas.

Para Carlos Eduardo Pianovski, a família era dotada de uma força que a tornava um ente mais amplo, de *existência própria abstrata*, sendo certo que a incidência da norma sobre as pessoas considerava o fato de que ela faz parte dessa amplitude como componente de uma determinada família, mais centrada na instituição que na realização individual de cada um: "Os papéis na família abstrata se apresentam, a seu turno, como espaços vazios, mas de sentido predefinido pela regra jurídica, a serem ocupados pelos sujeitos de direito – categoria abstrata, colocada como elemento da relação jurídica".[8]

Parece contraditório sustentar, nos dias atuais, que a realização individual deve preponderar, haja vista o atual contexto de valorização do social e do coletivo; mas essa importância não pode ser vista sob o viés individualista, mas sim humanista, de valorização da pessoa, em detrimento da entidade ou do que ela representa historicamente.

A conjugalidade hodierna, portanto, está situada na ambiência da dignidade humana. Se antes o sentido da norma era de preservação

---

[7] A respeito das diferenças, assegurada, no entanto, a mesma dignidade, Silvana Maria Carbonera firmou: "E é precisamente este reconhecimento da diferença existente entre cada uma delas que permite dizê-las iguais, dignas de receberem idêntico tratamento por parte do legislador, pondo fim a qualquer sombra de dúvidas que possa pairar sobre se um dever está ou não compreendido naquela conjugalidade em especial. Indo um pouco além, recebendo um tratamento que não interfira na esfera privada conjugal, em que uma reflexão desta ordem sequer teria espaço posto que não se trata de um tema da esfera jurídica" (CARBONERA, Silvana Maria. *Reserva da intimidade*: uma possível tutela da dignidade no espaço relacional da conjugalidade. p. 143. Disponível em: https://www.acervodigital.ufpr. br/bitstream/handle/1884/19601/Tese?sequence=1. Acesso em: 24 nov. 2018).

[8] RUZYK, Carlos Eduardo Pianovski. *Famílias simultâneas*: da unidade codificada à pluralidade constitucional. Rio de Janeiro: Renovar, 2005. p. 21.

da família, atualmente é de proteção das pessoas,[9] como assegura o art. 226, §8º, da Constituição Federal, atualmente defendido como o sentido de eudemonismo.

Portanto, não se trata de um ideal, de um conceito ou de uma doutrina, mas de norma constitucional que deve ser observada pelo Estado.

Se antes havia um direito centrado na preponderância de uma família patriarcal com hierarquização de funções e um catálogo de desigualdades, a função atual do Estado é assegurar a igualdade de filhos e cônjuges, assim como a pluralidade de relações, numa ambiência democrática de direitos e deveres recíprocos, com exercício de liberdades.

A esse respeito, aliás, necessário ressaltar que um grande passo para o estado de coisas atualmente vivenciado foi a Emenda Constitucional nº 09/77, que inseriu o divórcio no ordenamento jurídico brasileiro, porque é o divórcio, sem dúvidas, o responsável pela possibilidade de abertura, de reconhecimento de outros tipos familiares, para além de um casamento projetado para ser eterno.

Muito se atribui à Constituição Federal de 1988, sendo inegável o marco histórico que ela representa até os dias atuais, contudo, uma década antes, a Lei do Divórcio foi responsável por permitir a liberdade formal nas relações conjugais frustradas, sob a vigência de uma Constituição (1967) que previa em seu art. 167 que "a família é constituída pelo casamento e terá direito à proteção dos Poderes Públicos".

Se o casamento, num dado momento histórico, precisou ser alçado à única forma de constituição de família, ou, melhor dizendo, das famílias *legítimas*, como se verá adiante, a Lei do Divórcio situou o direito na realidade social de valorização das pessoas e da afetividade, descolando a família do sentido impositivo e singular empregado pelo Direito canônico.

O advento do Estado Social certamente contribuiu para a mudança paradigmática do Direito Familiar, que deslocou o foco de importância do instituto para a pessoa, com especial proteção do Estado. Paulo Lôbo destaca que "a realização pessoal da afetividade, no ambiente de convivência e solidariedade, é a função básica da família de nossa época",[10] reforçando, ainda, que as regras foram fortalecidas com mais

---

[9]   RUZYK, Carlos Eduardo Pianovski. *Famílias simultâneas*: da unidade codificada à pluralidade constitucional. Rio de Janeiro: Renovar, 2005. p. 22.

[10]   LÔBO, Paulo. *Direito Civil*: famílias. 8. ed. São Paulo: Saraiva, 2018. p. 18.

autonomia para as pessoas, afastando-se do comportamento legal histórico de desigualdades e pouca emancipação.[11]

O contexto constitucional atual, no entanto, pela própria natureza das normas, ainda se distancia do Código Civil de 2002, que manteve uma prioritária presença de regras voltadas à proteção do patrimônio e à valorização do casamento como forma de constituição de família, não obstante a união estável tenha sido inserida também como entidade familiar. Essa constatação decorre, por exemplo, do volume de dispositivos que tratam de cada um desses institutos. Enquanto a união estável representa o formato mais democrático de família, uma vez que acomoda os outros tipos conjugais que são reconhecidos a partir da interpretação inclusiva da regra constitucional, o casamento permanece sendo o instituto mais tradicional e formal, com requisitos que visam à proteção do patrimônio familiar.

Num outro patamar está a Constituição de 1988, que inclui de forma democrática as entidades familiares, trazendo para o Estado a incumbência de proteção à família. Paulo Lôbo enumera aqueles aspectos que considera o grande destaque fa família:

> A Constituição de 1988 expande a proteção do Estado à família, promovendo a mais profunda transformação que se tem notícia, entre as constituições mais recentes de outros países. Alguns aspectos merecem ser salientados:
> a) a proteção do Estado alcança qualquer entidade familiar, sem restrições;
> b) a família, entendida como entidade, assume claramente a posição de sujeito de direitos e deveres jurídicos;
> c) os interesses das pessoas humanas, integrantes da família, recebem primazia sobre os interesses patrimonializantes;
> d) a natureza socioafetiva da filiação torna-se gênero abrangente das espécies biológica e não biológica;
> e) consuma-se a igualdade entre os gêneros e entre os filhos;
> f) reafirma-se a liberdade de planejamento familiar sem imposição estatal;
> g) a família configura-se no espaço de realização pessoal e da dignidade de seus membros.[12]

Essa mudança de olhar promovida pela Constituição Federal é simbólica porque representa o fim da valorização de uma instituição em favor da família instrumental, lançando luz sobre as regras civis

---

[11] LÔBO, Paulo. *Direito Civil*: famílias. 8. ed. São Paulo: Saraiva, 2018. p. 18.
[12] LÔBO, Paulo. *Direito Civil*: famílias. 8. ed. São Paulo: Saraiva, 2018. p. 33.

do código que, apesar de vigente apenas 14 anos depois, tem projeto pautado em período anterior à Lei do Divórcio.

Para tanto, é preciso quebrar algumas barreiras históricas, a exemplo da interpretação dada ao concubinato, presente, inegavelmente, no Código Civil como tipo familiar, mas com inúmeras restrições de ordem patrimonial. É importante esclarecer que o concubinato tratado neste trabalho é o que está previsto como a *relação não eventual,* dotada de estabilidade, não se tratando de relacionamentos furtivos, mas de verdadeiras relações de família. Ainda mais restritiva é a interpretação dada a ele, tanto do ponto de vista social quanto no que tange à aplicação da norma, haja vista o dado de que o Brasil é um país monogâmico. Necessário delimitar então se a monogamia é um dado cultural ou uma norma jurídica.

Historicamente, a monogamia surgiu como imposição de domínio masculino para um comportamento social feminino. A não observância de uma conduta monogâmica pela mulher lhe colocava na posição de prostituta e o domínio masculino surgiu, no sentir de Engels, "para garantir a fidelidade da mulher e a paternidade dos filhos", pois essa garantia de paternidade precisa ser indiscutível. O exercício do então pátrio poder, dentro do contexto da família patriarcal, autorizava o homem até mesmo a matar a mulher adúltera. Ele assim fazia, porque a mulher era parte do patrimônio dele, antes chamado de *famulus.*[13]

Engels registra que esse poder masculino autorizava o homem, no Código Napoleônico, à infidelidade conjugal, permitida expressamente desde que a concubina não fosse levada ao domicílio conjugal.[14] Havia uma tolerância legitimada em relação à prática da infidelidade masculina, que parece permear o comportamento humano até os dias atuais.

Ao investigar o surgimento histórico da monogamia, ele registra que as mulheres eram isoladas do convívio social, restringindo-se a uma vida privada, lidando apenas com as prendas domésticas, vigiadas e mantidas a distância dos *adúlteros.* Em Atenas havia um grande cuidado com a preservação da imagem da mulher e, especialmente, com a sua manutenção no lar doméstico:

> Essa foi a origem da monogamia, tal como pudemos observá-la no povo mais culto e desenvolvido da antiguidade. De modo algum foi

---

[13] ENGELS, Friedrich. *A origem da família, da propriedade privada e do Estado.* São Paulo: Expressão popular, 2010. p. 79.

[14] ENGELS, Friedrich. *A origem da família, da propriedade privada e do Estado.* São Paulo: Expressão popular, 2010. p. 83.

fruto do amor sexual individual, com o qual nada tinha em comum, já que os casamentos, antes como agora, permaneceram casamentos de conveniência. Foi a primeira forma de família que não se baseava em condições naturais, mas econômicas, e concretamente o triunfo da propriedade privada sobre a propriedade comum primitiva, originada espontaneamente. Os gregos proclamavam abertamente que os únicos objetivos da monogamia eram a preponderância do homem na família e a procriação de filhos que só pudessem ser seus para herdar dele. Quanto ao mais, o casamento era para eles uma carga, um dever para com os deuses, o Estado e seus antepassados, dever que estavam obrigados a cumprir. Em Atenas, a lei não apenas impunha o matrimônio como, ainda, obrigava o marido a um mínimo determinado do que se chama de obrigações conjugais. A monogamia não aparece na história, portanto, absolutamente, como uma reconciliação entre o homem e a mulher e, menos ainda, como a forma mais elevada de matrimônio. Ao contrário, ela surge sob a forma de escravização de um sexo pelo outro, como proclamação de um conflito entre os sexos, ignorado, até então na pré-história.[15]

António Manuel Hespanha, ao trabalhar o conceito de mulher para justificar o surgimento das normas em relação ao feminino, aponta como primeiro traço a sua *menor dignidade*. Ele indica que a interpretação de menor dignidade feminina a incapacitava para as funções de mando e identifica, na história, alguns elementos para a mulher ser colocada nesta posição, como o conceito aristotélico de que a mulher não produz sêmen, não tendo capacidade de procriação, por exemplo. Em outro momento, analisa textos históricos que constatavam que a inferioridade feminina estaria na própria natureza, como um fator impossível de mudança, o que limitava o exercício de poder, inclusive, num relacionamento conjugal cuja igualdade era delimitada pela inferioridade feminina, que justificaria a passagem do pátrio poder à curatela do marido.[16]

Possível constatar, portanto, que a monogamia surgiu como mecanismo de opressão feminina num momento *civilizatório* de mudança de comportamento humano. A sociedade sai do contexto primitivo de ausência de divisão de tarefas por gênero e ingressa no sistema patriarcal.

O raciocínio engendrado por Engels parte da premissa de que a imposição de casamentos forçados, em razão da sociedade que impunha

---

[15] ENGELS, Friedrich. *A origem da família, da propriedade privada e do Estado*. São Paulo: Expressão popular, 2010. p. 86-87.

[16] HESPANHA, António Manuel. *A política perdida*: ordem e governo antes da modernidade. Curitiba: Juruá, 2010. p. 135-137.

uniões pautadas em interesses patrimoniais, não realizava pessoalmente os cônjuges. Esta lógica se faz mais presente ainda quando da descoberta da sexualidade desatrelada do dever de procriação. Para ele, portanto, a monogamia era um verdadeiro desafio.[17]

Na mesma linha, ainda tratando da questão feminina, Hespanha indica que, além da menor dignidade, a mulher também foi estudada pela sua perversidade, que, segundo o autor, "parece partir do sexo". Ele afirma que a forma do corpo feminino cria-lhe um desejo maior, tendo a particularidade de "se entregar ao coito mesmo durante a gravidez".[18] O comportamento feminino, portanto, teria causado a necessidade de uma maior precaução com relação à honestidade feminina, garantindo que ela não "se misture com os homens".[19]

Engels encara a inserção da mulher na economia (mercado de trabalho) como uma mudança paradigmática nas relações familiares, especialmente no que pertine ao descortinar da independência. Ele entende que esse movimento crescente de mulheres autônomas pode vir a ser o fim da monogamia, haja vista que não a compreende como um comportamento recíproco, mas como uma imposição do poder masculino. Ele não enxerga que a inserção da mulher no mercado de trabalho e nos espaços de poder, por exemplo, venha a provocar a poliandria feminina, mas sim a monogamia masculina.[20]

Ele ainda aponta as características que compõem o conceito da monogamia:

> Esses caracteres são, em primeiro lugar, a preponderância do homem e, depois, a indissolubilidade do matrimônio. A preponderância do homem no matrimônio é consequência evidente de sua preponderância econômica e desaparecerá por si mesma com esta última. A indissolubilidade do matrimônio é consequência, em parte, das condições econômicas que engendraram a monogamia e, em parte, uma tradição da época em que, mal compreendida ainda, a vinculação dessas condições econômicas com a monogamia foi exagerada pela religião.[21]

---

[17] ENGELS, Friedrich. *A origem da família, da propriedade privada e do Estado*. São Paulo: Expressão popular, 2010. p. 107.

[18] HESPANHA, António Manuel. *A política perdida*: ordem e governo antes da modernidade. Curitiba: Juruá, 2010. p. 142.

[19] HESPANHA, António Manuel. *A política perdida*: ordem e governo antes da modernidade. Curitiba: Juruá, 2010. p. 143.

[20] ENGELS, Friedrich. *A origem da família, da propriedade privada e do Estado*. São Paulo: Expressão popular, 2010. p. 107.

[21] ENGELS, Friedrich. *A origem da família, da propriedade privada e do Estado*. São Paulo: Expressão popular, 2010. p. 107.

Para Marcos Alves, a obra de Engels identifica o concubinato *como um subproduto do casamento monogâmico*, marginalizado, que justifica a análise da formação da sociedade brasileira desde a sua colonização,[22] como se verá adiante.

1.1 O Brasil descoberto e a miscigenação – a constituição de famílias entre nativos e colonizadores

Antes de se tornar colônia de Portugal, o Brasil era um país povoado por indígenas, com costumes muito diferentes daqueles que foram impostos a partir do processo de colonização.

Os relatos históricos daqueles que aqui chegaram descreviam com surpresa as diferenças culturais encontradas em todos os aspectos, não tendo sido diferente em relação às famílias. Dentre eles, a constituição de vínculos chamava atenção, pois os casamentos não seguiam qualquer ritual e podiam se formar e se dissolver a qualquer tempo, assim como há registros de que podiam se formar com pessoas do mesmo sexo, em contraposição ao casamento indissolúvel e heterossexual da Igreja Católica. A relação durava enquanto o casal queria. Se passassem a se repudiar, podiam se separar.

Além disso, observou-se também a poligamia, especialmente entre aqueles que ocupavam espaços de poder nas tribos, como caciques ou guerreiros. Ronald Rominelli relata que o número de esposas equivalia ao prestígio daquele que as ostentava: "Quanto maior o número de mulheres, mais valentes eram considerados os homens".[23] O autor segue relatando que um cacique, por exemplo, poderia viver com catorze mulheres, todas na mesma cabana, cada uma com um espaço exclusivo para si, cuidando dos afazeres domésticos.[24]

Contudo, adverte que o adultério era vedado às mulheres de tradição Tupinambá, que poderiam até ser mortas pelo *homem enganado*. A liberdade sexual era limitada ao período anterior a um casamento, com inúmeras manifestações de afeto entre os membros de uma tribo, sem que isso comprometesse a imagem das mulheres. Porém, após o

---

[22] SILVA, Marcos Alves da. *Da monogamia*: a sua superação como princípio estruturante do direito de família. Curitiba: Juruá, 2013. p. 93.

[23] ROMINELLI, Ronald. Eva Tupinambá. *In*: PRIORE, Mary Del (Org.); PINSKY, Carla Bassanezi (Coord.). *História das mulheres no Brasil*. São Paulo: Contexto, 2017. p. 19.

[24] ROMINELLI, Ronald. Eva Tupinambá. *In*: PRIORE, Mary Del (Org.); PINSKY, Carla Bassanezi (Coord.). *História das mulheres no Brasil*. São Paulo: Contexto, 2017. p. 19.

CAPÍTULO 1
CONJUGALIDADE E FAMÍLIA NO DIREITO BRASILEIRO | 31

casamento, cobrava-se fidelidade feminina. Rominelli relata que havia uma vigilância a partir da formação do vínculo:

> Quando as mulheres engravidavam em uma relação extraconjugal, a criança era enterrada viva e a adúltera trucidada ou abandonada nas mãos dos rapazes. Em compensação, o marido não se vingava do homem que havia mantido relações sexuais com sua esposa, para não ganhar a inimizade de todos os parentes do outro, o que causaria um rompimento e, possivelmente, daria origem a uma guerra perpétua.[25]

É importante esclarecer que os registros históricos pertencem ao invasor, razão pela qual não é possível precisar se retrataram com fidedignidade ou apenas as suas impressões. Quando os colonos chegaram ao Brasil, encontraram esse cenário, ocasião em que perceberam que teriam que lidar com uma população indígena que, em números, era equivalente à de Portugal, porém com costumes desconhecidos, fazendo deles sua propriedade, após um cruel processo dizimatório. Igualmente, pelas incertezas do Novo Mundo, não trouxeram suas famílias, que ficaram em Portugal, o que favoreceu a sua aproximação com as indígenas e as escravas, dando início às relações simultâneas e aos mamelucos,[26] fato que foi tolerado por muito tempo.

Para os portugueses, que já mantinham contato com mouros, o contexto de simultaneidade familiar não era novidade, embora fossem oriundos de uma cultura monogâmica.

Referindo-se aos autores que retrataram o Brasil, Gilberto Freyre mencionou o espanto entusiasmado do colonizador:

> Impressões de pasmo ou de horror. É Gabriel Soares de Souza dizendo dos Tupinambás que são 'tão luxuriosos, que não há peccado de luxúria que não cometam'; é o Padre Nóbrega alarmado com o número de mulheres que cada um tem e com a facilidade com que as abandonam; é Vespúcio escrevendo a Lorenzo de Médici que os indígenas 'tomam tantas mulheres quantas querem e o filho se junta com a mãe, e o irmão com a irmã, e o primo com a prima, e o caminhante com a que encontra'.

---

[25] ROMINELLI, Ronald. Eva Tupinambá. *In:* PRIORE, Mary Del (Org.); PINSKY, Carla Bassanezi (Coord.). *História das mulheres no Brasil.* São Paulo: Contexto, 2017. p. 20.

[26] Mary Del Priore destaca que os filhos havidos das relações entre colonos e indígenas ou escravas eram chamados na língua portuguesa de brasilas, que designava sua origem ilegítima, bem como que eram mamelucos. Na língua tupi, eram chamados de curibocas. PRIORE, Mary Del. *Histórias da gente brasileira:* Colônia. São Paulo: Leya, 2016. v. 1, p. 342.

Era natural a europeus surpreendidos por uma moral sexual tão diversa da sua, concluírem pela extrema luxúria dos indígenas; entretanto, dos dois povos, o conquistador talvez fosse o mais luxurioso.[27]

É interessante observar como a construção da norma se deu em caminho diametralmente oposto ao comportamento das pessoas, em busca da preservação de patrimônio e com imposição de restrição de direitos. Marcos Alves chama atenção para o fato de que as relações concubinárias mantidas entre colonizadores e escravas, indígenas ou mulheres brancas pobres eram protegidas pela legislação, que proibia atribuição de efeitos jurídicos positivos e censurava o comportamento feminino, alçando o homem à categoria intangível de dominador.[28]

Darcy Ribeiro revela que o cunhadismo foi responsável pela formação do povo brasileiro, o que era favorável às intenções dos colonos. Isto porque, nesse sistema indígena, o parentesco se formava com a oferta de uma moça índia como esposa. Se houvesse aceitação, ela se tornava *temericó*, expressão que passou a ser traduzida posteriormente como sendo a que designava uma índia como amante dos europeus. Essa expressão não se restringia ao Brasil.

O autor faz referência, inclusive, ao fato de que em Assunção houve registros de europeus com mais de 80 *temericós,* por duas principais razões: a primeira, pela inexistência de regras que impedissem a assunção das relações em questão de forma ostensiva; a segunda, considerando que os colonizadores objetificaram os indígenas, chegando, inclusive, a aproximá-los muito mais de animais que de humanos; é que "a instituição funcionava como uma forma vasta e eficaz de recrutamento de mão de obra para os trabalhos pesados de cortar paus de tinta, transportar e carregar para os navios, de caçar e amestrar papagaios e seíns".[29]

Coube aos padres jesuítas a missão de catequizar os povos indígenas, tornando-os *civilizados,* bem como adaptados aos padrões europeus. Mais do que isso, coube-lhes a difícil tarefa de ordenar a sociedade, diante da total ausência de disciplina por parte dos portugueses enviados à colônia.

---

[27] FREYRE, Gilberto. *Casa Grande & Senzala*: formação da família brasileira sob o regime patriarcal. 25. ed. Rio de Janeiro: José Olympio, 1987. p. 101.

[28] O que justifica a proliferação do concubinato entre desiguais é exatamente a possibilidade do estabelecimento de vínculos sem eliminação da desigualdade. SILVA, Marcos Alves da. *Da monogamia*: a sua superação como princípio estruturante do direito de família. Curitiba: Juruá, 2013. p. 100.

[29] RIBEIRO, Darcy. *O povo brasileiro*: a formação e o sentido do Brasil. São Paulo: Global, 2015. p. 63.

Quem identificou a existência das relações concubinárias no Brasil e chamou atenção para o fato foi o Padre Manuel da Nóbrega, em carta datada de 09 de agosto de 1549, ao Padre Simão Rodrigues de Azevedo, apontando a necessidade de envio de mulheres portuguesas ao Brasil.[30] Foram eles também que perceberam que os casamentos não seguiam um ritual, como já mencionado, sendo relações informais, marcadas pelo mútuo consenso, com liberdade de formação e dissolução, o que incentivou, como se verá mais adiante, o uso de normas para regulamentação dos casamentos religiosos, fator esse considerado necessário diante da pouca ordem encontrada na colônia. A ausência de casamentos civis decorrentes do desconhecimento de sua importância veio a ser sentida séculos depois, quando da defesa da união estável nas discussões da Assembleia Nacional Constituinte, ocasião em que se constatou que muitos brasileiros não registravam seus casamentos por entenderem que o matrimônio religioso bastava.

À medida que iam se organizando as capitanias, também se incorporavam regras e novos costumes, como a união entre povos de mesma raça. Mary Del Priore registrou as diferenças existentes nos casamentos entre livres e escravos e a família *senhorial*. Em relação a esta última, destacou:

> Ela podia ser 'extensa' – englobando familiares e agregados, parentes, filhos bastardos e concubinas. Ou podia ser monoparental. Essa era, em geral, liderada por viúvas que viviam com seus filhos e irmãos ou irmãs solteiras. Em ambos os casos eram comuns as núpcias entre parentes próximos, primos e até meios-irmãos. Graças aos casamentos 'endogâmicos', as famílias senhoriais aumentavam sua área de influência, aumentando também suas terras, escravos e bens.[31]

Esse relato histórico é importante para que se perceba o quanto a pluralidade de relacionamentos foi evidente e, ainda, como foi tolerada num primeiro momento e posteriormente combatida fortemente, fazendo compreender por que ainda há tanta resistência em relação

---

[30] "Nesta terra há um grande pecado, que é terem os homens quase todos suas negras por mancebas, e outras livres que pedem aos negros por mulheres, segundo o costume da terra, que é terem muitas mulheres. [...] Parece-me coisa muito conveniente mandar sua alteza algumas mulheres que lá têm pouco remédio de casamento a estas partes, ainda que fossem erradas, porque casarão todas muito bem, contanto que não sejam tais que de todo tenham perdido a vergonha a Deus e ao mundo". NÓBREGA, Manuel da. Nesta terra há um grande pecado. Disponível em: www.correioims.com.br/carta/nesta-terra-ha-um-grande-pecado/. Acesso em: 05 jan. 2018.

[31] PRIORE, Mary Del. *Histórias da gente brasileira*: Colônia. São Paulo: Leya, 2016. v. 1, p. 350.

a temas como o do concubinato, que foi alvo de incursões jesuítas, na busca de sua erradicação. Não obstante, o concubinato foi a solução para os relacionamentos havidos entre os homens que passavam longos períodos longe de casa e, ainda, para os relacionamentos mantidos pelos padres. Ele foi conveniente até o momento em que a normatização das relações privadas se tornou fundamental.

Maria Beatriz Nizza menciona a existência de poucas situações envolvendo mulheres brancas e homens de cor, sendo inegável, no entanto, as relações de mancebia entre senhores e escravas, constatados pelas devassas feitas em inúmeras freguesias. Em algumas situações, as próprias escravas, fartas dos maus tratos sofridos, fugiam para a Igreja, buscando proteção, ocasião em que alguns senhores eram obrigados a vendê-las. Outros relatos dão conta de mulheres que pediam o divórcio no tribunal eclesiástico, pelas ostensivas relações mantidas entre seus maridos e escravas, que passaram a ser tratadas como feiticeiras ou meretrizes:

> No termo da cidade de S. Paulo, uma mulher denunciou que o marido a expulsara de casa e a mandara para casa do pai, a fim de poder ficar mais à vontade com a escarava sua concubina, dizendo mesmo publicamente que esta era 'a sua mulher verdadeira'. Uma outra queixosa afirmava que o marido deixava todos 'os seus mimos e agrados' para a escrava Joana, correndo-lhe a 'mão pela cabeça' [...]. Uma solução encontrada pelos maridos para adulterarem mais facilmente com suas escravas era deixar a mulher na propriedade rural e morar com a escrava na vila. Como a dupla moradia, rural e urbana, era comum no Brasil colonial, esta opção era muito frequente.[32]

Em relação ao adultério, portanto, este gerava consequências diferentes entre homens e mulheres. Se antes a manutenção de mais de uma família foi a responsável pela formação da população mestiça no Brasil, com a implantação de normas de conduta pautadas nos costumes europeus, a busca por relações monogâmicas passou a ser premissa.[33]

---

[32] SILVA, Maria Beatriz Nizza da. *História da família no Brasil Colonial*. Rio de Janeiro: Nova Fronteira, 1998. p. 194-195.

[33] Maria Beatriz Nizza da Silva, que historiou a família no Brasil colonial, registra que da leitura de alguns testamentos é possível concluir que a população mameluca começou a se adequar aos costumes europeus, especialmente em Pernambuco, onde se observou que as filhas de homens brancos e de índias da terra aderiram ao casamento como forma de "cura dos pecados". SILVA, Maria Beatriz Nizza da. *História da família no Brasil Colonial*. Rio de Janeiro: Nova Fronteira, 1998. p. 16.

Em Minas, que teve uma formação de população e urbanização diferentes, especialmente com a descoberta do ouro, havia uma preocupação constante com as relações adulterinas. Marilda Santana da Silva relata que "o concubinato, a mancebia e a prostituição se sobrepunham em larga escala às uniões familiares convencionais, dificultando a política metropolitana de normatização da sociedade".[34]

Assim, observa-se que houve uma grande preocupação em normatizar as formações familiares nas capitanias, buscando mecanismos para evitar a miscigenação e a busca de uma sociedade que observasse as regras de conduta em Portugal, aliada à forte influência da Igreja, que ocasionou a instalação dos Tribunais Eclesiásticos.

Os relatos de vingança pela descoberta das relações extraconjugais são vários, do castigo à morte. Os homens acusados de adultério muitas vezes eram envenenados por suas esposas ou mortos pelos *cúmplices* delas, mas eram processadas e julgadas. As mulheres acusadas de adultério, por sua vez, podiam ser mortas ou reclusas em conventos pelos seus maridos, que tinham proteção legal das Ordenações Filipinas.

Num outro panorama, há também relatos de aceitação dos filhos havidos dessas relações concubinárias, tanto pelos senhores, que libertavam os filhos, quando nasciam escravos, ou ainda os contemplavam com deixas testamentárias, quanto pelas esposas destes que aceitavam não só o convívio no lar familiar, como ainda, que recebessem patrimônio.[35]

O concubinato representou, ainda, o formato para as relações entre pessoas sem patrimônio ou títulos nobiliárquicos, que não precisavam ou não podiam se casar, mas principalmente se revelou como o relacionamento entre homens que se utilizavam de seu poder sobre as mulheres negras, indígenas, mestiças, dentre outras.

1.2 Análise das legislações anteriores ao processo de codificação e suas influências nas famílias

Enquanto colônia portuguesa e até mesmo depois da sua independência, o Brasil foi regido por duas normas, em especial, que certamente foram responsáveis pela herança cultural que até hoje carrega.

---

[34] SILVA, Marilda Santana da. *Dignidade e transgressão*: mulheres no tribunal eclesiástico em Minas Gerais (1748-1830). São Paulo: UNICAMP, 2001. p. 39.

[35] SILVA, Maria Beatriz Nizza da. *História da família no Brasil colonial*. Rio de Janeiro: Nova Fronteira, 1998. p. 200.

A primeira delas, estrangeira, regrava os comportamentos em Portugal e impunha a força do Estado na vida privada, com ordens de comportamento, patrimoniais e severas punições para aqueles que a descumprissem; a segunda, uma busca da Igreja de impor ordem na colônia, considerando os elementos específicos do Brasil, que destoavam de seu colonizador.

1.2.1 As Ordenações Filipinas

No Brasil, antes de uma legislação civil própria, tivemos a vigência das Ordenações Filipinas por mais de três séculos, sendo substituídas pelo Código Civil de 1916. Foram publicadas em 1603, durante a dominação espanhola, à época, dirigida pelo Rei Felipe II. O seu método e sistematização das matérias decorrem das Ordenações Manuelinas (mas representam uma reação ao Direito Canônico), que poderiam ter vigido aqui, o que não ocorreu, porque Portugal não tinha interesse comercial no Brasil, inicialmente. Apenas quando descobertas as riquezas e iniciado o processo de sedimentação da colonização, sentiu-se a necessidade de regulamentar as relações, especialmente com o envio das expedições.

As Ordenações Filipinas aqui vigeram mesmo após a proclamação da Independência do Brasil, em 1822, não obstante a Lei de 20 de outubro de 1823, que determinou que vigorassem todas as Leis e Decretos promulgados pelos Reis de Portugal até 25 de abril de 1821, elas permaneceram regulando o Direito Brasileiro.[36]

Não obstante a Constituição de 1824 tenha prescrito no seu art. 179, XVIII, que se organizasse o quanto antes um Código Civil, este só foi escrito 25 anos após a proclamação da República. Portanto, durante 314 anos, no Brasil, vigeram as Ordenações Filipinas,[37] sendo despiciendo mencionar que o próprio Código Civil, que lhe sucedeu, sofreu forte influência da regra portuguesa. Lafayette Rodrigues critica a lei, mencionando a necessidade de utilização dos costumes, da doutrina e jurisprudência para a solução de determinadas contendas:

> Acêrca dos Direitos de Família, particularmente, não temos lei que regulasse a matéria sob um plano sistemático e completo. No esboçar de

---

[36] GOMES, Orlando. *Raízes históricas e sociológicas do Código Civil Brasileiro*. 2. ed. São Paulo: Martins Fontes, 2006. p. 7.

[37] GOMES, Orlando. *Raízes históricas e sociológicas do Código Civil Brasileiro*. 2. ed. São Paulo: Martins Fontes, 2006. p. 8.

cada assunto, deparam-se, a todo o momento, lacunas que deixam em claro, pontos da maior importância. Essas lacunas, é mister preenchê-las com o Direito consuetudinário e com o romano, corrigido segundo as declarações legais. Pode-se, pois, afirmar que um grande número, senão a máxima parte dos princípios do Direito Civil Pátrio, formou-se pelos costumes, pelas decisões dos tribunais e pela elaboração cientifica.[38]

As Ordenações Filipinas traziam previsões explícitas para as relações simultâneas, tanto do ponto de vista patrimonial quanto existencial. Elas estavam divididas em cinco livros e é nos dois últimos que encontramos os títulos que merecem destaque para a presente pesquisa.

No Livro 4, o Título LXVI autorizava que a mulher reivindicasse para si, independentemente da autorização do marido, bem que tivesse sido doado ou vendido à barregã,[39] passando o bem a fazer parte da propriedade exclusiva da mulher. Estando falecida, podia ser representada pelos filhos.

O Título guarda semelhança, aliás, com o art. 550 do Código Civil vigente, que prevê a anulabilidade de doação *do cônjuge adúltero ao seu cúmplice*, podendo ser titulares da demanda o outro cônjuge ou seus herdeiros necessários.

Chama atenção o fato de a norma em questão permanecer vigente séculos depois, sendo certo que a regra se aplica independentemente do regime de bens, o que demonstra seu caráter sancionatório. Fosse a regra obstinada a proteger patrimônio, se restringiria aos regimes onde vigora a comunhão.

O Livro 5 era destinado aos crimes e é possível identificar pelo menos sete títulos com previsões de penas severas relacionadas ao adultério e à bigamia.

As Ordenações Filipinas previam pena de morte para os casos de bigamia. O Título XIX excepcionava a pena de morte ao homem que tivesse um dos casamentos invalidado pelo Juízo da Igreja, fosse menor de vinte e cinco anos, fosse Fidalgo casando com mulher de baixa condição ou ainda tivesse um primeiro casamento frustrado pela fuga da primeira mulher. A lei determinava a averiguação da boa-fé

---

[38] PEREIRA, Lafayette Rodrigues. *Direitos de família*. 5. ed. São Paulo: Freitas Bastos, 1956. p. 14-15.

[39] Por barregã, o código filipino considerava a *concubina, manceba, mulher que procura filhos ou faz diligência para isso fora do santo matrimônio*. Os filhos gerados eram tidos como ilegítimos. ORDENAÇÕES FILIPINAS. Os filhos gerados eram tidos como ilegítimos. Disponível em: http://www1.ci.uc.pt/ihti/proj/filipinas/l5p1189.htm. Acesso em: 09 jan. 2018.

do homem que alegava achar estar viúvo. Em relação à mulher, por sua vez, a pena de morte não comportava exceção, ainda que ambos os casamentos fossem invalidados.

No Título XXV havia previsão de punição com pena de morte ao homem que dormisse com mulher casada, com ressalvas vinculadas às titulações e condições econômicas entre eles. Assim, se o homem traído tivesse condição econômica inferior, não poderia reclamar a morte do outro.

A mesma pena aplicava-se à mulher, podendo, no entanto, o marido perdoá-la, ocasião em que seria solta (e seu *cúmplice* apenas degredado), mediante termo assinado pelo marido, exceto na hipótese do adultério ter sido praticado com mouro, judeu, parente ou cunhado de afinidade, quando ela seria perdoada pelo marido, mas permaneceria com as penas relacionadas ao pecado com quaisquer daqueles indicados no Título.[40]

A demanda era de titularidade exclusiva do marido, não cabendo a mais ninguém poder reivindicar a morte. O Título traz uma série de previsões e hipóteses e deixa clara a possibilidade de a mulher se defender das acusações. Outro ponto importante é que ele também previa o açoite e degredo para o Brasil ao homem que consentisse o adultério da mulher, bem como desta. Quanto ao *adúltero*, o degredo para a África, com possibilidade de perdão.

Igualmente, previa a morte para a mulher que, acusada de adultério, não se conseguindo prová-lo, depois da morte do marido, se envolvesse com o homem objeto da acusação. Além disso, as penas envolviam também a perda de patrimônio das pessoas condenadas.

Havia regra idêntica, de pena de morte, às pessoas que viviam como se casadas fossem, e pegas em adultério. A previsão estava no Título XXXVI e é interessante que previa exceção, quando o marido tivesse conhecimento de que o casamento *não era valioso*, afastando a pena de morte, mantendo-se pena aplicável pela Justiça:

> Porém, se o marido era sabedor do impedimento, porque o matrimônio não era valioso, ella não morrerá per Justiça, nem o marido a poderá matar, mas haverá ella quando fôr acusada polo adultério, a pena, que bem aprecer aos Julgadores, havendo respeito à qualidade do impedimento; e também haverá o marido essa mesma pena arbitrária, quando a no dito caso matar.

---

[40] Essa exceção se refere ao Título XIV, que previa pena de morte para o ajuntamento carnal entre cristão e infiel.

CAPÍTULO 1
CONJUGALIDADE E FAMÍLIA NO DIREITO BRASILEIRO

Chama atenção nesses casos que a pena de morte só era passível de aplicação quando havia vínculo matrimonial, o que demonstra que o adultério era considerado um crime contra aquele vínculo, e não contra as pessoas. Tanto assim, que mais adiante, o mesmo Título menciona:

> E se algum homem peccasse com mulher, que não fosse casada de feito, nem de direito, a qual stivesse em poder doutro em fama de marido e mulher, e por tal havida, e tratada dele na meza, e no leito, e por taes eram havidos per toda a visinhança e Villa, onde forem moradores, e elles ambos assi se nomeavam continuadamente nos contractos, e em quaisquer outros actos, este tal não deve morrer, que he a verdadeira pena de simples adultério pois a mulher, com que peccou, nunca foi casada de feito, nem de direito: mas haverá outra pena, que seja aquém de morte, segundo arbítrio do Julgador, por a má tenção, que teve, de peccar com mulher casada, cuidando que o era, pois sabia que por tal era tida, havida e tratada do marido, e de toda a outra gente geralmente. Porém o Julgador não poderá neste caso arbitrar menos de dez anos para Africa. E neste caso deste paragrapho ella será degredada cinco anos para Castro-Marim, *pela ofensa, que fez à Republica*, que cuidava que era casada. (Grifos nossos).

O Livro dos crimes ainda previa no Título XXVII a proibição expressa da exposição pública das relações com barregãs, especialmente na Corte, prevendo penas pecuniárias e de degredo. E o Título seguinte, XXVIII, previa penas de degredo e pecuniárias para homem que mantinha *barregãs teúdas e manteúdas*. Em relação às mulheres, a pena era de açoite público além das penas pecuniárias e degredo.

As Ordenações Filipinas também previam, no Título XXIX, que o homem não podia reivindicar bens roubados ou furtados dele pela sua barregã, exceto se o bem afetasse o patrimônio de sua esposa.

Por fim, o Título XXXVIII assegurava a possibilidade de o homem matar a mulher quando a encontrasse em adultério, assim como o adúltero. Se este adúltero tivesse título de nobreza maior que o do marido, não poderia ser morto e, se fosse morto, a pena a ser cumprida pelo marido seria de degredo e não de morte.

A hipótese se aplicava para flagrantes ou para situações provadas, ainda que posteriormente, por meio de processo (se não houvesse a prova, era condenado à morte).

Além disso, igualmente aos demais títulos, previa regras sucessórias, cabendo-lhe ficar com os bens da mulher, caso a matasse com o respaldo legal. Ainda permitia que para a morte o marido levasse consigo pessoas que o ajudassem, desde que não fossem inimigos da mulher e do adúltero.[41]

1.2.2 As Constituições Primeiras do Arcebispado da Bahia e a necessidade de interferência da Igreja no Brasil Colônia – o legado canônico

As Constituições Primeiras do Arcebispado da Bahia datam de 1707[42] e vigoraram por cerca de 150 anos. Surgiram da necessidade de se regulamentar relações existentes no período de colonização do Brasil e da África, com lacunas no Direito Canônico, especialmente aquelas entre colonizadores e escravos.

A necessidade se deu especialmente para estabelecer regras não apenas dentro das relações eclesiásticas, mas de conduta social, incluindo a regulamentação das relações familiares num ambiente diferente daquele vivido em Portugal. As regras vigentes no país colonizador não tinham o alcance pleno que a colônia precisava. A exemplo, as Constituições Primeiras traziam normas especialmente voltadas para a conversão dos escravos na fé católica, *conciliando* escravidão e catequese dos negros, ou ainda autorizavam o casamento entre escravos e pessoas livres.

Além disso, percebeu-se que a Igreja não tinha o poder esperado na Colônia, pois os senhores enviados para lá não seguiam suas regras, não respeitavam muitos dos sacramentos, surgindo a necessidade de fortalecimento e afirmação através de uma regra.[43] Assim, tratava-se

---

[41] Em 2015, o Código Penal previu a inclusão do inciso VI ao §2º do art. 121, que contempla o feminicídio, realidade com números assustadores no Brasil: Art. 121. Matar alguém: Pena – reclusão, de seis a vinte anos. §2º Se o homicídio é cometido: *Feminicídio*. VI – contra a mulher por razões da condição de sexo feminino: Pena – reclusão, de doze a trinta anos. §2º A Considerar-se que há razões de condição de sexo feminino quando o crime envolve: I – violência doméstica e familiar; II – menosprezo ou discriminação à condição de mulher.

[42] Antes das Constituições Primeiras do Arcebispado da Bahia, Dom Sebastião Monteiro da Vide promulgou, em 1704, segundo relata Marilda Santana da Silva, "as Constituições do Auditório Eclesiástico, uma espécie de regimento que foi responsável pela regularização da Justiça Eclesiástica, com leis, normas e atribuições do Tribunal para a colônia". SILVA, Marilda Santana da. *Dignidade e transgressão*: mulheres no tribunal eclesiástico em Minas Gerais (1748-1830). São Paulo: UNICAMP, 2001. p. 59.

[43] A esse respeito, Fernando Torres-Lodoño, estudioso do concubinato no período do Brasil colônia, assim se pronunciou: "As Constituições Primeiras, que depois foram sendo adotadas pelas outras dioceses, representaram para vários bispos um meio de afirmação institucional. Além de estar presente na estrutura do texto, essa afirmação se percebe nos eixos que atravessam todos os cinco livros: o exercício da autoridade no interior das dioceses por meio da ação da justiça eclesiástica; a vigilância dos bispos sobre a administração

de legislação com ênfase no direito canônico, mas adaptada à realidade vivenciada no sistema colonial do Brasil, sendo também a forma encontrada para garantir que os senhorios iriam catequizar o povo colonizado.[44]

Fernando Torres-Lodoño registra que as Constituições decorreram do Sínodo Diocesano da Bahia, que teria sido responsável por um grande marco na história eclesiástica, dividindo "o período da conquista e colonização e a época da institucionalização da Igreja e de sua afirmação como instituição autônoma".[45]

As Constituições Primeiras do Arcebispado da Bahia, assim como as Ordenações Filipinas, estão divididas em cinco livros, um primeiro dedicado aos sacramentos, com regras sobre batismo, crisma, matrimônio; o segundo, aos mandamentos da Igreja, com normas sobre a missa e seus rituais; o terceiro ao clero, com destaque especial às normas de comportamento dos clérigos; o quarto livro às questões relacionadas à jurisdição eclesiástica; e o quinto, dedicado aos crimes e à justiça eclesiástica.

Neste quinto livro estão presentes em seus títulos XIX, XXII, XXIII e XXIV os crimes de adultério e concubinato, com sua regulamentação e penalidades específicas para o contexto cultural brasileiro.

No título XXII, intitulado de *Concubinato – Dos leigos amancebados, e como se procederá contra eles* há o conceito de concubinato, qual seja: "O concubinato, ou amancebamento consiste em uma ilícita conversação do homem continuada por tempo considerável".[46] Era não só pecado como crime, mas passível de prova em contrário.

A previsão sobre o concubinato estava dividida em três títulos específicos. O Título XXII tratava do concubinato entre leigos, prevendo penas variáveis, desde a admoestação, passando para a prisão e o degredo, todas podendo cominar com multa pecuniária, sendo a

---

dos sacramentos ao mesmo tempo em que o exercício do controle sobre o clero e os fiéis nas pessoas dos visitadores diocesanos; a utilização de penas para o restabelecimento da autoridade e a correção dos abusos; o funcionamento da paróquia e a figura do pároco como instrumento decisivo da atuação eclesial". TORRES-LODOÑO, Fernando. *A outra família*: concubinato, igreja e escândalo na colônia. São Paulo: Edições Loyola, 1999. p. 121.

[44] TORRES-LODOÑO, Fernando. *As Constituições do Arcebispado da Bahia de 1707 e a presença da escravidão*. Disponível em: http://www.humanas.ufpr.br/portal/cedope/files/2011/12/AsConstitui%C3%A7%C3%B5es-do-Arcebispado-da-Bahia-de-1707-e-a-presen%C3%A7a-da-escravid%C3%A3o-Fernando-Torres-Londono.pdf. Acesso em: 04 jan. 2018.

[45] TORRES-LODOÑO, Fernando. *A outra família*: concubinato, igreja e escândalo na colônia. São Paulo: Edições Loyola, 1999. p. 118.

[46] VIDE, Sebastião Monteiro da. *Constituições Primeiras do Arcebispado da Bahia*. Brasília: Senado Federal, 2011. p. 344.

excomunhão a pena final. As penas pecuniárias também poderiam dobrar, na hipótese do comportamento reiterar, e não eram aplicadas a escravos amancebados e pessoas muito pobres, a quem se restringiam as penas corporais e dias de aljube.

O objetivo da penalidade era promover *a correção* das partes envolvidas, deixando claro que visavam o temor (do crime e do pecado), a emenda e tirar do pecado.

Os demais Títulos, XXIII e XXIV, tratavam do concubinato havido por mulheres casadas, ou solteiras reputadas por donzelas, e o dos clérigos, respectivamente. Interessante observar que as penalidades não sofrem muitas variações, mas, no primeiro deles, tentou-se conservar ao máximo a imagem da mulher tida por cúmplice e, no segundo, punir os clérigos que levavam uma vida desregrada na colônia.

Fernando Torres-Lodoño indica que alguns bispos tinham uma maior preocupação em combater o concubinato, fazendo referência especial a Dom João da Cruz, que afirmava ser da Igreja a culpa pelos amancebamentos, diante das dificuldades e ônus em se contrair matrimônio:

> [...] diferencia-se dos outros bispos por aceitar que nesta circunstância a Igreja tinha responsabilidade e que era dela a causa do concubinato em que muitos viviam. Porém, acreditava o bispo tratar-se de mais uma desordem do clero, movido por seu interesse de lucro, que podia ser corrigida facilitando o casamento dos pobres, de 'forma que não seja a sua pobreza e miséria o impedimento para que se deixem de receber os contraentes', ficando os párocos sob ameaças de penas e prisão.[47]

Como é possível perceber, além dos primeiros sinais da facilitação do casamento no contexto cultural vivido pelo país, o concubinato fazia parte de um costume da colônia. Interessante ainda destacar que, apesar das penalidades decorrentes da prática do crime e do pecado, as Constituições que previam as regras processuais próprias para a sua apuração não geravam perda de determinados direitos.

Até mesmo o adultério, previsto no Título XIX, preservava a possibilidade da discussão da partilha de bens,[48] ficando claro que as reprimendas eram muito mais de desestímulo da prática, para adoção do matrimônio como única forma de formação de família, por ser ele

---

[47] TORRES-LODOÑO, Fernando. *A outra família*: concubinato, igreja e escândalo na colônia. São Paulo: Edições Loyola, 1999. p. 169-170.

[48] VIDE, Sebastião Monteiro da. *Constituições Primeiras do Arcebispado da Bahia.* Brasília: Senado Federal, 2011. p. 335.

o recomendado pela Igreja. A regra era passível não só de prova em contrário (com disposições processuais, inclusive) como já mencionado e visava à *adequação* das pessoas aos costumes do colonizador. Não é demais repisar que o concubinato passou a ser reprimido por demonstrar ameaça ao matrimônio e, ainda, por ser interpretado como ato carnal sem finalidade procriacional, e sua criminalização terminou sendo fruto de uma construção da Igreja. Apesar de não ser objeto deste estudo, que prioriza a busca de solução para o Direito brasileiro, não é demais mencionar que em Roma, por exemplo, o concubinato era um termo utilizado usualmente e foi posteriormente regulamentado, especialmente em Justiniano, que o definiu como "uma instituição jurídica, criada a partir do mútuo consentimento que gerava obrigações para os pais e direito às mães e aos filhos. Entre eles o de herdar parcial ou totalmente os bens do pai".[49] O Direito romano destinou sua preocupação maior com a regulamentação das relações de filiação, porque as relações concubinárias se davam, no sentir de Pinto Ferreira, com *escravas favoritas ou mulheres plebeias.*[50]

Em relação ao Brasil, o concubinato igualmente passou a ser ilícito com as Constituições Primeiras, porque antes delas, no século XVI, o concubinato servia para designar as relações havidas entre colonos portugueses e as índias, negras e mestiças, como já mencionado.

Seguindo a mesma linha, a primeira Constituição da República, promulgada em 1891, previa o casamento como única forma de constituir família, afirmando, categoricamente, em seu art. 72, §4º, que "a República só reconhece o casamento civil, cuja celebração será gratuita".[51] Apenas a partir de 1934 que tivemos um capítulo dedicado à família. No entanto, houve apenas preocupação com a sistematização do casamento e um breve artigo tratando do reconhecimento de filhos.

A pioneira no tratamento das questões de filiação foi a Constituição de 1937. Em um capítulo próprio sobre filiação, garantiu a proteção especial do Estado e afirmou a educação da prole como primeiro dever dos pais, além de garantir aos jovens, no art. 127, o amparo moral, físico e intelectual de seus pais, sob pena de constituição de falta grave.

---

[49] TORRES-LODOÑO, Fernando. *A outra família*: concubinato, igreja e escândalo na colônia. São Paulo: Edições Loyola, 1999. p. 22.

[50] FERREIRA, Pinto. *Investigação de Paternidade, Concubinato e Alimentos*. São Paulo: Saraiva, 1987. p. 101.

[51] BALEEIRO, Aliomar. *Coleção Constituições Brasileiras*. 3. ed. Brasília: Senado Federal, 2015. v. 2, p. 81.

A Constituição de 1946 praticamente não trouxe qualquer inovação em termos de Direito de Família, mantendo apenas a regra outrora prevista na Constituição de 1934, de estender os efeitos civis ao casamento religioso celebrado.

Tangente à Constituição de 1967, esta foi responsável pela supressão de previsão sobre a família, reduzida a apenas um artigo (art. 167) e quatro parágrafos, voltada ao casamento e à criação de assistência à maternidade, infância e adolescência, regra essa mantida por força da Constituição de 1969, originada da Emenda Constitucional nº 1. Apenas o §4º do agora art. 175 acrescentou a assistência especial "à educação de excepcionais". Contudo, foi na vigência dessa Constituição que se deu o primeiro grande passo em matéria de Direito de Família no Brasil, através da Emenda Constitucional nº 09/77, a possibilidade de dissolução do casamento, que resultou na promulgação da Lei do Divórcio, Lei nº 6.515, de 26 de dezembro de 1977.

Passadas as duras duas décadas de regime ditatorial, em 1985 foi convocada a Assembleia Nacional Constituinte, que ouviria e recepcionaria os anseios sociais, galgando novos conceitos, inclusive, o de família, nunca elucidado no Código Civil vigente à época, qual seja, o de 1916.

CAPÍTULO 2

CONCUBINATO E MONOGAMIA NO DIREITO POSITIVO BRASILEIRO

Incumbido de realizar a Consolidação das Leis Civis, Teixeira de Freitas manteve o conservadorismo presente nas Ordenações Filipinas. A determinação de um Código Civil próprio se deu ainda em 1824, na Constituição Imperial.[52]

Diferentemente do Código Penal, o Código Civil teve um longo percurso. Teixeira foi o responsável por unir todas as regras de Direito Civil no Brasil, que originaram a Consolidação, assim como, posteriormente, um esboço do Código.

O célebre trabalho da Consolidação, em especial na busca pelo respeito às liberdades, trouxe consigo a reunião das leis vigentes à época, para o posterior esboço do Código. Nela, Teixeira reuniu a legislação que se fez necessária diante da inadequação das Ordenações Filipinas à nova realidade do país. Em sua Consolidação, Teixeira traz o Direito de Família para a parte geral, onde tratou das pessoas dividindo, basicamente, em quatro elementos: casamento, pátrio poder, parentesco e uma parte que nominou como supletiva, para a tutela e curatela.[53]

O casamento era religioso, matéria afeta ao Tribunal Eclesiástico, regra essa mantida também no Esboço. Diferentemente deste, que previa expressamente a existência de um casamento não dissolvido como impedimento para um segundo casamento, a Consolidação não trazia um artigo próprio para os impedimentos.

---

[52] Art. 179 [...] Inciso XVIII. Organizar-se-há quanto antes um Codigo Civil, e Criminal, fundado nas solidas bases da Justiça, e Equidade.

[53] FREITAS, Augusto Teixeira de. *Consolidação das Leis Civis*. Disponível em: https://siabi.trt4. jus.br/biblioteca/acervo/Doutrina/eBooks/teixeira%20freitas_consolidação%20leis%20civis. pdf. Acesso em: 11 nov. 2018.

A importância da Consolidação – e seu brilhantismo – esteve na transição histórica de uma regra estrangeira para uma nacional, embalada pelo espírito e influência napoleônica.

Caenegem, ao traçar a história do Direito privado, registra que o processo de codificação não pode ser inovador, mas ao contrário, fazendo alusão às importantes obras de Portalis, deve ser agregador, de sorte que reúna a experiência vivenciada em sociedade para sua regulamentação, de forma tradicional. Examinando o *Code Civil*, traz a família como seu segundo pilar, sendo ela submissa ao poder do marido e pai. O autor ainda menciona que os excessos devem caber à doutrina, não à legislação.[54]

Nesse particular, é bastante importante registrar que esse longo processo de codificação, iniciado por Teixeira de Freitas e findado por Clóvis Bevilacqua, grande responsável pelo texto de 1916, sofreu influência direta de uma sociedade patriarcal, dominada pela burguesia proprietária.

Em seu texto, a família manteve-se patriarcal, com a total concessão de poder ao marido, cuja vontade prevalecia sobre os filhos e sobre a mulher. Essa família era ainda patrimonialista e, no sentir de Orlando Gomes:

> O Código Civil é obra de homens de classe média, que elaboraram nesse estado de espírito, isto é, na preocupação de dar ao país um sistema de normas de Direito privado que correspondesse às aspirações de uma sociedade interessada em afirmar a excelência do regime capitalista de produção.[55]

O Código Civil Brasileiro de 1916 mencionava em seu original art. 233 ser o homem o chefe da família. Virgílio de Sá Pereira defendia que à mulher cabiam os papéis definidos no art. 240, de companheira, consorte e auxiliar do marido.[56]

O casamento, única forma de constituição de família, foi previsto como indissolúvel, previsão do art. 315, uma vez que o divórcio era visto como ameaça à monogamia. A esse respeito, em sua *Defeza do projecto do Codigo Civil Brazileiro*, Clóvis Bevilácqua aponta como solução para os

---

[54] CAENEGEM, R. C. Van. *Uma introdução histórica ao Direito Privado*. São Paulo: Martins Fontes, 2000. p. 11.

[55] GOMES, Orlando. *Raízes históricas e sociológicas do Código Civil Brasileiro*. 2. ed. São Paulo: Martins Fontes, 2006. p. 30-31.

[56] PEREIRA, Virgílio de Sá. *Direito de família*: lições do professor catedrático de direito civil. 3. ed. atual. Legislativamente. Rio de Janeiro: Forense, 2008. p. 24.

CAPÍTULO 2
CONCUBINATO E MONOGAMIA NO DIREITO POSITIVO BRASILEIRO | 47

desgastes nos relacionamentos a separação de fato, o divórcio canônico, defendendo fervorosamente que o divórcio romano representaria o fim da monogamia, por ele utilizada como elemento sociológico:

> Si, porém, for concedido divorcio a vinculo, produzir-se-á a mesma sensação de allivio e desafogo, mas facilitar-se-á o incremento das paixões animaes, enfraquer-se-ão os laços da família, e essa fraqueza repercutirá desastrosamente na organização social. Teremos recuado da situação moral da monogamia para o regimen da polygamia sucessiva,[57] que, sob a fôrma da polyandria, é particularmente repugnante aos olhos do homem culto.[58]

Em relação ao casamento, Clóvis Bevilácqua ressalta que ele existia em função da necessidade de procriação.[59] A mulher celibatária, no contexto da família patriarcal, estava fadada à infelicidade. Fátima Quintas cunhou de *síndrome do casamento* os esforços empregados pelas mulheres para casar: "Que tudo acontecesse menos a recusa do macho a uma escolha conjugal".[60]

Interessante observar que a ideia inaugural de casamento monogâmico como único meio de formação de família foi questionada por Pontes de Miranda, ao se posicionar a respeito da origem da família. O autor sustenta que os autores que defenderam que a monogamia surge de dados psicológicos irresistíveis se esqueceram que há também o dado psicológico do *desejo de variar, de novidade, de desconhecido*. Outro elemento usado para sustentar a monogamia originária seria o amor paterno, a relação paterno-filial como determinante para a valorização da monogamia, segundo Ziegler. Contudo, Pontes assevera que o amor paterno também foi encontrado em períodos de poliginia. O autor conclui que não é possível associar parentalidade com monogamia. Pelo

---

[57] Aqui o autor faz referência ao que em seguida chama de "casamentos efêmeros": BEVILÁCQUA, Clóvis. *Em defesa do projecto do código civil brasileiro.* p. 98. Disponível em: http://www2.senado.leg.br/bdsf/handle/id/224223. Acesso em: 12 jan. 2018.

[58] BEVILÁCQUA, Clóvis. *Em defesa do projecto do código civil brasileiro.* p. 97-98. Disponível em: http://www2.senado.leg.br/bdsf/handle/id/224223. Acesso em: 12 jan. 2018.

[59] "*Constituída a família pela associação do homem e da mulher, em vista da reprodução e da necessidade de criar os filhos*, consolidada pelos sentimentos afetivos e pelo princípio da autoridade garantida pela religião, pelos costumes e pelo direito, é fácil de ver que se torna ela potente foco de onde irradiam múltiplas relações, direitos e deveres, que é preciso conhecer e firmar". BEVILÁCQUA, Clóvis. *Direito de família.* Campinas: Red livros, 2001. p. 34.

[60] QUINTAS, Fátima. *A mulher e a família no final do século XX.* 2. ed. Recife: Massangana, 2005. p. 195.

contrário, assegura que qualquer explicação relacionada à monogamia originária deveria ser associada ao elemento dinâmico sexual.[61]

Ainda na busca da existência de regras para as relações de família e analisando a poliandria, Pontes enumera os elementos que lhes são desfavoráveis:

> No estado atual das organizações sociais, as razões de se vedar a poliandria são: a) incerteza da paternidade, de onde derivariam não se saber quem deveria sustentar o filho, discórdias, confusões; b) têm-se de entregar somente à mãe a educação dos filhos, o sustento e os cuidados, sem se levar em conta a diminuição do seu valor produtivo durante a gravidez; c) decréscimo do coeficiente de solidariedade social, de que a solidariedade familiar é elemento; d) o fato de, ainda depois de dez meses, ter importância a cópula da mulher com outro homem que o seu marido (hereditariedade por influência). O argumento maior quanto à poliandria é a infecundidade da mulher, ao que talvez esteja ligada à sua tendência à monogamia. Seja como fôr, é dado sociológico que a mulher, na história, quando dela depende a fixação das formas, prefere a monogamia, exatamente o que é mais propício à procriação, à criação dos filhos e à segurança da família num sentido estrito de par andrógino + filhos. A poliginia não tem o inconveniente de diminuir a procriação. Mas é subversiva da ordem social: fundando-se na desigualdade de sexo, acaba por escravizar a mulher e desenvolver nos homens a perversão sexual, os excessos, com tôdas as suas resultantes mórbidas e degenerativas, isto é, enfraquecimento do indivíduo e consequente fraqueza da prole. Os nossos dias marcam a dasaparição da poliginia em povos que até há pouco a ela estavam convictamente aferrados. É digno de observar-se que isso ocorre exatamente quando despertam para melhores condições materiais e morais do Estado e das populações. A própria Rússia soviética afastou, mais tarde, qualquer insinuação de organização poligínica, porque seria a negação mesma da igualdade entre os sexos.[62]

Apenas com a Constituição Federal de 1988 e o Estado Social é que pudemos vislumbrar de forma mais concreta a construção de bases protetivas para pôr fim à família patriarcal, com a consagração da proteção do Estado à família. Até então, como se sabe, lei e comportamento humano caminhavam em descompasso, ou melhor, a lei permanecia

---

[61] MIRANDA, Pontes de. *Tratado de Direito de Família, vol. I*: direito matrimonial. São Paulo: Max Limonad, 1947. p. 56-57.

[62] MIRANDA, Pontes de. *Tratado de Direito de Família, vol. I*: direito matrimonial. São Paulo: Max Limonad, 1947. p. 58-59.

protegendo os institutos, mantendo a tradição imposta pelos colonos, deixando à margem da proteção as relações menos convencionais, mesmo que inegavelmente existentes, como as relações concubinárias.

As regras relacionadas ao tema das relações simultâneas, ainda que não tratem propriamente delas, são encontradas no Livro de Família do Código Civil de 1916. Além de impedir o casamento de pessoas casadas (art. 183, inciso VI), estabelecer como um dos deveres do casamento a fidelidade recíproca (art. 231, inciso I), assim como a proibição de doação (art. 1.177) ou deixa testamentária (art. 1.719, inciso III) à concubina, regras estas repetidas no Código Civil atual.

Interessante observar que o termo concubinato sempre foi utilizado na norma para designar a relação mantida em simultaneidade ao casamento, exceto na hipótese do art. 363, inciso I, que se referia à filiação ilegítima, reforçando a ideia já colocada alhures de que o concubinato não pode ser interpretado de forma ampla, como as relações entre todas as pessoas impedidas de se casar, mas tão somente para a hipótese dos arts. 1.521, inciso VI, do Código Civil atual, e 183, inciso VI, do Código de 1916.

Contudo, as relações estáveis passaram a ser tratadas como concubinato até a Constituição Federal de 1988 designá-las como união estável. O concubinato foi explicado por Edgard de Moura Bittencourt como um fato social cujas origens seriam variadas:

> Uns se constituíram por ignorância ou displicência quanto à elevada utilidade dos laços matrimoniais. Outros, na errada concepção de que o casamento perante Deus lhes bastava, sem que a lei dos homens precisasse intervir. Outros, buscam a felicidade não encontrada no lar destruído ou abandonado, negligenciando, quanto ao futuro, desde que o presente lhes forneça sossego e tranquilidade sem ambição. Outros, na insaciabilidade do desejo e da luxúria, buscam a satisfação incontida dos instintos. Alguns, pela sedução da mulher e pelo temor do homem de sofrer penas criminais. Muitos, enfim, por causas próximas ou remotas várias, de ordem educacional, psicológica, econômica e social.[63]

Em verdade, o autor acrescenta aos fatores sociais aqui já mencionados, oriundos do processo de colonização, o fato de o casamento religioso com efeitos civis só ter sido regulamentado no Brasil a partir da Constituição de 1946. Além disso, indica depois que o casamento

---

[63] BITTENCOURT, Edgard de Moura. *O concubinato no Direito*. Rio de Janeiro: Ed. Jurídica e Universitária Ltda., 1969. v. 1, p. 25.

passou a ser forma exclusiva de formação de família, o concubinato passou a figurar como desrespeito à lei.

Bittencourt traz elementos sociológicos para explicar o fenômeno do concubinato, dando especial destaque à formação do povo brasileiro, que passou por um longo processo de colonização e escravidão, tendo uma população pobre, ignorante e com falta de consciência do dever cívico. Segundo o autor, as razões podem ser de fundo social, econômico e psicológico. Outro fator também apontado como responsável pela disseminação da união livre estaria associado à independência feminina, o que *lhe proporciona ideias de independência e de reforma*. Em relação ao fator econômico, o autor indica que a crise instalada no séc. XIX e o grande volume de operários nas cidades fizeram com que jovens, ao entrar na puberdade, se atraíssem sexualmente, passando a viver uniões de fato, em razão de gestações não programadas e da impossibilidade de manter uma relação através do casamento, que traz consigo gastos. Além disso, o temor dos homens, cujas leis em alguns países traziam inclusive imposição de pena – até de prisão – *na hipótese de não cumprimento de obrigações alimentícias*.[64]

Analisando a premissa de que a família é um fenômeno social, o autor já defendia a proteção do concubinato, assim como ocorre a proteção da prole, e trouxe como importantes elementos a existência de proteção legal à *união livre honesta,* no Projeto de Lei nº 1.369/50, e a Lei de Acidentes do Trabalho, que equiparavam companheira a esposa.[65]

Foi então que o autor, de forma crítica, constatou a possibilidade de interpretação do concubinato sob dois aspectos, sendo o "puro" aquele utilizado para designar as relações estáveis e o "impuro" para designar as relações simultâneas.

2.1 Concubinato "puro": o termo precedente da união estável

Pinto Ferreira registra que os primeiros contornos jurídicos do concubinato surgiram em Roma, no Baixo Império, que o transformou

---

[64] BITTENCOURT, Edgard de Moura. *O concubinato no Direito.* Rio de Janeiro: Ed. Jurídica e Universitária Ltda., 1969. v. 1, p. 28-30.

[65] BITTENCOURT, Edgard de Moura. *O concubinato no Direito.* Rio de Janeiro: Ed. Jurídica e Universitária Ltda., 1969. v. 1, p. 42.

em instituto jurídico, denominado concubinatos *legitimus*, equiparado a um semi *matrimonium*.[66]

Interessante observar que em suas notas ao Digesto Justiniano descreveu o concubinato como *semi-matrimonium*, fazendo, inclusive, alusão aos gregos, como casamento de segunda mão, e trouxe algumas características. Os requisitos para o concubinato eram que houvesse conhecimento de testemunhas, caso contrário, haveria presunção de prostituição; bem como que a mulher não fosse casada. O requisito de ausência de casamento não se aplicava ao homem, cujas exigências eram que tivesse apenas uma concubina e que tivesse idade superior a 20 anos.[67]

Contudo, como já mencionado, a necessidade de regulamentar as consequências da filiação alçou o concubinato ao semimatrimônio, o que fez com que ele passasse a ser compreendido, de forma lenta, como relação familiar.

É inegável que a regulamentação do concubinato se deu para prever efeitos às relações que se estabeleceram em simultaneidade a outra, seja em Roma ou no processo de formação da sociedade brasileira.

Contudo, as mudanças no contexto social e a existência de relações com contorno de casamento, sem o vínculo matrimonial, foram sendo cada vez mais toleradas e se ampliou o conceito de concubinato.

A necessidade de distanciar essas relações daquelas onde não havia exclusividade, aliada à imposição de uma designação de aquiescência social com o instituto, fez do concubinato "puro" o termo utilizado para as relações com ou sem convivência more uxório, porém revestidas, no sentir de Pinto Ferreira, de notoriedade, fidelidade da mulher e continuidade de relacionamento sexual.[68]

A ideia do concubinato se distanciou da existência de relações simultâneas para se amoldar a um conceito de união livre, despido da obrigatoriedade da vida em comum imposta ao casamento, como elucida Lamartine Corrêa:

---

[66] FERREIRA, Pinto. *Investigação de Paternidade, Concubinato e Alimentos*. São Paulo: Saraiva, 1987. p. 102.

[67] COOPER, Thomas. *The Instituites of Justinian*. California: Byrne, 1812. p. 420. Disponível em: https://books.google.com.br/books?id=Z31IAAAAYAAJ&pg=PA420&lpg=PA 420&dq=semi+matrimonium&source=bl&ots=lJcEWGKYhG&sig=4864RlgJAP6SWDg0la5UG_cl5UU&hl=pt-BR&sa=X&ved=0ahUKEwi-6LujucvaAhUGHJAKHdQSA6kQ6AEIUzAF#v=onepage&q=concubinatus&f=false. Acesso em: 21 abr. 2018.

[68] FERREIRA, Pinto. *Investigação de Paternidade, Concubinato e Alimentos*. São Paulo: Saraiva, 1987. p. 108.

O que na comunhão conjugal representa, portanto, deveres fundamentais de cônjuges (por exemplo, coabitação, assistência recíproca) na união de fato não corresponde à imposição de deveres. Os concubinos não têm obrigação de vida em comum. De modo que esta se assenta na vontade do casal cotidianamente renovada.[69]

As motivações para a formação de relações concubinárias foram inúmeras, desde a ignorância do casamento como única forma de constituição de família, à época, até a situação contrária, simbólica, de não se submeter às regras do casamento.

O concubinato foi inserido na norma civil brasileira para gerar efeitos de proibição, regulamentando-se, no entanto, a atribuição de regras para a filiação oriunda dele. Foi a transformação do concubinato puro em união estável que o tornou oficialmente aceito juridicamente.

A promulgação da Constituição Federal de 1988 determinou a regulamentação própria da união estável, que só veio a ocorrer em 1994, com a Lei nº 8.971, inicialmente restrita à sucessão e alimentos, e, posteriormente, em 1996, através da Lei nº 9.278, esta responsável especificamente pela regulamentação do art. 226, §3º, da Constituição, sendo certo que ambas exigiam exclusividade de relacionamento.

Até então, doutrina e jurisprudência assumiram o papel de defender a validade e os efeitos jurídicos ao concubinato, numa afirmação de vedação ao silêncio do direito, como a interpretação inclusiva do art. 1.537, inciso II, do Código Civil, que concedia indenização, no caso de morte, aos titulares de alimentos; a responsabilidade pelas obrigações assumidas no interesse do lar e educação dos filhos, como registrou Lamartine Corrêa.[70]

A partir de então, tornou-se importante definir o âmbito dos efeitos jurídicos, especialmente porque, a rigor, o Código Civil de 1916 só se referia ao concubinato para restringir direitos. Lamartine Corrêa aponta a indenização por serviços domésticos prestados e a sociedade de fato como os dois caminhos encontrados para a solução.[71]

Álvaro Vilaça de Azevedo, buscando definição ao concubinato, encontra conforto na mesma solução, ao mencionar o art. 1.363 do Código de 1916, comparando-o com *o somatório de esforços pessoais ou*

---

[69] OLIVEIRA, José Lamartine Corrêa de; MUNIZ, Francisco José Ferreira. *Direito de família*: direito matrimonial. Porto Alegre: Sérgio Antônio Fabris, 1990. p. 79.

[70] OLIVEIRA, José Lamartine Corrêa de; MUNIZ, Francisco José Ferreira. *Direito de família*: direito matrimonial. Porto Alegre: Sérgio Antonio Fabris, 1990. p. 105-107.

[71] OLIVEIRA, José Lamartine Corrêa de; MUNIZ, Francisco José Ferreira. *Direito de família*: direito matrimonial. Porto Alegre: Sérgio Antonio Fabris, 1990. p. 110.

materiais, para a obtenção de fins precípuos e comuns.[72] Ao encontrar essa coincidência de elementos com as relações de fato, ele defende, em texto escrito no mesmo período da Constituinte, a possibilidade de atribuição de efeitos jurídicos às relações concubinárias que estejam revestidas das características de um casamento, afastando-se da ideia de relações adulterinas, pondo-se como premissa a fidelidade da mulher, especialmente para que seja possível aplicar a presunção de paternidade ao seu companheiro.

A Lei de Registros Públicos, Lei nº 6.015/73, teve ao seu art. 57 o acréscimo do §2º, que assegura a adoção do sobrenome do companheiro à mulher solteira, desquitada ou viúva, numa alteração da Lei nº 6.216/75, que trouxe essa possibilidade num franco reconhecimento da importância das relações estáveis.[73] A regra trazia restrições às pessoas desquitadas, exigindo que, quando o homem o fosse, a sua esposa não tivesse mantido o sobrenome do marido, por condenação ou renúncia. Além disso, exigia comprovação de união há pelo menos cinco anos ou a existência de filhos.

Essa fixação conceitual e a paulatina aceitação social tornaram o termo *concubinato*, ainda que acompanhado de "puro", inconveniente.[74] Os franceses identificam o concubinato através de duas expressões: *concubinage e concubinat*, sendo a primeira mais utilizada no sentido lato

---

[72] AZEVEDO, Álvaro Vilaça de. *Do concubinato ao casamento de fato*. Belém: CEJUP, 1987. p. 64.

[73] Art. 57. A alteração posterior de nome, somente por exceção e motivadamente, após audiência do Ministério Público, será permitida por sentença do juiz a que estiver sujeito o registro, arquivando-se o mandado e publicando-se a alteração pela imprensa, ressalvada a hipótese do art. 110 desta Lei. [...].

§2º A mulher solteira, desquitada ou viúva, que viva com homem solteiro, desquitado ou viúvo, excepcionalmente e havendo motivo ponderável, poderá requerer ao juiz competente que, no registro de nascimento, seja averbado o patronímico de seu companheiro, sem prejuízo dos apelidos próprios, de família, desde que haja impedimento legal para o casamento, decorrente do estado civil de qualquer das partes ou de ambas *(Incluído pela Lei nº 6.216, de 1975)*.

§3º O juiz competente somente processará o pedido, se tiver expressa concordância do companheiro, e se da vida em comum houverem decorrido, no mínimo, 5 (cinco) anos ou existirem filhos da união *(Incluído pela Lei nº 6.216, de 1975)*.

§4º O pedido de averbação só terá curso, quando desquitado o companheiro, se a ex-esposa houver sido condenada ou tiver renunciado ao uso dos apelidos do marido, ainda que dele receba pensão alimentícia *(Incluído pela Lei nº 6.216, de 1975)*.

[74] Álvaro Vilaça, em sentido contrário, firmou posicionamento no sentido de reconhecer o termo como pejorativo, mas que foi sendo paulatinamente aceito socialmente, afirmando que, muito embora a expressão *companheira* tenha passado a ser mais comumente utilizada para as pessoas que viviam no concubinato puro, também era admissível utilizar o termo concubina para qualquer das duas espécies: pura e impura. (AZEVEDO, Álvaro Vilaça de. *Do concubinato ao casamento de fato*. Belém: CEJUP, 1987. p. 67-68).

e a segunda, no sentido estrito, que hoje chamamos de união estável. Alguns autores chegaram a buscar a diferença de designação, a fim de afastar as relações dotadas de estabilidade e lealdade daquelas adulterinas.

Bittencourt defendia o uso do termo concubinato em sentido amplo, distinto, no entanto, de mancebia, por ele identificada como as relações sem fidelidade recíproca, que viria a se chamar posteriormente de concubinato "impuro". O autor ainda apresenta diferenças entre as expressões companheira e concubina, demonstrando preocupação com a necessidade de haver uma harmonização da jurisprudência, para evitar que os termos sejam utilizados como sinônimos, protegendo, no entanto, institutos diferentes:

> Concubinato exprime a ideia geral de união mais ou menos prolongada, fora do casamento. Pode revestir-se de aspectos morais ou imorais. Companheira é a designação elevada que se dá à mulher unida por longo tempo a um homem, como se fôsse sua esposa; mas, como não existem os laços do casamento civil, é concubina.[75]

Ao seu tempo, o autor já apontava como imoral (mais até do que os que proclamavam ser imoral a relação concubinária) a ausência de proteção às pessoas que se relacionavam pelo concubinato, sendo certo que a ausência de proteção legal à pessoa representaria, esta sim, ausência de moral, chamando atenção para o fato de que havia circunstâncias não proibidas por lei e, ainda, causas sociais inafastáveis pelo Estado. Ele indicou a França como ponto de partida da proteção da concubina, por meio de lei de 1912, que outorgou direitos aos filhos naturais nascidos do concubinato, ao contrário do Brasil, que chegou a ter as relações concubinárias como hipótese de demissão por justa causa enquadrada no mau procedimento.[76]

A compreensão de que o concubinato puro deveria surtir efeitos jurídicos próprios sedimentou entendimentos a exemplo das Súmulas nºs 380 e 382 do Supremo Tribunal Federal,[77] sendo a primeira destinada

---

[75] BITTENCOURT, Edgard de Moura. *O concubinato no Direito*. Rio de Janeiro: Ed. Jurídica e Universitária Ltda., 1969. v. 1, p. 113.

[76] BITTENCOURT, Edgard de Moura. *O concubinato no Direito*. Rio de Janeiro: Ed. Jurídica e Universitária Ltda., 1969. v. 1, p. 125-129.

[77] *Súmula 380* – Comprovada a existência de sociedade de fato entre os concubinos, é cabível a sua dissolução judicial, com a partilha do patrimônio adquirido pelo esforço comum. *Súmula 382* – A vida em comum sob o mesmo teto *"more uxorio"*, não é indispensável à caracterização do concubinato.

à partilha dos bens e a segunda para afastar como seu requisito a convivência *more uxório*.

A Súmula nº 380 se firmou para assegurar a divisão de patrimônio adquirido por esforço comum, afastando, em certa medida, discussões pretéritas de indenização por serviços domésticos prestados e protegendo a premissa de vedação de enriquecimento sem causa.

O Ministro Orosimbo Nonato teve papel fundamental na Súmula, firmando, nos anos 1940, seu entendimento favorável ao reconhecimento de direitos, tanto como relator de processos citados como precedentes quanto como voto divergente em entendimentos contrários. Ele entendia que a indenização por serviços domésticos não deveria ser a proteção jurídica do concubinato, mas sim a possibilidade de divisão dos bens adquiridos com esforço comum, não havendo impedimentos legais para que a concubina fosse considerada sócia de seu companheiro.

Já em relação à segunda, de número 382, a dúvida pairava muito mais sobre o conceito e os limites do concubinato. Os precedentes citados pelo Supremo são de investigação de paternidade e em ambas as situações a hipótese não era de aplicação da *exceptio plurium concubentium*, apesar da inexistência de coabitação.

2.2 Concubinato "impuro": a linguagem como forma de discriminação dos relacionamentos familiares

O concubinato "impuro", ou a proteção legal contra ele, foi a grande preocupação do legislador, que autorizou expressamente a mulher casada a reivindicar bens doados à concubina pelo seu marido (art. 248, inciso IV) e vedou à concubina de testador casado ser nomeada herdeira ou legatária (art. 1.719, inciso III), hipóteses essas que persistem até hoje.

Também chamado de mancebia, ele não teve nenhum efeito positivo, o que se denota de sua própria nomenclatura, também adjetivada por *adulterino*. A esse respeito, Rodrigo da Cunha Pereira já entendeu que as relações concubinárias impuras não devem ser protegidas pelo direito: "É um paradoxo para o Direito proteger as duas situações concomitantemente. Isto poderia destruir toda a lógica do nosso ordenamento jurídico, que gira em torno da monogamia".[78]

---

[78] PEREIRA, Rodrigo da Cunha. *Concubinato e União Estável*. Belo Horizonte: Del Rey, 2004. p. 66.

Marcos Alves faz o registro da obra de Silvio Rodrigues, que, em manual de direito de família do ano de 2002, conceituava o concubinato como sendo "a união do homem e da mulher, fora do matrimônio, de caráter estável, mais ou menos prolongada, para o fim da satisfação sexual, assistência mútua dos filhos comuns e que implique uma presumida fidelidade da mulher ao homem".[79] É impactante que o concubinato tenha sido tratado e sua imagem construída a partir da premissa de uma relação havida *para satisfação sexual*, mas com as responsabilidades de prole e assistência mútua, interpretado como uma relação de *não família*.

É interessante observar ainda o comportamento da jurisprudência a respeito da necessidade de distinção entre concubinato "puro" e "impuro". O Supremo Tribunal Federal, no julgamento do Recurso Extraordinário nº 83.930/SP, chegou a mencionar que há possibilidade de manutenção de relacionamento fático extramatrimonial, desde que não venha a surtir efeitos:

> Todavia, em jurídica linguagem de se admitir a diferenciação, porque, na verdade, o cônjuge adúltero pode manter convívio no lar com a esposa e, fora, ter encontros amorosos com outra mulher, como pode também separar-se de fato da esposa, ou desfazer desse modo a sociedade conjugal, para conviver *more uxorio* com a outra. Na primeira hipótese o que se configura é um concubinato segundo o seu conceito moderno, e obviamente a mulher é concubina; mas, na segunda hipótese, o que se concretiza é uma união de fato (assim chamada por lhe faltarem as *justte ande*) e a mulher merece havida como companheira; precisando melhor a diferença, é de se reconhecer que, no primeiro caso, o homem tem duas mulheres, a legítima e a outra; no segundo, ele convive apenas com a companheira, porque se afastou da mulher legítima, rompeu de fato a vida conjugal. Estabelecendo tal distinção ao interpretar pelo método ideológico as duas questionadas regras, acórdão recorrido não as contrariou, porquanto se restringiu a salientar o sentido, a vontade que uma e outra contêm. Sim, porque os art. 1.177 e 1.474 do Código Civil protegem a família juridicamente constituída e subsistente, e não a que, na realidade, se acha desfeita. No ponto, é de afirmar-se que a vida é mais poderosa do que as ortodoxias jurídicas. Tanto assim é, que a legislação previdenciária permite que a companheira receba qualquer benefício nela previsto.[80]

---

[79] SILVA, Marcos Alves da. *Da monogamia*: a sua superação como princípio estruturante do direito de família. Curitiba: Juruá, 2013. p. 120.

[80] BRASIL. Supremo Tribunal Federal. *RE nº 83.930/SP*. Relator: Min. Antonio Neder. p. 934. Disponível em: http://stf.jus.br/arquivo/cms/publicacaoRTJ/anexo/082_3.pdf. Acesso em: 20 nov. 2018.

O que se observa, em verdade, é uma tolerância à existência de relacionamentos concubinários, compreendendo a possibilidade de seus prolongamentos no tempo, protegendo-se, no entanto, de forma seletiva, algumas das partes, amparadas pela oficialidade ou pela nomenclatura de suas relações.

A solução empregada para o concubinato, após a regulamentação da união estável, foi aplicar a Súmula nº 380 do STF, para evitar enriquecimento sem causa. Moura Bittencourt menciona importante julgado do Tribunal de Justiça do Mato Grosso, que repeliu o dever de honestidade: "data vênia, o mau procedimento nunca condenou ninguém a perder o seu patrimônio, por mais dissoluto que seja, quer com referência ao homem, quer com referência à mulher".[81]

Na análise da pluralidade de relações concubinárias, o autor cita julgado da Côrte de Paris, datado de 1932, que concedeu a partilha da indenização a duas mulheres pelo falecimento do homem com quem conviviam, sendo chamada por Bittencourt de *concubinato dentro do concubinato*. Apesar de discordar dessa hipótese, ele já ponderava que os casos concretos precisam ser analisados individualmente. Assume o protagonismo ao defender que, no caso em análise, não obstante as inúmeras críticas sofridas pela Corte de Paris (decisão esta posteriormente modificada pela Corte de Cassação), estaria ela correta. Apesar de não sustentar a possibilidade da indenização entre ambas as mulheres, defende que à primeira delas (com quem o falecido viveu por 26 anos de forma pública e notória) deve-se deferir a indenização, cabendo a outra metade àquela que ele chama de *manceba*, para que o valor possa chegar ao filho do casal, havido da relação simultânea.[82]

Na mesma linha, Paulo Lôbo, em entendimento anterior ao firmado recentemente sobre as uniões paralelas, já demonstrava senso de responsabilidade em apontar, na esfera da seguridade social e em atendimento à dignidade humana, precedentes de divisão equitativa da pensão previdenciária.[83]

É interessante observar, na análise histórica do concubinato, como as relações chamadas de "impuras" já tendiam a ter uma proteção legal nos Tribunais Superiores, num sentimento de responsabilidade e solidariedade, em comparação ao direito posto atual, que define as

---

[81] BITTENCOURT, Edgard de Moura. *O concubinato no Direito*. Rio de Janeiro: Ed. Jurídica e Universitária Ltda., 1969. v. 1, p. 150.

[82] BITTENCOURT, Edgard de Moura. *O concubinato no Direito*. Rio de Janeiro: Ed. Jurídica e Universitária Ltda., 1969. v. 1, p. 158-159.

[83] LÔBO, Paulo. *Direito Civil*: famílias. São Paulo: Saraiva, 2008. p. 167.

relações concubinárias, mas sofre com a resistência cultural, herança de um tempo em que as leis eram pensadas para proteger exclusivamente o patrimônio.

2.3 A monogamia no Direito brasileiro e suas interpretações

A monogamia já teve tratamento de princípio constitucional[84] amplo, sendo considerada como ordenadora das relações familiares. Rodrigo da Cunha Pereira considera a monogamia como princípio jurídico *organizador das relações conjugais* e entende que ela funciona atualmente como um "interdito proibitório para viabilizar e organizar determinados ordenamentos jurídicos".[85]

Pondera o autor, no entanto, a necessidade de confrontar a monogamia com a dignidade humana para que não haja exclusão ou tratamento discriminatório àquelas relações que existem ainda que sem observância à monogamia, sugerindo que num conflito de direitos prevaleça o interesse das pessoas e não dos institutos.

Segundo ele, a monogamia não pode funcionar como uma mera orientação cultural (moral), porque a monogamia orienta, inclusive juridicamente, as relações conjugais: "é um sistema organizador das formas de constituição de famílias, que se polariza com o sistema poligâmico".[86]

No Brasil, necessário compreender de que maneira a monogamia se impôs e a quem ela interessou. Como já mencionado, o processo de colonização do Brasil pelos portugueses ocorreu quando os colonos perceberam na terra descoberta riquezas inesperadas, transformando o que antes seria uma mera passagem de mercadorias em um local altamente rentável e atrativo.

Portanto, a formação do povo decorreu da acomodação dos colonos nas terras brasileiras. As regras próprias de formação dessa sociedade se distanciavam daquelas aplicadas em Portugal e, consequentemente,

---

[84] A esse respeito, ao comentar o art. 1.727 do Código Civil, Rodrigo da Cunha Pereira já chegou a se posicionar: Este artigo mantém a coerência com o princípio jurídico da monogamia ao fazer a distinção entre o concubinato não adulterino (união estável) e o concubinato adulterino (concubinato propriamente dito). PEREIRA, Rodrigo da Cunha. *Código Civil das Famílias Anotado*. 4. ed. Curitiba: Juruá, 2002. p. 152.

[85] PEREIRA, Rodrigo da Cunha. *Dicionário de Direito de Família e sucessões ilustrado*. 2. ed. São Paulo: Saraiva Jur, 2018. p. 515.

[86] PEREIRA, Rodrigo da Cunha. *Dicionário de Direito de Família e sucessões ilustrado*. 2. ed. São Paulo: Saraiva Jur, 2018. p. 626.

legitimaram circunstâncias próprias, como a formação de relações familiares entre mulheres nativas ou brancas pobres e colonos com famílias formadas em seu país de origem.

Além disso, o casamento não era acessível a todos, seja pelo custo, pela vedação legal, pela burocracia ou ainda pelo desconhecimento. Para Marcos Alves, o concubinato surge como meio de formação de famílias no Brasil colônia, preenchido da função social de "alternativa de inserção e constituição de grupo familiar".[87]

Não há dúvidas de que, àquela época, não interessava a legitimação de situações outras que não as formadas pelo casamento. Contudo, é imprescindível que se compreenda que as relações concubinárias fazem parte da formação da população brasileira e que o estágio atual dos direitos sociais não permite mais a aplicação acomodada de uma regra que existiu num contexto completamente diverso. Isso porque o concubinato do Brasil colônia, embora tivesse as mesmas características da família formada pelo casamento, era uma relação marginalizada e claramente destinada a pessoas de classes consideradas inferiores ou, ainda, entre pessoas de classes distintas, o que, segundo Fernando Torres-Lodoño, "não promovia a eliminação da desigualdade",[88] muito pelo contrário, lhe afirmava.

O concubinato, portanto, foi conveniente e preencheu função social própria de organização social, mantendo distantes dos costumes da Igreja as pessoas menos favorecidas, as relações entre classes distintas e, ainda, assegurando a restrição de direitos:

> Também aparecem sinais de escândalo de conteúdo não teológico quando o concubinato passava a ameaçar as propriedades da esposa e de herdeiros: os bens familiares. Além dessas situações-limite, a sociedade colonial tendia a não se chocar com tal comportamento. Mesmo porque ele abria a possibilidade de válvulas de escape para as interdições que sustentavam o matrimônio-aliança. Dava espaço às relações pré-matrimoniais, poupando as moças de família ou servindo de válvula de escape para sentimentos individuais nem sempre contemplados nas alianças matrimoniais.[89]

---

[87] SILVA, Marcos Alves da. *Da monogamia*: a sua superação como princípio estruturante do direito de família. Curitiba: Juruá, 2013. p. 95.

[88] TORRES-LODOÑO, Fernando. *A outra família*: concubinato, igreja e escândalo na colônia. São Paulo: Edições Loyola, 1999. p. 198.

[89] TORRES-LODOÑO, Fernando. *A outra família*: concubinato, igreja e escândalo na colônia. São Paulo: Edições Loyola, 1999. p. 198.

Originalmente, o concubinato no Brasil não surgiu como relação havida entre pessoas impedidas de se casar que optaram por viver um relacionamento *ilícito*. Pelo contrário. O concubinato foi extremamente útil, fundamental e conveniente, distanciando-se da noção preconceituosa de relações furtivas ou aventureiras.

Contudo, é bom esclarecer que a sociedade brasileira evoluiu moralmente no sentido de descriminalizar a conduta típica de infração do dever de fidelidade qualificada no antigo crime do adultério, importando numa desvalorização dessa infração para fins de sanção penal, o que certamente trará reflexo na conformação das relações familiares.

Enquanto princípio, portanto, a monogamia teria o condão de impor um comportamento de exclusividade relacional aos cônjuges e companheiros, e qualquer infração desse dever importaria na sanção cível do não reconhecimento do relacionamento enquanto entidade familiar.[90]

Carlos Eduardo Pianovski, por sua vez, analisa a monogamia como um padrão social, mas que não pode ser utilizado como argumento para deslegitimar situações não enquadradas nesse contexto, sob pena de se violar o exercício de liberdade.[91]

Torna ainda mais evidente a impossibilidade dessa imposição, quando, num outro flanco, não é possível identificar qual direito pessoal é violado. Se de um lado existe o exercício da liberdade (com a consequente incidência da solidariedade e da responsabilidade), do outro, existe a monogamia, como orientadora de um comportamento social imposto.

A imposição da monogamia como princípio jurídico absoluto desnatura, ainda, a noção de pluralidade das entidades familiares. É possível conceber que a monogamia foi um princípio fundamental num dado momento histórico do Brasil no qual o casamento era a única forma de constituição de família, em face da proibição expressa da bigamia,

---

[90] BRASILEIRO, Luciana; HOLANDA, Maria Rita. A proteção da pessoa nas famílias simultâneas. *In*: MENEZES; Joyceane Bezerra de; RUZYK, Carlos Eduardo Pianovski; SOUZA, Eduardo Nunes de (Org.). *Direito Civil Constitucional*: a ressignificação dos institutos fundamentais do direito civil contemporâneo e sua consequências. Florianópolis: Conceito Editorial, 2014. p. 500.

[91] Nessa toada, tomar um princípio jurídico da monogamia como um "dever ser" imposto pelo Estado a todas as relações familiares é algo que entra em conflito com a liberdade que deve prevalecer naquela que é uma das searas da vida na qual os sujeitos travam algumas das mais relevantes relações no tocante à formação de sua subjetividade e desenvolvimento de sua personalidade. RUZYK, Carlos Eduardo Pianovski. *Famílias simultâneas e monogamias*. Disponível em: file:///C:/Users/lubrasileiro/Dropbox/DOUTORADO/texto%20monogamia%20 pianovsky.pdf. Acesso em: 05 jul. 2018.

que criminaliza a multiplicidade registral. Contudo, a atual posição ocupada pelas entidades familiares no sistema jurídico brasileiro não é mais de privilégio a um instituto e, sim, de valorização de pessoas. A este respeito, Marcos Alves registra com precisão que a transição de Estados Liberal e Social foi fundamental para esta transformação na compreensão das famílias sob a perspectiva da pluralidade. Seja pela funcionalização da autonomia privada, que passa a ser reforçada e ressignificada, conforme a dignidade da pessoa humana; seja ainda, pela garantia de preservação da vida privada, desenhada pelo art. 1.513 do Código Civil, que prevê que nenhuma pessoa de Direito público ou privado pode interferir na comunhão de vida instituída pela família.[92]

A família ocupa um lugar inversamente proporcional ao que ocupava. Se antes ela era fundamental para que as pessoas pudessem se inserir num contexto social, hoje ela é instrumento de realização pessoal, que sai da esfera pública e valoriza muito mais do que o privado: valoriza o pessoal. Por outro lado, se antes a família era válvula motora para organização patrimonial, atualmente ela deixa de enxergar como fundamental esta função patrimonial e a valoriza como consequência da existência do contexto familiar.

A família, que antes era extremamente privatista nesse âmbito, passa a sofrer a ingerência da função social. Esta adaptação à realidade contemporânea da família não pode ser seletiva e escolher manter dogmas como o da monogamia intacto. Seja porque o contexto social é outro, seja porque o casamento não é mais a única forma de constituição de família ou, ainda, por fim, porque as pessoas que eram *protegidas* pela monogamia possuem novas proteções e ocupam outro papel na sociedade.

Anderson Schreiber, em crítica à ausência de reconhecimento à necessidade de empregar maior flexibilidade às entidades familiares, afirma que aquelas relações previstas na Constituição Federal de forma expressa e, ainda, as que vêm sendo reconhecidas de forma implícita, a exemplo das uniões homoafetivas, tendem a espelhar-se no modelo matrimonial através da *exclusividade do núcleo familiar.*[93] A monogamia possui limites e não pode ser imposta de forma indistinta dentro do contexto plural e democrático atualmente assegurado à família.

---

[92] SILVA, Marcos Alves da. *Da monogamia*: a sua superação como princípio estruturante do direito de família. Curitiba: Juruá, 2013. p. 308-311.

[93] SCHREIBER, Anderson. *Manual de Direito Civil Contemporâneo*. São Paulo: Saraiva Jur, 2018. p. 834.

Mário Delgado enxerga a monogamia como um princípio jurídico de alta relevância, devendo ser respeitada. No entanto, alerta que a colisão de princípios é frequente, devendo a monogamia ser relativizada quando confrontada com a dignidade humana:

> Por outro lado, não posso deixar de expressar a minha concordância com a decisão no que tange ao princípio da monogamia. Absolutamente correta a afirmação de que "ao analisar as lides que apresentam paralelismo afetivo, deve o juiz, atento às peculiaridades multifacetadas apresentadas em cada caso, decidir com base na dignidade da pessoa humana, na solidariedade, na afetividade, na busca da felicidade, na liberdade, na igualdade, bem assim com redobrada atenção ao primado da monogamia, com os pés fincados no princípio da eticidade". Tenho plena convicção sobre a permanência do princípio monogâmico como um dos princípios basilares do nosso direito de família legislado, ao lado da afetividade, da busca da felicidade, da isonomia de gênero e do melhor interesse da criança e do adolescente. Entretanto, e aqui expresso minha discordância, todo e qualquer princípio está sujeito à colisão com outros princípios e até mesmo com outras regras, submetendo-se, portanto, a contínua e permanente operação de ponderação. A convivência dos princípios é sempre tensa, conflitual e, por isso, não pode o princípio da monogamia impedir o reconhecimento de determinados direitos, especialmente quando estiver em jogo o macroprincípio da dignidade da pessoa humana. Os princípios colidentes coexistem, deixando de ser aplicados em um caso ou em outro, de acordo com o seu peso ou sua importância naquela situação concreta, mas permanecendo no ordenamento. Da mesma forma que se reconhecem direitos ao casamento putativo, a despeito de sua invalidade ou mesmo inexistência, em prol do princípio da boa-fé, é de se reconhecer também juridicidade às uniões paralelas quando, através de uma operação de ponderação e sopesamento, se puder afastar o princípio monogâmico no caso concreto. A proteção da família em seu sentido mais amplo, deve abranger, inclusive, a multiplicidade da entidade familiar, em hipóteses excepcionais.[94]

Marcos Alves, por sua vez, enxerga na monogamia um forte traço de dominação masculina e a confronta com a liberdade, ocasião em que ela se apresentaria como espécie de intromissão da vida privada que, conforme já mencionado, esbarra ainda no que prevê o art. 1.513 do Código Civil. O autor defende que a colisão da monogamia com a liberdade é uma ameaça à liberdade na esfera existencial, sendo dever

---

[94] DELGADO, Mário Luiz. Famílias Paralelas (STJ – REsp nº 1.348.458/MG). *In: Revista Nacional de Direito de Família e Sucessões*, Porto Alegre, v. 1, p. 150-151, jun./jul. 2014.

do Estado assegurar às pessoas que estabeleçam suas conformações familiares, caso contrário, a monogamia representa *regra de cerceamento inconstitucional da autonomia privada em situações subjetivas existenciais.*[95]

Também não pode a monogamia ser analisada como valor cultural, haja vista que possui força normativa em relação ao casamento. Apesar de se contrapor à poligamia, é a imposição de monogamia que autoriza a criminalização da bigamia, que é crime praticado contra o registro civil.

Apesar da bigamia ser crime aplicável apenas ao casamento, dada a sua natureza solene, a monogamia impõe força normativa a ele, mas também ao reconhecimento da união estável, haja vista a previsão legal que impede seu reconhecimento quando uma ou ambas as pessoas envolvidas for(em) casada(s) e não estiver(em) ao menos separada(s) de fato. Esse artigo é expressão da monogamia.

Há que se registrar, no entanto, quem define esse dever direcionado exclusivamente ao casamento ou extensivo também à união estável. Paulo Lôbo reforça o entendimento de que a monogamia só se aplica ao casamento, por entender que ela representa interdição a outro casamento. Para exemplificar, esclarece que a bigamia é crime restrito, que não se pode aplicar às uniões estáveis.[96] Em que pese o forte argumento, a monogamia se reveste de caráter principiológico destinado tanto ao casamento quanto à união estável pelas razões mencionadas. O reconhecimento da necessidade de proteção da pessoa, independentemente da sua escolha conjugal, relativiza a densidade normativa desse princípio em nome da proteção de um bem jurídico maior, a exemplo da própria subsistência.[97]

---

[95] SILVA, Marcos Alves da. *Da monogamia*: a sua superação como princípio estruturante do direito de família. Curitiba: Juruá, 2013. p. 309.

[96] LÔBO, Paulo. *Direito Civil*: famílias. 8. ed. São Paulo: Saraiva, 2018. p. 184.

[97] BRASILEIRO, Luciana; HOLANDA, Maria Rita. A proteção da pessoa nas famílias simultâneas. *In*: MENEZES; Joyceane Bezerra de; RUZYK, Carlos Eduardo Pianovski; SOUZA, Eduardo Nunes de (Org.). *Direito Civil Constitucional*: a ressignificação dos institutos fundamentais do direito civil contemporâneo e sua consequências. Florianópolis: Conceito Editorial, 2014. p. 501.

CAPÍTULO 3

A APLICAÇÃO DOS PRINCÍPIOS CONSTITUCIONAIS NAS FAMÍLIAS SIMULTÂNEAS: A PLURALIDADE E OS MECANISMOS DE PROTEÇÃO

A Constituição Federal de 1988 foi um grande marco, desde seu processo inicial, que contou com uma grande participação social, até seus efeitos finais, pautados em um Estado Social voltado para a proteção do indivíduo e da sociedade, deixando de lado a exclusiva proteção da propriedade privada. Ela é o reconhecimento, após um longo período ditatorial, de uma sociedade democrática pautada nos direitos fundamentais, sua grande preocupação.[98]

Em matéria de família, a Constituinte discutiu a ampliação de seu conceito, protegendo institutos até então existentes de fato, como a união estável e as famílias monoparentais.

A análise das reuniões da Subcomissão da Família, do Menor e do Idoso, contida nos Anais da Constituinte, proporciona uma noção histórica dos temas que preocupavam o legislador, possibilitando perceber quão importante tem sido a norma constitucional nos avanços em matéria de família.

---

[98] No sentir de Flávia Piovesan: "Dentre os fundamentos que alicerçam o Estado Democrático de Direito Brasileiro, destacam-se a cidadania e a dignidade da pessoa humana (art. 1º, incisos II e III). Vê-se aqui o encontro do princípio do Estado Democrático de Direito e dos direitos fundamentais, fazendo-se claro que os direitos fundamentais são um elemento básico para a realização do princípio democrático, tendo em vista que exercem uma função democratizadora". (*In*: PIOVESAN, Flávia. *Direitos Humanos e o Direito Constitucional Internacional*. 9. ed. São Paulo: Saraiva, 2008. p. 26).

As discussões giravam em torno, fundamentalmente, da proteção do casamento como forma de constituição de família e dos filhos havidos fora do casamento, em reconhecimento à sua vulnerabilidade.

O Senador Nelson Carneiro, histórico defensor do divórcio e da regulamentação dos direitos da companheira, sustentava que a Constituição deveria preservar a proteção da família pelo Estado, de maneira genérica: "A família é uma só, haja ou não haja casamento. Esta é a união de homem e mulher vivendo juntos, criando os filhos, sofrendo juntos, isso é que é família".[99] Contudo, o constituinte era contra a busca de uma definição acerca da união estável (expressão proposta pelo Senador Nelson Aguiar da qual o Senador Nelson Carneiro se colocava contrariamente) pela dificuldade de encontrar elementos objetivos que a caracterizassem e por entender que esses elementos deveriam ser delimitados pelo Código Civil.

Ele defendia que a expressão união estável não deveria existir para diferenciar-se do casamento, mas como um termo mais genérico, no qual estaria incluído também o casamento, sendo, no entanto, papel do Código Civil definir e delimitar.[100] Interessante observar que, ao contrário da discussão sobre a viabilidade de reconhecimento de família nas relações formadas entre pessoas do mesmo sexo, esta questão polêmica, com pouca ou nenhuma defesa na comissão em análise, a possibilidade de reconhecimento das famílias *ilegítimas* não revelou muita tensão sobre as relações múltiplas, em demonstrações claras de que estas sempre foram uma realidade no Brasil.

Em indagação ao Senador Nelson Carneiro, o Constituinte Eliel Rodrigues questiona se a regulamentação das uniões de fato não estimularia a bigamia ou a poligamia. Ao respondê-lo, Nelson Carneiro assim se posicionou:

---

[99] CARNEIRO, Nelson. *Atas de Comissões da Assembleia Nacional Constituinte.* p. 79. Disponível em: http://www.senado.leg.br/publicacoes/anais/constituinte/8c_Sub._Familia,_Do_Menor_E_Do.pdf. Acesso em: 05 maio 2018.

[100] "Muitos procuram definir na Constituição. Isso tem que ser definido no Código Civil. Também o Projeto Afonso Arinos cai nesse erro de repetir casamento e uniões estáveis. Então, para que distinguir? Bastam as uniões estáveis, incluindo nelas o casamento, já que, presumidamente, o casamento é uma união estável, até que se dissolva pelos meios legais. É muito mais estável, presumidamente, do que a união simples de homem e mulher. De modo que eu acho que é melhor não distinguir entre uniões estáveis e casamento, embora eu seja favorável a que se amparem as uniões estáveis". CARNEIRO, Nelson. *Atas de Comissões da Assembleia Nacional Constituinte.* p. 81. Disponível em: http://www.senado.leg.br/publicacoes/anais/constituinte/8c_Sub._Familia,_Do_Menor_E_Do.pdf. Acesso em: 05 maio 2018.

> Eu acho que evidentemente a bigamia existirá sempre, se nós equipararmos a sociedade de fato à sociedade constituída pelo casamento. Porque o homem casado que tenha uma outra situação fora do lar, evidentemente, está sendo um bígamo, embora ele não tenha casado uma segunda vez. Mas a bigamia aí, que é o crime do sujeito casar duas vezes, não é tanto pelo fato do casar, passaria, então, a ter um aspecto moral; o cidadão ter duas vidas, duas famílias, aí ele seria bígamo, não porque a lei diz que ele é bígamo, não é a definição legal, mas é a definição moral, o sujeito é bígamo porque tem duas famílias, duas mulheres ao mesmo tempo.[101]

Evidente que o Constituinte não tinha em vista a regulamentação das relações simultâneas, especialmente por entender que, moralmente, estaria enquadrada na ilícita hipótese de bigamia. Contudo, não é possível ignorar o fato de que, àquela época, já se vislumbrava a existência de várias conformações familiares, para além do casamento, cada uma com sua característica própria, porém, revestidas todas elas de elementos gerais próprios da família: afetividade.

Por essa razão, a discussão sobre o reconhecimento do termo *família* num sentido mais genérico nos reporta às vivências hodiernas, inclusive o tema em análise, porque demonstra que o Constituinte reconhecia a existência de mais de uma forma de composição familiar, todas dignas de proteção, esbarrando especialmente na resistência cultural da tradição do matrimônio. A união estável e sua inserção no texto constitucional são um enorme avanço, porque trazem um modelo mais plástico de família, que comporta uma interpretação mais inclusiva que o casamento, pela sua formalidade.

Marcos Alves, analisando o pioneiro trabalho de Edgard de Moura Bittencourt, chama atenção para o fato de que, ao conceituar o concubinato, o autor registrou as tantas possibilidades de se reconhecer uma relação concubinária, formada ou não debaixo do mesmo teto; estabelecida de forma singular ou paralela a um casamento, constatando ser aquele raciocínio coerente com o princípio da pluralidade de entidades familiares. Além disso, entende o autor que as relações fáticas não se enquadram num modelo de regras precisas, como ocorre no casamento. Para ele, "princípios e cláusulas gerais melhor se ajustam para o tratamento de situações jurídicas subjetivas que não têm qualquer

---

[101] CARNEIRO, Nelson. *Atas de Comissões da Assembleia Nacional Constituinte.* p. 82. Disponível em: http://www.senado.leg.br/publicacoes/anais/constituinte/8c_Sub._Familia,_Do_Menor_E_Do.pdf. Acesso em: 05 maio 2018.

modelo prefigurado em lei e que se conformam e se estruturam em razão de fatores sociais e conjunturais específicos".[102]

A discussão sobre os limites da regra constitucional e seu papel na vida privada chama atenção na fala do Senador Nelson Carneiro, que se preocupou em resguardar a proteção da família, sem precisar, contudo, conceituá-la ou classificá-la, por entender que esse papel caberia ao Código Civil, numa defesa do conhecimento constitucional, passível de mudanças, sem recair no dogmatismo constitucional, aparentemente mais estático.

Assim, o *caput* do art. 226 previu a proteção estatal à *família*, sem qualquer menção aos tipos familiares ali existentes. Em seus parágrafos seguintes, o artigo segue trazendo regras mais específicas a cada uma daquelas até então reconhecidas e que são de competência estatal: o registro civil do casamento, a igualdade de direitos e deveres entre cônjuges, a regulamentação do divórcio, o livre planejamento familiar e o dever assistencial do Estado às famílias, com enfoque à pessoa humana. Além dessas premissas, o artigo, em seus parágrafos terceiro e quarto, incluiu como tipos de entidade familiar a união estável e as famílias monoparentais.

Embora seja compreensível a preocupação do Constituinte em distinguir os papéis da norma constitucional e da norma civil, que à época estava em construção com o projeto de um novo Código iniciado em 1973, o fato é que a Constituição promulgada trouxe uma nova interpretação para o Direito Familiar brasileiro, unindo não só o pluralismo familiar trazido com a norma inclusiva, como também a valorização da pessoa humana, numa crescente despatrimonialização do direito, através dos princípios constitucionais, influência do Estado Social.

José Afonso da Silva destaca que o conteúdo da Constituição está além da estruturação do Estado e da organização dos Poderes, discordando da dicotomia doutrinária entre normas constitucionais materiais e formais. O autor defende que é papel do Estado e, portanto, da Constituição regulamentar "os princípios básicos relativos ao território, à população, ao governo e às finalidades do estado e suas relações recíprocas".[103]

Essa conclusão reforça, portanto, as funções assumidas pela família e seu real papel na vida privada. A Constituição de 1988 foi a

---

[102] SILVA, Marcos Alves da. *Da monogamia*: a sua superação como princípio estruturante do direito de família. Curitiba: Juruá, 2013. p. 117.

[103] SILVA, José Afonso da. *Teoria do Conhecimento Constitucional*. São Paulo: Malheiros, 2014. p. 87.

primeira a pôr fim expressamente à desigualdade entre filhos, pioneira no reconhecimento da igualdade em laços de filiação.

Importante esse papel assumido pela Constituição, haja vista a magnitude de suas regras sobre aquelas infraconstitucionais. Em sua *Força Normativa da Constituição*, Konrad Hesse alerta para o papel da norma constitucional, esclarecendo que ela deve ser a mola propulsora das mudanças sociais, concluindo que ela não terá força se forem ignoradas as leis culturais, sociais, políticas e econômicas. Ele segue afirmando que "a força vital e a eficácia da Constituição assentam-se na sua vinculação às forças espontâneas e às tendências dominantes do seu tempo", concluindo que ela assume o papel de "ordem geral objetiva do complexo de relações da vida",[104] sendo ela, portanto, responsável por impor tarefas.

O contexto social era de busca pela emancipação feminina, pautada em três importantes fatores: a revolução sexual da década de 60 do século passado, o Estatuto da Mulher Casada, que lhe conferiu capacidade em 1962; e a Lei do Divórcio, decorrente da Emenda nº 09/1977. A sociedade ainda carregava o forte peso da família patriarcal, patrimonializada e matrimonializada, mas as relações afetivas começaram a demonstrar cada vez mais sua importância, deixando de lado os arranjos familiares pautados na junção política e patrimonial.

A emancipação feminina, portanto, teve um importante papel nessa mudança, porque era incompatível com o modelo patriarcal de papel exclusivo de criação de filhos. Quando a mulher passou a disputar com o homem o papel de provedora da família e, portanto, a contribuir com a manutenção, o modelo patriarcal deixou de ter sentido. Isso porque o homem dominava a mulher, os filhos, os empregados, exercia poder político, religioso, econômico e procriacional. O processo de urbanização, com espaços evidentemente menores, além da inserção da mulher no mercado de trabalho reduziram o volume das famílias.

Esse fato se fez presente inclusive durante a Constituinte, quando o Conselho Nacional dos Direitos da Mulher entregou a *Carta das Mulheres aos Constituintes*, em busca da concretização da igualdade de direitos e deveres, além da inclusão da sociedade de fato como entidade familiar.[105]

---

[104] HESSE, Konrad. *A força normativa da Constituição* (Die normative Kraft der Verfassung. Trad. Gilmar Ferreira Mendes). Porto Alegre: Sérgio Antônio Fabris Editor, 1991. p. 18.

[105] CARNEIRO, Nelson. *Atas de Comissões da Assembleia Nacional Constituinte*. p. 16. Disponível em: http://www.senado.leg.br/publicacoes/anais/constituinte/8c_Sub._Familia,_Do_Menor_E_Do.pdf. Acesso em: 05 maio 2018.

Tomando por base a construção de Hesse, aqui citado, vislumbramos a luta travada durante a Constituinte, pois o Brasil era (e é) um país culturalmente machista, não fugindo da regra a composição da constituinte, e precisava discutir normas que reconhecessem a igualdade de direitos entre homens e mulheres, especialmente na família. Além disso, outro fator de grande importância é a regra do art. 3º, inciso I, que prevê como objetivo fundamental da República a construção de uma sociedade livre, justa e solidária, o que, no sentir de José Afonso da Silva, a coloca na condição de constituição dirigente, *porque se dirige a fins muito precisos de justiça social.*[106]

É importante considerar que o Brasil é um país constituído por muitos povos, com culturas distintas. O pluralismo familiar trouxe consigo a força do Estado Laico, haja vista que até então a existência de famílias reconhecidas somente pelo casamento era a grande marca da influência da Igreja. Dar força normativa às famílias de fato era um desafio proposto em contraponto à família patriarcal constituída até então pelo casamento exclusivamente. Dessa forma foi possível alcançar o conceito mais democrático de família, plural e inclusivo.

No sentir de Marcos Alves:

> Sendo laico o Estado e, por decorrência, também o direito, inadmissível que a regulamentação jurídica da conjugalidade não contemple a multiplicidade de suas expressões culturais e mesmo a idiossincrasia de novos modelos conjugais *sui generis*. [...] Em um Estado que se proclame democrático e orientado pelo princípio pluralista inclusivo, não há lugar para o regramento unívoco da conjugalidade. Estabelecer um *standard* para todas as relações conjugais, talvez seja o caminho mais fácil e mais apto a proporcionar a chamada segurança jurídica, porém, a vida e os relacionamentos são dinâmicos, criativos, voláteis e mutantes. A diversidade que implica sempre certa dose de conflito não pode ser aniquilada em nome de um modelo único expresso em lei.[107]

Necessário, portanto, não só afirmar um Estado laico, mas assegurar uma norma respeitosa às diferenças estruturais de cada núcleo familiar, inclusive aqueles pautados nas culturas religiosas, com a garantia de inclusão que assegura a democracia. É essa noção de família como espaço democrático, vivenciando a experiência de pluralidade

---

[106] SILVA, José Afonso da. *Teoria do Conhecimento Constitucional.* São Paulo: Malheiros, 2014. p. 90.

[107] SILVA, Marcos Alves da. *Da monogamia*: a sua superação como princípio estruturante do direito de família. Curitiba: Juruá, 2013. p. 179-181.

conceitual, que impõe o reconhecimento de efeitos jurídicos familiares às relações simultâneas.

O grande desafio, sem dúvida, foi sair do confortável espaço de limitação de garantias legais a quem se enquadrasse na previsão legal, para prever um sistema aberto e inclusivo, numa verdadeira mudança de visão, que impõe coragem para subverter. Paulo Lôbo defende que a grande mudança esteve no *caput* do art. 226, pois nele não existe referência expressa a qualquer tipo de família.[108] Ao contrário, há um conceito aberto, seguido de um rol exemplificativo que trata do casamento, da união estável e da família monoparental. Segundo o autor, as demais entidades são *tipos implícitos* e em se tratando do *caput* de um conceito que confere amplitude ao termo entidade familiar, o surgimento de outras conformações "depende da concretização dos tipos, na experiência da vida, conduzindo à tipicidade aberta, dotada de ductibilidade e adaptabilidade".[109]

A ideia de um Estado Social promotor da igualdade e de uma sociedade em constante transformação teve forte inspiração na Lei Fundamental de Bonn, Alemanha, de 1949. Esta norma tinha como característica forte a valorização dos princípios, a ponderação como método interpretativo para sua aplicação e, especialmente, a compreensão de que a norma constitucional não está adstrita à regulamentação do Estado, mas de que ela irradia por todos os ramos do Direito, inclusive as relações privadas. Seus direitos fundamentais estão previstos nos três primeiros artigos, sendo eles a dignidade da pessoa humana, os direitos de liberdade e a igualdade perante a lei.[110]

Não foi diferente com a Constituição Federal brasileira, que consagrou os princípios como norteadores das entidades familiares, assumindo o Estado dever assistencial. E não é possível pensar em princípio do qual não deflua dever jurídico, haja vista que o princípio é norma. Paulo Lôbo aponta como princípios do Direito de Família a dignidade da pessoa humana e a solidariedade familiar como fundamentais; e a igualdade, liberdade, responsabilidade, afetividade, convivência familiar e melhor interesse da criança como princípios gerais.[111]

---

[108] LÔBO, Paulo. *Direito Civil*: famílias. 8. ed. São Paulo: Saraiva, 2018. p. 82.

[109] LÔBO, Paulo. *Direito Civil*: famílias. 8. ed. São Paulo: Saraiva, 2018. p. 83.

[110] LEI FUNDAMENTAL DA REPÚBLICA FEDERAL DA ALEMANHA. *Lei fundamental de Bonn (Grundgesetz)*. Disponível em: https://www.btg-bestellservice.de/pdf/80208000.pdf. Acesso em: 08 maio 2018.

[111] LÔBO, Paulo. *Direito Civil*: famílias. 8. ed. São Paulo: Saraiva, 2018. p. 55.

Para o tema em análise, além da noção de pluralidade familiar, os princípios da dignidade humana e solidariedade familiar são porto e farol, a igualdade, a liberdade, a responsabilidade e a afetividade, regras fundamentais para a atribuição de efeitos jurídicos às famílias simultâneas.[112] Não poderia ser diferente, haja vista que têm sido os princípios constitucionais os responsáveis pela acomodação dos direitos diante de uma legislação civil que não conseguiu cumprir com o papel projetado pelo constituinte, pois se restringiu, praticamente, a regulamentar o casamento, como faziam as regras antecedentes.

Paulo Lôbo indica as duas formas de incidência (direta e imediata)[113] dos princípios constitucionais que, juntamente com as normas constitucionais, são dotadas de maior força hierárquica e têm funcionado como adequadores da realidade social. O autor diz que os princípios serão usados nas situações seguintes:

> a) quando inexistir norma infraconstitucional, o juiz extrairá da norma constitucional todo o conteúdo necessário para a resolução do conflito; b) quando a matéria for objeto de norma infraconstitucional, esta deverá ser interpretada em conformidade com as normas constitucionais aplicáveis. Portanto, as normas constitucionais sempre serão aplicadas em qualquer relação jurídica privada, seja integralmente, seja pela conformação das normas infraconstitucionais.[114]

Luís Roberto Barroso aponta como método hermenêutico a interpretação conforme a Constituição, que possibilita o uso da norma constitucional numa perspectiva tríplice, a de emprestar interpretação mais adequada a uma norma, de acordo com o que preceitua a Constituição, o afastamento de uma determinada norma a uma situação de fato, por entender a sua inadequação diante da Constituição ou, ainda, a declaração de inconstitucionalidade de uma das interpretações possíveis de uma norma, sem implicar redução legal.[115]

---

[112] Os princípios da convivência familiar e melhor interesse da criança não serão tratados de forma direta, por estarem mais próximos dos direitos da infância e adolescência.

[113] Destacando o conteúdo do art. 5º, §1º, da Constituição Federal, que assegura aos princípios constitucionais eficácia imediata e direta entre particulares. (LÔBO, Paulo. Família e conflito de direitos fundamentais. *In: Separata de Lex Família e Revista Portuguesa de Direito da Família*, ano 8, n. 16, p. 33, jul./dez. 2011).

[114] LÔBO, Paulo. Família e conflito de direitos fundamentais. *In: Separata de Lex Família e Revista Portuguesa de Direito da Família*, ano 8, n. 16, p. 30, jul./dez. 2011.

[115] BARROSO, Luís Roberto. *Curso de Direito Constitucional Contemporâneo*: os conceitos fundamentais e a construção do novo modelo. São Paulo: Saraiva Jur., 2018. p. 343.

O autor segue afirmando que a interpretação do Direito precisa ter como ponto de partida a Constituição, para sua aplicação, seja diretamente, quando a norma for constitucional, a exemplo do que o art. 226 estabelece como sendo entidades familiares, seja indiretamente. Para esta última situação, teremos normas infraconstitucionais sendo aplicadas e que precisam observar se elas são compatíveis com a Constituição, bem como se sua aplicação está em conformidade com o *sentido e o alcance da realização dos fins constitucionais.*[116] A necessidade de afirmação da norma constitucional, que é óbvia, se faz importante em relação às famílias, haja vista a construção histórica de um direito civil matrimonializado, com poucas alterações em matéria de família, até a consagração dessa roupagem pluralizante oferecida após a constituinte.

Apesar de a família estar presente nas Constituições desde 1891, tratando do casamento, e de ter tido avanços importantes ao longo das Constituições brasileiras, aquela que melhor absorveu das muitas mudanças sociais ocorridas foi a de 1988. Otávio Luiz Rodrigues Júnior aponta que não houve um processo de constitucionalização para a família em 1988, e sim quando o Brasil ainda era imperial. Mas que houve uma forte mudança de valores desde então, absorvida inicialmente pelo direito pretoriano, utilizando como exemplo a Súmula nº 380, editada em sessão plenária de 03 de abril de 1964, no Supremo.[117] Não é possível esquecer, entretanto, que esses avanços ocorreram, mas não foram absorvidos por Constituições anteriores, e sim apenas depois daquela Constituinte.

Além dessa previsão ampla e plural, o preenchimento dos princípios como resposta legal às lacunas evidentes em matéria familiar, como autoriza o art. 4º da Lei de Introdução às Normas do Direito Brasileiro e, ainda, como proteção das pessoas, dando uso ou afastando o uso de determinadas leis, desloca a família do papel de centro das atenções enquanto instituição para *locus* de realização pessoal.

Para tanto, importante observar os critérios adotados por Canotilho, que conduzem à compreensão das funções dos princípios:

(1) o sistema jurídico carece de regras jurídicas: a Constituição, por ex., deve fixar a maioridade para efeitos de capacidade eleitoral activa e

---

[116] BARROSO, Luís Roberto. *Curso de Direito Constitucional Contemporâneo*: os conceitos fundamentais e a construção do novo modelo. São Paulo: Saraiva Jur., 2018. p. 407.

[117] RODRIGUES JÚNIOR, Otávio Luiz. *Distinção sistemática e autonomia epistemológica do direito civil contemporâneo em face da constituição e dos direitos fundamentais*. (Livre-docência) 2017. p. 359-360. Tese (Doutorado em Direito) – Departamento de Direito Civil, Faculdade de Direito da Universidade de São Paulo, São Paulo.

passiva, sendo impensável fazer funcionar aqui apenas uma exigência de optimização: um cidadão é ou não é maior aos 18 anos para efeito de direito de sufrágio; um cidadão "só pode ter direito à vida";

(2) o sistema jurídico precisa de princípios (ou os valores que eles exprimem como os da liberdade, igualdade, dignidade, democracia, Estado de direito); são exigências de optimização abertas a várias concordâncias, ponderações, compromissos e conflitos;

(3) em virtude de sua referência a valores ou da sua relevância ou proximidade axiológica (da justiça, da ideia de direito, dos fins de uma comunidade), os princípios têm uma função sistêmica: são o fundamento de regras jurídicas e têm uma idoneidade irradiante que lhes permite ligar ou cimentar objetctivamente todo o sistema constitucional.

(4) as regras e os princípios, para serem activamente operantes, necessitam de procedimentos e processos que lhes deem operacionalidade prática (Alexy: Regel/Prinzipien/Prozedur- Modell des Rechtssystems): o direito constitucional é um sistema aberto de normas e princípios que, através de processos judiciais, procedimentos legislativos e administrativos, iniciativas dos cidadãos, passa de sua *law in the books* para uma *law in the action*, para uma *"living constitution"*.[118]

O raciocínio do autor demonstra a importância e a pertinência da adoção dos princípios como normas do Direito Constitucional, que direcionam a aplicação do Direito, das regras, seja porque consagram, seja porque abraçam valores. Assim, é possível legitimar a força dos princípios e funcionalizá-los, para que respondam lacunas e preencham as regras vigentes em cada sistema jurídico.

3.1 O princípio da dignidade da pessoa humana e a proteção pessoal dos membros das entidades familiares

A dignidade da pessoa humana está prevista expressamente no art. 1º, inciso III, da Constituição Federal como um dos fundamentos da República.

Para além disso, a expressão *dignidade* aparece em mais três momentos do Texto Constitucional, todos eles no capítulo destinado à família. No art. 226, §7º, como princípio orientador do planejamento familiar e, no *caput* do art. 227 e no art. 230, como direitos fundamentais da criança, do adolescente, do jovem e do idoso.

---

[118] CANOTILHO, J. J. Gomes. *Direito Constitucional*. Coimbra: Almedina, 1995. p. 175-176.

A inserção da dignidade da pessoa humana na norma constitucional representa uma mudança de paradigma ao assegurar como prioridade o bem-estar das pessoas. Essa regra tem em vista a *não instrumentalização* do ser humano, para distanciá-lo da coisificação, como já ocorreu quando, por exemplo, as crianças e mulheres eram vistas como *res*.

A distinção entre homens e coisas está presente na obra kantiana, em especial em sua célebre passagem que diferencia o que tem preço e as pessoas:

> No reino dos fins, tudo tem ou um preço ou uma dignidade. Quando uma coisa tem um preço, pode-se pôr em vez dela, qualquer outra como equivalente; mas, quando uma coisa está acima de todo o preço, e, portanto, não permite equivalente, então tem ela dignidade.[119]

Como a Constituição não definiu a dignidade, é importante saber em que medida ela pode contribuir para a promoção da justiça como norma fundamental.

Pico della Mirandola traz a dignidade como elemento central do homem, assegurando-lhe ser aquilo que quer, em busca da felicidade.[120] A obra escrita em 1486 se coaduna com o atual momento, porque a liberdade de *ser o que se quer*, em busca da felicidade, tem sido fundamento para quebrar o paradigma do formato fechado de família, importando na interpretação inclusiva de outros tipos familiares.

Paulo Lôbo traz a família como entidade "funcionalizada ao desenvolvimento da dignidade das pessoas humanas que a integram".[121]

No caso em análise, não há um novo formato de família, mas multiplicidade de relacionamentos. Se a tônica da dignidade é de proteção pessoal, não pode o Direito, afrontando a dignidade humana, selecionar as relações que considera lícitas, excluindo da esfera da proteção as demais. Além de desproteger, o afastamento de efeitos jurídicos representaria uma hierarquização de famílias, não permitida juridicamente.

A dignidade humana funcionou como fundamento para o reconhecimento no Supremo Tribunal Federal das famílias homoafetivas,

---

[119] KANT, Immanuel. *Fundamentação da metafísica dos costumes*. Disponível em: http://www.xr.pro.br/IF/KANT-Fundamentacao_da_Metafisica_dos_Costumes.pdf. Acesso em: 19 maio 2018.

[120] MIRANDOLA, Pico della. *A dignidade do homem*. (Oratio de Hominis Dignitate. Trad. Luiz Feracine). São Paulo: Escala, [ano: –].

[121] LÔBO, Paulo. *Direito Civil*: famílias. 8. ed. São Paulo: Saraiva, 2018. p. 57.

sob o argumento de exercício da liberdade para "uso da sexualidade nos planos da intimidade e da privacidade constitucionalmente tuteladas".[122]

Mais importante é que o Supremo reconheceu a interpretação inclusiva do art. 226 da Constituição Federal, comportando o uso da técnica para outras entidades familiares, pautada no argumento da dignidade. Se a família passa a ser interpretada como *locus* de realização pessoal, todas as pessoas devem estar protegidas da discriminação.

Essa lógica se aplica ao caso das famílias simultâneas, haja vista que historicamente a existência de relações paralelas sempre foi tolerada, desde que não gerasse efeitos jurídicos. O maior avanço acerca do tema certamente foi o reconhecimento dos filhos tidos como *ilegítimos*, que trouxe para a esfera da dignidade as pessoas nascidas de relacionamentos não fundados no casamento, inclusive aqueles oriundos de relações simultâneas.

O argumento ainda presente em muitas decisões a respeito do tema da simultaneidade de relacionamentos é a violação da moral, que deve ser observada pelas pessoas, dentro da perspectiva de uma sociedade monogâmica.

Contudo, ao tratar da moral na dignidade, Daniel Sarmento alerta que aquela deve ser um norte para que o julgador busque "a solução mais justa no âmbito das possibilidades do texto e do sistema normativo".[123] O autor alerta que a moral de que trata a dignidade não pode ser a da esfera privada, mas, sim, deve funcionar mais como "vacina, do que como um espelho em relação às tradições e valores hegemônicos do nosso país".[124] Importante a interpretação sobre o conteúdo da dignidade para afastar as famílias simultâneas da perspectiva *moralista,* que por toda a existência delas retirou o sentido de família, deslocando-as para uma esfera de não direito, estigmatizando, especialmente, a figura da mulher concubina, *teúda e manteúda,* com quem os homens tinham encontros estritamente carnais.

---

[122] BRASIL. Supremo Tribunal Federal. ADI nº 4277/DF. Relator: Min. Ayres Britto. Julgamento 05.05.2011. Disponível em: http://redir.stf.jus.br/paginadorpub/paginador. jsp?docTP=AC&docID=628635. Acesso em: 10 set. 2018.

[123] SARMENTO, Daniel. *Dignidade da pessoa humana*: conteúdo, trajetórias e metodologia. 2. ed. Belo Horizonte: Fórum, 2016. p. 71.

[124] Ainda: "Mas, se é verdade que a hermenêutica constitucional não pode deixar de exprimir, em alguma medida, a identidade sociopolítica do povo, também é certo que ela não deve se resumir à reprodução cega de tradições e pré-compreensões compartilhadas, que muitas vezes estão impregnadas pela hierarquia de exclusão". SARMENTO, Daniel. *Dignidade da pessoa humana*: conteúdo, trajetórias e metodologia. 2. ed. Belo Horizonte: Fórum, 2016. p. 72.

Ao contrário, a dignidade humana precisa funcionar como elemento normativo estruturante capaz de isolar as pessoas envolvidas e atribuir-lhes direitos e deveres para atender a esfera inclusiva assumida pela Constituição Federal. Assim, o papel hermenêutico da dignidade da pessoa humana reside na releitura dos dispositivos infraconstitucionais a partir de uma esfera digna, impedindo-se interpretações reducionistas e excludentes e reforçando-se a tese de que a família funciona como lugar de realização de cada pessoa, no sentir de Maria Celina Bodin, *família-instrumento*.[125]

É importante, todavia, projetar a incidência da dignidade humana sobre cada membro da família, o que poderia gerar, em situações específicas, colisão de interesses. De um lado, a pessoa que convive numa relação dotada de afetividade, estabilidade e ostensibilidade com outra pessoa, que por sua vez é casada ou vive em união estável com uma terceira pessoa.

O Direito protege, inquestionavelmente, as pessoas envolvidas, com seus efeitos jurídicos próprios do casamento ou união estável. Em que medida, então, a existência de uma relação simultânea implica a redução de direitos para aquelas casadas ou em união estável, e a quem a dignidade humana deve tutelar numa eventual necessidade de ponderação?

Do ponto de vista prático, os efeitos jurídicos tuteláveis seriam patrimoniais (regime de bens/partilha de bens e direitos sucessórios), existenciais (filhos e nome) e assistenciais (alimentos e pensão previdenciária).

O reconhecimento de uma família em simultaneidade à outra, seja oriunda de um casamento ou união estável, afetaria diretamente os direitos patrimoniais e assistenciais. Os direitos de filhos e nome não sofrem qualquer alteração, seja por proteção constitucional da prole, seja pela proteção do nome, direito de personalidade.

No entanto, do ponto de vista material, alteraria os bens a serem partilhados em uma separação em vida ou após a morte; o direito a alimentos e a pensão por morte, que passariam a ser partilhados nos casos de dependência econômica, como se verá mais adiante.

Num outro flanco, o não reconhecimento de efeitos jurídicos à família simultânea, não implicaria redução, mas negação, omissão de direitos a uma das partes envolvidas.

---

[125] MORAES, Maria Celina Bodin de. *Na medida da pessoa humana*: estudos de direito civil-constitucional. Rio de Janeiro: Renovar, 2010. p. 216.

O Brasil, do ponto de vista patrimonial, confere maior autonomia às partes para eleição do regime de bens, podendo, inclusive, haver o total isolamento patrimonial das partes em regime de separação total. Contudo, na esfera assistencial (art. 226, §8º, da CF), a negativa de direito a alimentos ou pensão previdenciária representa grave violação ao mínimo existencial, ferindo de forma direta a dignidade humana. Ao tratar da dignidade, Ingo Sarlet chama atenção para o fato de que ela gera direitos fundamentais que chama de *negativos*, por se posicionarem *contra atos que a violem ou a exponham a graves ameaças*.[126]

3.2 A solidariedade como dever jurídico de apoio familiar

A Constituição Federal prevê como objetivo fundamental da República Federativa, em seu art. 3º, inciso I, a construção de uma sociedade livre, justa e solidária, e é esse artigo que confere força normativa à solidariedade.

A solidariedade pode ser interpretada por diversos vieses, atribuindo-lhe, por exemplo, natureza de caridade, de pessoas que fazem o bem. Contudo, ao ganhar relevância jurídica, a solidariedade sai da esfera do querer e passa para a esfera do dever.

A solidariedade, portanto, direciona as relações pessoais em busca de tratamento igualitário a todos. É ela que busca o equilíbrio e nivela as diferenças sociais para que elas sejam minimizadas.

A família é um importante *locus* de exercício da solidariedade, pois ela existe para que haja assistencialismo mútuo, em busca de realizações pessoais. Ela também se mostra como importante vetor da dignidade, pois cada pessoa só pode ser digna em relação a outra pessoa. No sentir de Maria Celina Bodin, "solidariedade é a busca pela igual dignidade social".[127]

Assim, se antes a solidariedade estava adstrita a um dever moral, como as obrigações naturais que, por exemplo, não são exigíveis, atualmente ela é dever exequível, devendo permear as relações pessoais, que devem ter suas normas interpretadas a partir da sua noção.

---

[126] SARLET, Ingo Wolfgang. *Dimensões da dignidade*: ensaios de Filosofia do Direito e Direito Constitucional. Porto Alegre: Livraria do Advogado, 2009. p. 32.

[127] MORAES, Maria Celina Bodin de. *Na medida da pessoa humana*: estudos de direito civil-constitucional. Rio de Janeiro: Renovar, 2010. p. 247.

CAPÍTULO 3
A APLICAÇÃO DOS PRINCÍPIOS CONSTITUCIONAIS NAS FAMÍLIAS SIMULTÂNEAS: A PLURALIDADE...

79

O art. 226, §8º, da Constituição atribuiu ao Estado a função assistencial para cada pessoa componente da família, devendo criar mecanismos para coibir a violência. Exemplo desse dever assistencial é o reconhecimento, por exemplo, de uma histórica supremacia exercida pelo homem sobre a mulher e do patriarca sobre a prole. Para coibir práticas violentas, leis como a Maria da Penha (nº 11.340/2006) e a da Palmada (nº 13.010/2014) tentam reduzir as estatísticas alarmantes de violência física, psíquica e material no país. Igualmente, em relação aos idosos, a iniciativa de um Estatuto (nº 10.741/2003) surge para tutelar os direitos de forma a garantir uma velhice protegida de qualquer forma de negligência. Ainda, o Estatuto da Pessoa com Deficiência (nº 13.146/2015), que modifica o tratamento dado às pessoas com deficiência na busca por inclusão. Todos esses exemplos são modelos pautados na solidariedade e dever de busca por um tratamento digno e isonômico.

Em texto sobre o princípio da solidariedade, Paulo Lôbo chama atenção ao fato de que a união estável no Brasil, diferentemente de outros países, não requer contrato escrito, sendo um ato-fato jurídico. Essa ausência de formalidade protege as pessoas, especialmente as mulheres, no sentir do autor, pois permite aos julgadores uma análise do caso concreto, independentemente da formalidade, podendo o direito "abstrair a vontade dos figurantes e apenas considerar o fato resultante".[128]

Seria também o princípio da solidariedade o responsável pela concessão de decisões que conferem o direito dos concubinos de discutirem a partilha dos bens adquiridos na constância da união, ainda que sob a forma de sociedade de fato, e a indenização por serviços domésticos prestados, dando luz a um tema que por muito tempo foi tratado como esfera de *não direito*.

Paulo Lôbo conclui que o princípio da solidariedade tem funcionado como fundamento jurídico axial para o reconhecimento da família como "espaço de realização existencial das pessoas, em suas dignidades, e como *locus* por excelência de afetividade".[129]

A compreensão de solidariedade surge na norma infraconstitucional, por exemplo, na regra de alimentos, que determina a sua fixação para garantir o sustento de parente, cônjuge ou companheiro

---

[128] LÔBO, Paulo. *Princípio da solidariedade familiar*. Disponível em: http://www.ibdfam.org.br/_img/congressos/anais/78.pdf. Acesso em: 25 maio 2018.

[129] LÔBO, Paulo. *Princípio da solidariedade familiar*. Disponível em: http://www.ibdfam.org.br/_img/congressos/anais/78.pdf. Acesso em: 25 maio 2018.

(art. 1.694 do Código Civil), assegurando, ainda, valor compatível com a condição social.

Esse elemento de condição social retira o dever alimentar do patamar de caridade, alçando a um dever amplo que decorre da relação familiar. O dever de alimentos supre a eventual ausência do Estado em matéria de assistência social (previdência), haja vista que a Constituição divide essa obrigação com a família nos *caputs* dos arts. 227, 229 e 230 de modo a garantir que ninguém fique desamparado. A solidariedade, portanto, blinda as pessoas.

Essa compreensão tem gerado algumas mudanças de interpretação das regras, até então dominadas pela orientação de família patrimonializada. É o princípio da solidariedade, por exemplo, que tem possibilitado a divisão da pensão previdenciária nas circunstâncias de famílias simultâneas. A seguridade social, que funciona como braço estatal da solidariedade, se pauta na dependência econômica para a concessão de auxílio, além do preenchimento dos requisitos objetivos.

Dentre os dependentes previstos na Lei nº 8.213/91, estão as pessoas que vivem em união estável. Contudo, a jurisprudência, utilizando a metodologia de interpretação inclusiva da Constituição, passou a estender a concessão de benefícios a casais homoafetivos e pessoas que vivem em contextos simultâneos, como veremos mais adiante, reconhecendo na dependência econômica o dever de solidariedade inerente aos entes familiares que se protegem.

3.3 A igualdade dos núcleos familiares como forma de blindagem ao preconceito

O princípio da igualdade certamente teve sua maior importância na erradicação do poder marital, promovendo igualdade entre homens e mulheres, e do tratamento desigual entre os filhos, pondo fim às designações preconceituosas para filhos não havidos do casamento. Além disso, aliado à noção de pluralidade, possibilitou o reconhecimento não hierárquico de entidades familiares não formadas estritamente pelo casamento.

O art. 5º, inciso I, da Constituição Federal trouxe igualdade de direitos e obrigações para homens e mulheres; o art. 226, §5º, os especificou para exercício da sociedade conjugal e o art. 227, §7º, além de igualar os direitos dos filhos, proibiu expressamente o uso de designações discriminatórias.

A igualdade continua sendo construída, na busca pela família democrática, uma vez que as mulheres ainda não alcançaram esse patamar. Além de não terem as mesmas oportunidades de mercado e salários, as mulheres são as maiores responsáveis pelos trabalhos domésticos, gastando, segundo o IBGE, o dobro do tempo dos homens nas atividades do lar familiar.[130] No Nordeste, por exemplo, os dados estatísticos de registro civil de 2016 indicam o exercício da guarda dos filhos. Neles, os filhos são criados em regime de guarda unilateral paterna em 2.149 (dois mil cento e quarenta e nove), contra 32.181 (trinta e dois mil, cento e oitenta e um) de guarda materna e 6.557 (seis mil quinhentos e cinquenta e sete) casos de guarda compartilhada,[131] indicando, portanto, um percentual superior a 75% de mulheres em exercício unilateral da guarda.[132]

A igualdade é condição importante para a análise da monogamia, porque, como já mencionado, esta foi construída como instrumento de dominação masculina. Como pontuou André Béjin, analisando o casamento extraconjugal da juventude, a fidelidade foi construída dentro de um critério de liberdade. Ainda assim, mesmo diante da fidelidade mútua, que foi denominada de *dupla moral*, havia "exigência de fidelidade estrita por parte da mulher e a aceitação de uma fidelidade relativa por parte de um homem".[133] O autor aponta também que existe uma

---

[130] IBGE. *Mulheres dedicam praticamente o dobro do tempo a tarefas domésticas e cuidados de pessoas.* Disponível em: https://agenciadenoticias.ibge.gov.br/agencia-noticias/2013-agencia-de-noticias/releases/20911-pnad-continua-2017-realizacao-de-afazeres-domesticos-e-cuidados-de-pessoas-cresce-entre-os-homens-mas-mulheres-ainda-dedicam-quase-o-dobro-do-tempo.html. Acesso em: 29 maio 2018.

[131] IBGE. *Estatísticas de Registro Civil.* Disponível em: https://www.ibge.gov.br/estatisticas-novoportal/sociais/populacao/9110-estatisticas-do-registro-civil.html?=&t=downloads. Acesso em: 29 maio 2018.

[132] Pierre Bourdieu chama atenção em texto sobre a dominação masculina sobre a exclusão feminina afirmando que os papéis voltados para a mulher são sempre domésticos: "o princípio da inferioridade e da exclusão da mulher, que o sistema mítico-ritual ratifica e amplia a ponto de fazer dele o princípio de divisão de todo o universo, não é mais que a dissimetria fundamental, a do sujeito e do objeto, do agente e do instrumento, instaurada entre o homem e a mulher no terreno das trocas simbólicas, das relações de produção e reprodução do capital simbólico cujo dispositivo central é o mercado matrimonial, e que estão na base de toda a ordem social: as mulheres só podem aí ser vistas como objetos, ou melhor, como símbolos cujo sentido se constitui fora delas e cuja função é contribuir para a perpetuação ou o aumento do capital simbólico em poder dos homens". BOURDIEU, Pierre. *A dominação masculina*: a condição feminina e a violência simbólica. Rio de Janeiro: Best Bolso, 2014. p. 66.

[133] BÈJIN, André. O casamento extraconjugal dos dias de hoje. *In:* ARIÉS, Philippe; BÈJIN, André. *Sexualidades ocidentais*: contribuições para a história e para a sociologia da sexualidade. São Paulo: Brasiliense, 1985. p. 187.

maior probabilidade de a mulher que se envolve num relacionamento extraconjugal deixar a coabitação do que o homem.

A igualdade de gênero é urgente porque ainda não foi efetivada. A esse respeito, Fábio Konder Comparato vaticina os méritos da Revolução Francesa, que só não conseguiu extirpar a barreira da desigualdade de sexos, não obstante as manifestações, neste sentido, de publicações pela igualdade de homens e mulheres.[134]

Com a Constituição Federal de 1988, a igualdade formal promoveu adequação terminológica na legislação civil, demonstrando que as regras para regulamentar as relações *concubinárias* existiram para suprimir direitos e discriminar a figura feminina.

O Código Civil de 1916, por exemplo, possuía três passagens sobre o concubinato. O art. 248 autorizava a mulher casada a *reivindicar bens comuns móveis ou imóveis doados, ou transferidos pelo marido à concubina;*[135] o art. 363, inciso I, assegurava aos filhos *ilegítimos* o direito de demandar o reconhecimento da filiação *se ao tempo da concepção a mãe estava concubinada com o pretendido pai;* e o art. 1.719 proibia a nomeação de herdeira ou legatária à *concubina do testador casado.*

Com o advento da Constituição de 1988, que trouxe igualdade de direitos e deveres, as regras sofreram harmonização terminológica, o atual Código Civil não mais restringe à mulher a condição de concubina.[136]

Essa igualdade também precisa se materializar em relação à formação do núcleo familiar. Rodrigo da Cunha Pereira denomina de família conjugal toda aquela que "se estabelece a partir de uma relação amorosa, na qual estão presentes, além do afeto, o desejo e o amor sexual".[137] Ele sustenta que deve se dar tratamento igualitário às conformações, sem hierarquização, portanto, sem regras de exclusão, aos núcleos que se intitulam como família, ainda que não se enquadrem nos padrões previstos de forma expressa no art. 226 da Constituição.

---

[134] COMPARATO, Fábio Konder. *Ética*: direito, moral e religião no mundo moderno. 3. ed. São Paulo: Companhia das Letras, 2016. p. 570.

[135] Esse artigo sofreu alteração em seu *caput* por força do Estatuto da Mulher Casada. Antes, ele assegurava à mulher medidas a serem tomadas, *independente da autorização do marido,* e posteriormente ele passou a ter em seu *caput* que a mulher casada *pode livremente.*

[136] Paulo Lôbo afirma ser igualdade de todos *na lei* a vedação "à desigualdade ou a discriminação na própria lei, como por exemplo, a desigualdade de direitos e obrigações entre homens e mulheres, na sociedade conjugal". LÔBO, Paulo. As vicissitudes da igualdade e dos deveres conjugais no direito brasileiro. *In: Revista Brasileira de Direito de Família,* Porto Alegre, n. 26, out./nov. 2004.

[137] PEREIRA, Rodrigo da Cunha. *Princípios fundamentais norteadores para o direito de família.* Belo Horizonte: Del Rey, 2006. p. 171.

A construção de uma interpretação pautada na igualdade das entidades é a que melhor preenche a ideia de dignidade da pessoa humana e, ao partir dessa premissa, é impossível não reconhecer no art. 1.727 do Código Civil uma regra inclusiva. O artigo em questão, embora trate de relacionamento entre pessoas impedidas de se casar, prevê tipo familiar caracterizado pela não eventualidade, inserido no capítulo destinado às uniões estáveis.

O art. 1.708 do Código Civil lhe impõe ainda tratamento igualitário em deveres, quando considera que sua existência é ensejadora de exoneração de alimentos, como se verá mais adiante, em capítulo próprio.

Esses dois dispositivos legais trazem a evidência do reconhecimento jurídico das relações concubinárias com efeitos positivos, devendo haver seu reconhecimento sem regras de exclusão, como historicamente sempre ocorreu, porque o tratamento discriminatório retira a família do âmbito da igualdade e, logo, da dignidade.

3.4 Liberdade de formar família como garantia intrínseca ao sistema plural

A liberdade está prevista no *caput* do importante art. 5º da Constituição Federal, assegurando-se a sua inviolabilidade. Ela está ainda assegurada no primeiro artigo da Declaração Universal dos Direitos Humanos, que garante: "Todos os seres humanos nascem livres e iguais em dignidade e direitos. São dotados de razão e consciência e devem agir em relação uns aos outros com espírito de fraternidade".[138]

O conceito de liberdade, intrinsecamente ligado aos ideais de pluralidade e dignidade, é também de enorme importância para o tema em análise, por dois caminhos centrais. Primeiramente, porque a garantia de liberdade, tanto para realização pessoal quanto para formação de família, conduz à legitimação das entidades formadas pela afetividade, ostensibilidade e estabilidade, ainda que não estejam formalmente previstas e nominadas na Constituição Federal. E, em segundo plano, porque o Brasil não possui um sistema jurídico que obrigue as pessoas a permanecerem em relações a que não pretendam mais.

A regulamentação do divórcio, por meio da Emenda Constitucional nº 09/1977, deu espaço a um reconhecimento mais plural de conformações familiares, possibilitando que as pessoas estejam em

---

[138] ASSEMBLEIA GERAL DA ONU. *Declaração Universal dos Direitos Humanos*. Disponível em: https://www.unicef.org/brazil/pt/resources10133.htm. Acesso em: 17 nov. 2018.

relacionamentos que as realizem pessoalmente. Assim, a possibilidade de não permanecer casado ou em um relacionamento convivencial representaria exercício de liberdade negativa, no sentir de Daniel Sarmento, o poder de se abster.[139] No mesmo sentido, Canotilho trata das liberdades (e utiliza no plural para diferenciar de liberdade, no sentido de não estar preso). Ele defende que elas têm como característica a natureza defensiva: "neste sentido, as liberdades identificam-se com direitos a acções negativas".[140]

Em sua *Teoria dos Direitos Fundamentais*, Robert Alexy trata da liberdade numa perspectiva jurídica e fática, afirmando que cabe aos direitos fundamentais assegurar a realização da primeira (jurídica) e ao processo político a incumbência da realização da segunda (fática).[141] Essa teoria se torna importante para que se compreenda que a liberdade de formar família não pode se limitar a modelos definidos, quando estes violem a autodeterminação.

A garantia, portanto, de liberdade só estará plena quando a liberdade jurídica de formar família for reconhecida através da liberdade fática.

Axel Honnet trata a liberdade na família a partir da aproximação de seus membros, o que chama de "aquecimento do clima interno familiar", a partir da compreensão de que os membros de uma família se vinculam pelo afeto e não pelas funções que cada um exerce no ambiente familiar. Honnet acrescenta que a partir daí surge a ideia do "amor romântico, estando o casamento já liberto de coerções externas e estratégicas", correspondendo ao modelo de um casal heterossexual com filhos.[142] Este seria o padrão da família burguesa do século XVIII, sendo a "imagem da família como lugar de realização central da liberdade social".[143]

Para alcançar esse ideal, entretanto, era necessário preencher um ciclo de papéis por cada membro da família: a mulher responsável pela casa e cuidados com filhos e marido, o homem pela ascensão social familiar e o filho devendo se espelhar no pai para seguir seus caminhos. Contudo, como aponta Honnet, esta liberdade não representava

---

[139] SARMENTO, Daniel. *Dignidade da pessoa humana*: conteúdo, trajetórias e metodologia. 2. ed. Belo Horizonte: Fórum, 2016. p. 151.

[140] CANOTILHO, J. J. Gomes. *Direito Constitucional*. Coimbra: Almedina, 1995. p. 550.

[141] ALEXY, Robert. *Teoria dos Direitos Fundamentais*. (Trad. Virgílio Afonso da Silva). 2. ed. 4. reimpressão. São Paulo: Malheiros, 2011. p. 505.

[142] Seria a família nuclear, com menos membros, mas com uma maior aproximação entre eles.

[143] HONNET, Axel. *O direito da liberdade*. (Das Recht der Freiheit. Trad. Saulo Krieger). São Paulo: Martins Fontes – selo Martins, 2015. p. 283-284.

felicidade, gerando tensões pelos históricos de relacionamentos extra-conjugais masculinos ou, ainda, mais precisamente no século XIX, o movimento de mulheres que não mais queriam assumir o papel secundário no lar familiar, de sujeição e dependência.[144]

Neste mesmo sentido, merece atenção o destaque dado por Marcos Alves no que diz respeito à sexualidade. Não só ela, como a fidelidade, não devem ser questões afetas ao Estado, estando dentro do contexto de autonomia e liberdade. Segundo o autor, a compreensão de que o Estado poderia interferir no *debitum conjugale* equipara as pessoas a propriedades de seus cônjuges, "pois pode exigir a satisfação de seu crédito no próprio corpo do devedor".[145]

A liberdade tem muitas interpretações e está aqui vinculada à ideia de autonomia privada. É indiscutível que a liberdade sofre limitações, especialmente quando ela viola a liberdade de outrem, o que se torna ponto de central discussão para as famílias simultâneas. Isto porque, se de um lado há uma família formada de forma livre por duas pessoas no contexto de afetividade, estabilidade e ostensibilidade, num outro lado há uma dessas pessoas envolvida da mesma forma com uma terceira pessoa.

Então, pode surgir o questionamento a respeito da violação de direitos entre essas pessoas, especialmente se ao menos uma delas não tiver conhecimento da simultaneidade de relações, porque pode afetar, por exemplo, o patrimônio comum.

É importante questionar se essa violação poderia ser elemento capaz de limitar a liberdade. Contudo, para esse tipo de situação, é necessário ponderar os interesses envolvidos antes de incluir ou afastar direitos. Na esfera privada, a ponderação se aplica para definir que direito está sendo menos violado, haja vista que a manutenção de relacionamentos simultâneos, que preenchem os requisitos de uma entidade familiar, não atinge a esfera pública, visto que não viola direitos sociais.

---

[144] Honnet se refere a esse ciclo como a "transição do patriarcado para a cooperação, que se deu na sequência da modificação do papel da mulher na família, repercutiu primeiramente numa série de tensões e rejeições intrafamiliares". Ele compreende que essa fase de cooperação surge a partir do momento em que as tarefas passam a ser compartilhadas por todos, seja no lar, seja nas finanças e, ainda, que a liberdade ofertada pelo divórcio proporciona a multiplicação dos membros, com as recomposições que chama de *famílias-patchwork. In:* HONNET, Axel. *O direito da liberdade.* (Das Recht der Freiheit. Trad. Saulo Krieger). São Paulo: Martins Fontes – selo Martins, 2015. p. 294.

[145] SILVA, Marcos Alves da. *Da monogamia*: a sua superação como princípio estruturante do direito de família. Curitiba: Juruá, 2013. p. 165.

Daniel Sarmento identifica como *perfeccionismo*, na diferença que traça com o paternalismo, a imposição de restrição à autonomia individual de pessoas capazes:

> Impor restrições perfeccionistas à liberdade das pessoas é deixar de tratá-las como agentes morais, ignorando a sua independência ética, que se traduz no seu direito de eleger os seus próprios caminhos existenciais. O Estado não pode impedir escolhas e atos de natureza autorreferente, porque considera que isso fará as pessoas melhores, mais virtuosas ou mais felizes.[146]

Seguindo essa linha de raciocínio, teríamos que medidas paternalistas seriam, por exemplo, a lei que pune a bigamia e já puniu o adultério, porque é medida que visa a proteger o indivíduo de suas próprias ações perante a sociedade.

A esse respeito, ainda vale trazer a lume a diferença traçada por Hart sobre justiça e moral. O autor traz em sua obra o amplo conceito de moral e sua vinculação às normas, porém, de forma crítica, por entender que nem sempre a norma precisa estar vinculada a um contexto que tenha sido convencionado como moral.[147] No tema em apreço, a moral precisa ser analisada sob dois flancos: num primeiro, a violação do conceito moral da monogamia ou da proibição moral do adultério; num segundo, a atribuição de responsabilidade como dever moral de ser solidário em família.

A liberdade, nesses casos, não deveria ceder aos direcionamentos sociais de comportamento padronizado, porque a possibilidade de escolher livremente o seu espaço de realização pessoal, que é o papel prioritário da família, é garantia que prevalece sobre *preconceitos*.[148] Em primeiro plano está a concretização da dignidade da pessoa humana, que não deve ser deixada de lado para atender a interesse de ordem

---

[146] SARMENTO, Daniel. *Dignidade da pessoa humana*: conteúdo, trajetórias e metodologia. 2. ed. Belo Horizonte: Fórum, 2016. p. 172.

[147] HART, H. L. A. *O conceito de Direito*. São Paulo: Martins Fontes, 2012. p. 221.

[148] Essa técnica de limitação da liberdade com finalidade de preservar o direito de uma das partes envolvidas na relação que existe em simultaneidade a outra precisa ser analisada mais profundamente na perspectiva da moral. Especialmente, porque, histórica e estatisticamente, a maioria das relações concubinárias ocorre entre um homem que mantém relações simultâneas com duas mulheres. Ao proteger a relação considerada *oficial*, ou "pura", expressão pejorativa que já foi muito utilizada outrora, se está a proteger, ao final, este homem, isento de responsabilidade, que não terá que assumir qualquer consequência no relacionamento mantido, muitas vezes, durante muitos anos, com outra mulher. Além de desprotegida, lhe cabe ainda a discriminação social.

patrimonial. É a concretização do Estado Social em contraposição ao Estado Liberal.

Renata Vilela Multedo, nesse sentido, defende a ampliação da interpretação do art. 226 da Constituição Federal de forma que os modelos "respondem à realização da dignidade da pessoa humana, não se podendo desconsiderar arranjos familiares, ainda que não explicitados no texto constitucional". Ela defende que os modelos previstos expressamente, além de não serem excludentes, estão ali porque preenchem os modelos mais comuns que vêm sendo estudados pelos CENSOS desde 1950.[149]

Além disso, não é demais lembrar que as relações familiares não precisam estar necessariamente regulamentadas na legislação infraconstitucional. O melhor exemplo são as famílias monoparentais. Estão previstas na Constituição Federal e não há uma só referência direta a esse modelo no Código Civil, o que não impede que esteja protegida como as demais. A inclusão das famílias monoparentais pela Constituinte foi a forma encontrada de legitimar e conferir maior proteção às *mães solteiras,* que eram discriminadas socialmente.

Igualmente, não há que se falar em hierarquização de entidades familiares, caso contrário, haveria mitigação da liberdade. Apesar de haver defesas de que a união estável é inferior ao casamento, porque a Constituição Federal assegura a facilitação de sua conversão, em verdade, o que a norma constitucional prevê é a liberdade de transformação das entidades. Assim, as pessoas são livres para viver em união estável ou para se casarem; converterem suas uniões estáveis em casamento; ou, ainda, se divorciarem e viverem em união estável. A única limitação legal ainda prevista é em relação a uma pessoa ter mais de um registro civil, o que é impedido pela vedação expressa da bigamia.

A família precisa, portanto, deixar de ser vista pelas lentes paternalistas e ser enxergada como célula da sociedade civil. A esse respeito, considerando o contexto de formação da sociedade brasileira, aplica-se bem a passagem de Portalis, em seu discurso preliminar do Código Civil francês, que indagava uma maneira de encontrar uma legislação que se aplicasse ao povo de maneira uniforme, extirpando as diferenças culturais, muitas vezes decorrentes de *vontades motivadoras de um poder arbitrário.*[150]

---

[149] MULTEDO, Renata Vilela. *Liberdade e família*: limites para a intervenção do Estado nas relações conjugais e parentais. Rio de Janeiro: Editora Processo, 2017. p. 34-35.

[150] "Comment extirper des coutumes auxquelles on était attaché comme à des privilèges, et que l'on regardait comme autant de barrières contre les volontés mobiles d'un pouvoir

A interferência do Estado deve estar limitada ao interesse social, tendo o afeto como parâmetro que norteia o núcleo familiar e a dignidade humana como centro de preocupação a ser sempre observada.

3.5 O princípio da afetividade como materialização da solidariedade

A valorização da dignidade da pessoa humana, como fonte primária de preocupação do Estado, transporta, para a família, a desnecessidade de manutenção de relações desgastadas ou desprovidas de afeto. A aprovação do divórcio teve papel importante nessa mudança de paradigma porque conferiu às pessoas a faculdade de não permanecer numa relação sem afeto.

O princípio da afetividade decorre da noção de solidariedade, como se representasse sua materialização. No sentir de Sérgio Resende de Barros, a sua relação com a solidariedade está no fato de que a afetividade "enlaça e comunica as pessoas mesmo quando estejam distantes no tempo e no espaço, por uma solidariedade íntima e fundamental de suas vidas – de vivência, convivência e sobrevivência".[151] A ideia de convívio justifica essa mudança, porque nesse momento a família deixa de ter como função a formação de patrimônio e assume nova perspectiva.

Paulo Lôbo aponta a crise da família patriarcal como a mudança de paradigmas, especialmente com a inserção da mulher no mercado de trabalho e o alcance de sua autonomia. Ele afirma:

> A família patriarcal, que nossa legislação civil tomou como modelo, ao longo do século XX entrou em crise, culminando com sua derrocada, no plano jurídico, pelos valores introduzidos na Constituição de 1988. Como a crise é sempre perda de fundamentos, a família atual está matrizada em um fundamento que explica sua função atual: a afetividade. Assim, enquanto houver *affectio* haverá família, unida por laços de liberdade e

---

arbitraire? On eût craint d'affaiblir, ou même de détruire, par des mesures violentes, les liens communs de l'autorité et de l'obéissance". Tradução livre: Como extirpar os costumes aos quais se anexavam como privilégios, e qual deles considerava tantas barreiras contra as vontades motivadoras de um poder arbitrário? Teme-se enfraquecer, ou mesmo destruir, por medidas violentas, os laços comuns de autoridade e obediência. *In:* PORTALIS, Jean-Étienne-Marie. *Discours preliminaire du premier projet du code civil.* Disponível em: http://www.justice.gc.ca/fra/apd-abt/gci-icg/code/page05.html. Acesso em: 04 jun. 2018.

[151] BARROS, Sérgio Resende de. *A ideologia do afeto.* Disponível em: http://www.srbarros.com.br/pt/a-ideologia-do-afeto.cont. Acesso em: 6 jun. 2018.

responsabilidade, e desde que consolidada na simetria, na colaboração, na comunhão de vida não hierarquizada.[152]

O autor traz, ainda, a necessidade de situar juridicamente a afetividade para que ela não seja equiparada ao afeto "como fato psicológico ou anímico", deixando claro que, na condição de norma, ela é *dever imposto*, esclarecendo que nas relações entre cônjuges e companheiros o princípio "incide enquanto houver afetividade real, pois esta é pressuposto da convivência". Nas relações de companheirismo e conjugalidade, a afetividade se faz presente através do dever de assistência, que, segundo o autor, "pode projetar seus efeitos para além da convivência, como a prestação de alimentos e o dever de segredo sobre a intimidade e a vida privada".[153]

As entidades familiares se distanciam de outras relações quando identificadas a afetividade, a ostensibilidade e a estabilidade. Esses três elementos bem caracterizados conferem a uma relação o *status familiae*. A Constituição Federal de 1988 foi de fato um grande divisor de águas ao consagrar a dignidade humana como centro das relações. Se antes a família era projetada na formação de patrimônio ou na junção de interesses políticos, por exemplo, hoje ela está funcionalizada para a realização de cada um de seus membros, numa perspectiva eudemonista.

Rodrigo da Cunha Pereira pontua esse marco como sendo o fim da culpa nas relações conjugais e da proclamação da liberdade de cada membro da família, com base no preceito insculpido no §8º do art. 226 da Constituição Federal, justificando nele a chamada constitucionalização das relações familiares:

> Por isso, insita-se, a família só faz sentido para o Direito a partir do momento em que ela é veículo funcionalizador à promoção da dignidade de seus membros. Em face, portanto, da mudança epistemológica ocorrida no bojo da família, a ordem jurídica assimilou tal transformação, passando a considerar o afeto como valor jurídico de suma relevância para o Direito de Família.[154]

Embora não esteja previsto expressamente no texto constitucional, o princípio da afetividade passou a nortear legislações

---

[152] LÔBO, Paulo. *A repersonalização das relações de família*. Disponível em: https://jus.com.br/artigos/5201/a-repersonalizacao-das-relacoes-de-familia. Acesso em: 09 jun. 2018.

[153] LÔBO, Paulo. *Direito Civil*: famílias. 8. ed. São Paulo: Saraiva, 2018. p. 71.

[154] PEREIRA, Rodrigo da Cunha. *Princípios fundamentais norteadores para o direito de família*. Belo Horizonte: Del Rey, 2006. p. 183.

infraconstitucionais e alguns institutos ou teses. A exemplo, as Leis Maria da Penha (nº 11.340/2006), de Alienação Parental (nº 12.318/2006), da Guarda Compartilhada (nº 11.698/2008) e de Adoção (nº 12.010/2009) passaram a tratar do afeto como valor jurídico,[155] e, ainda, expressões como *uniões homoafetivas, abandono afetivo, socioafetividade* foram incorporadas ao Direito.

A afetividade, do ponto de vista das relações conjugais, teve grande responsabilidade no reconhecimento das uniões homoafetivas, que passaram a ter tratamento de entidade familiar a partir do julgamento da ADI nº 4.277 pelo Supremo Tribunal Federal.

Contudo, o Ministro Ayres Britto, que relatou a Ação Direta mencionada, também destacou a afetividade como elemento estruturante das relações familiares hodiernas, em voto divergente no conhecido julgamento do RE nº 397.762-8/BA, no qual o Supremo afastou a possibilidade de divisão da pensão por morte entre viúva e companheira. Em seu memorável voto, o Ministro amplia o conceito de união estável, aplicando a técnica de interpretação inclusiva das famílias para além do *numerus clausus*:

> Atento aos limites materiais da controvérsia, pergunto: qual o sentido do fraseado "união estável", ali no peregrino texto da Lei Republicana? Convivência duradoura do homem e da mulher, expressiva de uma identidade de propósitos afetivo-ético-espirituais que resiste às intempéries do humor e da vida? Um perdurável tempo de vida em comum, então, a comparecer como elemento objetivo do tipo, bastando, por si mesmo, para deflagrar a incidência do comando constitucional? Esse tempo ou alongado período de coalescência que amalgama caracteres

---

[155] As leis mencionadas abordam o afeto como elemento jurídico, seja para caracterizar a família, seja como bem jurídico a ser tutelado. Lei Maria da Penha (nº 11.340/2006): Art. 5º Para os efeitos desta Lei, configura violência doméstica e familiar contra a mulher, qualquer ação ou omissão baseada no gênero que lhe cause morte, lesão, sofrimento físico, sexual ou psicológico e dano moral ou patrimonial: [...] III – em qualquer relação íntima de *afeto*, na qual o agressor conviva ou tenha convivido com a ofendida, independentemente de coabitação. Lei de Alienação Parental (nº 12.318/2006): Art. 3º A prática de ato de alienação parental fere direito fundamental da criança ou do adolescente de convivência familiar saudável, prejudica a realização de *afeto* nas relações com o genitor e com o grupo familiar, constitui abuso moral contra a criança ou o adolescente e descumprimento dos deveres inerentes à autoridade parental ou decorrentes de tutela ou guarda. Lei da Guarda Compartilhada (nº 11.698/2008): *Art. 1.583*. A guarda será unilateral ou compartilhada. [...] §2º A guarda unilateral será atribuída ao genitor que revele melhores condições para exercê-la e, objetivamente, mais aptidão para propiciar aos filhos os seguintes fatores: I – *afeto* nas relações com o genitor e com o grupo familiar; [...] Lei de Adoção (nº 12.010/2009): Art. 25. [...] *Parágrafo único*. Entende-se por família extensa ou ampliada, aquela que se estende para além da unidade pais e filhos ou da unidade do casal, formada por parentes próximos com os quais a criança ou o adolescente convive e mantém vínculos de afinidade e *afetividade*.

e comprova a firmeza dos originários laços de personalíssima atração do casal? Tempo que cimenta ou consolida a mais delicada e difícil relação de alteridade por parte de quem se dispôs ao sempre arriscado, sempre corajoso projeto de uma busca de felicidade amorosa (coragem, em francês, é courage, termo que se compõe do substantivo coeur e do sufixo age, para significar, exatamente, "o agir do coração")? Sabido que, nos insondáveis domínios do amor, ou a gente se entrega a ele de vista fechada ou já não tem olhos abertos para mais nada? Pouco importando se os protagonistas desse incomparável projeto de felicidade a dois sejam ou não, concretamente, desimpedidos para o casamento civil? Tenham ou não uma vida sentimental paralela, inclusive sob a roupagem de um casamento de papel passado? (vida sentimental paralela que, tal como a preferência sexual, somente diz respeito aos respectivos agentes)? Pois que, se desimpedidos forem, a lei facilitará a conversão do seu companheirismo em casamento civil, mas, ainda que não haja tal desimpedimento, nem por isso o par de amantes deixa de constituir essa por si mesma valiosa comunidade familiar? Uma comunidade que, além de complementadora dos sexos e viabilizadora do amor, o mais das vezes se faz acompanhar de toda uma prole? E que se caracteriza pelo financiamento material do lar com receitas e despesas em comunhão? Quando não a formação de um patrimônio igualmente comum, por menor ou por maior que ele seja? Comunidade, enfim, que, por modo quase invariável, se consolida por obra e graça de um investimento físico-sentimental tão sem fronteiras, tão sem limites que a eventual perda do parceiro sobrevém como vital desfalque econômico e a mais pesada carga de viuvez? Pra não dizer a mais dolorosa das sensações de que a melhor parte de si mesmo já foi arrancada com o óbito do companheiro? Um sentimento de perda que não guarda a menor proporcionalidade com o modo formal, ou não, de constituição do vínculo familiar?[156]

No caso citado, o Supremo não reconheceu a possibilidade de rateio da pensão previdenciária, aplicando a interpretação restritiva do §3º do art. 226 da Constituição Federal, afastando o reconhecimento de efeitos jurídicos às relações simultâneas. A ideia central que permeou os votos vencedores, de que o casamento seria uma relação hierarquicamente superior e que haveria insegurança jurídica no reconhecimento de famílias simultâneas, para além, é óbvia da afirmação da monogamia como regra.

---

[156] BRITTO, Carlos Ayres. *Voto vista no Recurso Extraordinário nº 397.762-8/BA, Supremo Tribunal Federal*. Disponível em: http://www.stf.jus.br/arquivo/cms/noticiaNoticiaStf/anexo/RE397762CB.pdf. Acesso em: 09 jun. 2018.

Atualmente, o Superior Tribunal de Justiça é o que tem enfrentado o tema de forma mais restritiva. Para o STJ, o concubinato representa categoria de relacionamento distante da família ou, ainda, que traz ameaças à família "legítima".

Há poucos registros recentes de atribuição de efeitos positivos ao concubinato. Em sua maioria, o Superior Tribunal ignora sua condição de família legítima (sim, porque positivada no art. 1.727 do Código Civil) e inverte a lógica da interpretação legal para utilizar a expressão: "impedidos de casar", como tradução de impedimento para o reconhecimento como família.

A Ministra Nancy Andrighi, por exemplo, em interessante julgado aqui colacionado (REsp nº 1157273/RN), aponta a afetividade como elemento presente nas relações simultâneas, num franco reconhecimento da interpretação inclusiva do art. 226 da Constituição Federal, mas paradoxalmente eleva a monogamia a "elemento estrutural da sociedade", reconhecendo que não se trata de norma, mas o faz para negar efeitos por entender que as uniões estáveis são *necessariamente monogâmicas*.[157]

---

[157] Direito civil. Família. Paralelismo de uniões afetivas. Recurso especial. Ações de reconhecimento de uniões estáveis concomitantes. Casamento válido dissolvido. Peculiaridades. – Sob a tônica dos arts. 1.723 e 1.724 do CC/02, para a configuração da união estável como entidade familiar, devem estar presentes, *na relação afetiva*, os seguintes requisitos: (I) dualidade de sexos; (II) publicidade; (III) continuidade; (IV) durabilidade; (V) objetivo de constituição de família; (VI) ausência de impedimentos para o casamento, ressalvadas as hipóteses de separação de fato ou judicial; (VII) observância dos deveres de lealdade, respeito e assistência, bem como de guarda, sustento e educação dos filhos. – A análise dos requisitos ínsitos à união estável deve centrar-se na conjunção de fatores presentes em cada hipótese, como a *affectio societatis* familiar, a participação de esforços, a posse do estado de casado, a continuidade da união, a fidelidade, entre outros. – A despeito do reconhecimento na dicção do acórdão recorrido da união estável entre o falecido e sua ex-mulher, em concomitância com união estável preexistente, por ele mantida com a recorrente, certo é que já havia se operado entre os ex-cônjuges a dissolução do casamento válido pelo divórcio, nos termos do art. 1.571, §1º, do CC/02, rompendo-se, em definitivo, os laços matrimoniais outrora existentes entre ambos. A continuidade da relação, sob a roupagem de união estável, não se enquadra nos moldes da norma civil vigente? Art. 1.724 do CC/02, porquanto esse relacionamento encontra obstáculo intransponível no dever de lealdade a ser observado entre os companheiros. – O dever de lealdade implica franqueza, consideração, sinceridade, informação e, sem dúvida, fidelidade. Numa relação afetiva entre homem e mulher, *necessariamente monogâmica*, constitutiva de família, além de um dever jurídico, a fidelidade é requisito natural (VELOSO, Zeno *apud* PONZONI, Laura de Toledo. *Famílias simultâneas*: união estável e concubinato. Disponível em: http://www.ibdfam.org.br/?artigos&artigo=461. Acesso em: 18 abr. 2010). – *Uma sociedade que apresenta como elemento estrutural a monogamia* não pode atenuar o dever de fidelidade? Que integra o conceito de lealdade? Para o fim de inserir no âmbito do Direito de Família relações afetivas paralelas e, por consequência, desleais, sem descurar que o núcleo familiar contemporâneo tem como escopo a busca da realização de seus integrantes, vale dizer, a busca da felicidade. – *As uniões afetivas* plúrimas, múltiplas, simultâneas e paralelas têm ornado o cenário fático dos processos de família, com os mais inusitados

3.6 O princípio da responsabilidade como elemento estruturante das famílias simultâneas – atribuição de deveres para proteções pessoais

A liberdade das famílias contemporâneas assegurada pelo Direito encontra sentido e legitimidade na ética da responsabilidade.[158] Paulo Lôbo vincula o exercício da liberdade à compreensão de responsabilidade irradiada nas relações privadas.

A responsabilidade está presente nas relações familiares nos arts. 226, 227, 229 e 230 da Constituição Federal, que prevê o exercício de iguais deveres pelo homem e pela mulher na sociedade conjugal (em paralelo aos direitos) (art. 226, §5º); o dever de assistência do Estado a cada membro da família (art. 226, §8º); o dever da família, sociedade e Estado de assegurar o pleno desenvolvimento de crianças, adolescentes e jovens (art. 227); os deveres recíprocos entre pais e filhos (art. 229); o dever da família, sociedade e Estado em amparar os idosos (art. 230).

Maria Celina Bodin identifica na diversidade e na responsabilidade os dois pontos fulcrais da mutação na família contemporânea em busca de sua democratização e funcionalização.[159]

O filósofo alemão Hans Jonas, em obra sobre a responsabilidade, busca o conceito dela para o futuro, impondo aos pais o dever de cuidar dos filhos, que serão os agentes da responsabilidade do amanhã. Ele afirma que as pessoas são "o primeiro objeto de responsabilidade dos outros":

---

arranjos, entre eles, aqueles em que um sujeito direciona seu afeto para um, dois, ou mais outros sujeitos, formando núcleos distintos e concomitantes, muitas vezes colidentes em seus interesses. – Ao analisar as lides que apresentam paralelismo afetivo, deve o juiz, atento às peculiaridades multifacetadas apresentadas em cada caso, decidir com base na dignidade da pessoa humana, na solidariedade, na afetividade, na busca da felicidade, na liberdade, na igualdade, bem assim, com redobrada atenção ao primado da monogamia, com os pés fincados no princípio da eticidade. – Emprestar aos novos arranjos familiares, de uma forma linear, os efeitos jurídicos inerentes à união estável, implicaria julgar contra o que dispõe a lei; isso porque o art. 1.727 do CC/02 regulou, em sua esfera de abrangência, as relações afetivas não eventuais em que se fazem presentes impedimentos para casar, de forma que só podem constituir concubinato os relacionamentos paralelos a casamento ou a união estável pré e coexistente. Recurso especial provido. (BRASIL. Superior Tribunal de Justiça. *REsp nº 1157573/RN*. Relatora: Min. Nancy Andrighi. DJ: 18.05.2010. Disponível em: http://www.stj.jus.br/SCON/jurisprudencia/toc.jsp?processo=1157273&&b=ACOR&thesaurus=JURIDICO&p=true. Acesso em: 14 abr. 2018.

[158] LÔBO, Paulo. *Famílias contemporâneas e as dimensões da responsabilidade.* Disponível em: https://jus.com.br/advogados/participe/plus?utm_campaign=Seja%2520JusPlus&utm_medium=modal&utm_source=jus. Acesso em: 9 jun. 2018.

[159] MORAES, Maria Celina Bodin de. *Na medida da pessoa humana*: estudos de direito civil-constitucional. Rio de Janeiro: Renovar, 2010. p. 221.

De fato, a reciprocidade está sempre presente, na medida em que, vivendo entre seres humanos, sou responsável por alguém e também sou responsabilidade de outros. Isso decorre da natureza não autárquica dos homens, e, pelo menos no que tange à responsabilidade original dos cuidados parentais, todos nós a experimentamos algum dia. Nesse paradigma arquetípico evidencia-se de forma cristalina a ligação da responsabilidade com o ser vivo.[160]

Jonas afirma que a responsabilidade é inerente ao fato de ser vivo. O próprio exercício da liberdade está intrinsecamente vinculado à responsabilidade portanto.

A Constituição Federal, como já mencionado alhures, instituiu na responsabilidade a base da consagração da dignidade da pessoa humana, ao conferir à família os deveres que proporcionam o sentimento de realização.

Ao defender que a responsabilidade na família é pluridimensional, Paulo Lôbo aponta hipóteses dessa atribuição. Ele enxerga a responsabilidade, por exemplo, na convivência familiar[161] e os efeitos da constituição dos vínculos socioafetivos; nos alimentos, destacando, inclusive, a transição de função desses alimentos a partir da criação da Previdência Social; o dever de assegurar o conhecimento da origem genética; o dever de educar; por fim, destaca o dever do Estado em garantir tutela jurídica para todas as relações existenciais afetivas.[162]

O autor atribui ao Estado o dever de regulamentar aquelas relações existenciais pautadas na comprovada convivência familiar duradoura, pública e consolidada na afetividade, partindo da técnica de interpretação implícita do art. 226 da Constituição Federal.

Em complemento a esse elemento, tem o Estado a função de assegurar o tratamento não discriminatório das famílias, para garantir

---

[160] JONAS, Hans. *O princípio responsabilidade*: ensaio de uma ética para a civilização tecnológica. (Das Prinzip Verantwortuong: Vesuch einer ethic für die Technologiche Zivilisation. Trad. Marijane Lisboa, Luiz Barros Montez). Rio de Janeiro: Contraponto: Ed. PUC-Rio, 2006. p. 175.

[161] Em relação à convivência familiar, vale lembrar também o conhecido julgado do STJ, no REsp nº 1159242, que condenou em indenização por *abandono afetivo* um pai que descumpriu o dever de convivência familiar, julgado esse que ficou conhecido pela passagem da Relatora Nancy Andrighi *amar é faculdade, cuidar é dever*. In: BRASIL. Superior Tribunal de Justiça. *REsp nº 1159242/SP*. Relatora: Min. Nancy Andrighi. DJ: 24.04.2012. Disponível em: https://ww2.stj.jus.br/processo/jsp/revista/abreDocumento.jsp?componente=COL&sequencial=14828610&formato=PDF. Acesso em: 18 jun. 2018.

[162] LÔBO, Paulo. *Famílias contemporâneas e as dimensões da responsabilidade*. Disponível em: https://jus.com.br/advogados/participe/plus?utm_campaign=Seja%2520JusPlus&utm_medium=modal&utm_source=jus. Acesso em: 09 jun. 2018.

o atendimento da dignidade da cada um dos seus membros, além da liberdade nas conformações familiares, respeitadas as suas diferenças. Um exemplo da atribuição de responsabilidades familiares se deu com a revogação do art. 358 do Código Civil de 1916, que previa a impossibilidade de reconhecimento dos filhos adulterinos e incestuosos.[163] Essa impossibilidade representava, em verdade, uma proteção ao homem, quando, em verdade, a necessidade de proteção maior teria que ser do fruto desta relação, construindo-se um precedente importante no reconhecimento de direitos para famílias historicamente marginalizadas:

> A blindagem do homem casado para a assunção de responsabilidades com relação aos filhos adulterinos favorecida pela previsão do revogado art. 358 do Código Civil de 1916 representou uma das maiores exclusões do direito familiar. A atribuição de responsabilidades pela Lei nº 7.841/89, na revogação do artigo mencionado, reconheceu a existência das famílias simultâneas como fato social capaz de gerar efeitos jurídicos (LÔBO, 2013). A partir de então, o "homem casado" perdeu a proteção que gerava a sua irresponsabilidade na procriação "adulterina". Da mesma forma, se constitui a necessidade de atribuição de responsabilidade a quem mantém relacionamento simultâneo, haja vista que a negativa do reconhecimento da relação e seus efeitos jurídicos isenta a pessoa que mantém múltiplos relacionamentos de qualquer responsabilidade, como por exemplo, não sujeitar à partilha de bens o patrimônio comum adquirido, pelo esforço direto ou indireto.[164]

João Baptista Villela chama atenção para a mudança paradigmática das famílias, a partir da transformação de suas funções. Se antes a família tinha função religiosa, política, econômica e procriacional, hoje tem função afetiva, sendo espaço de realização pessoal. Contudo, a busca pela felicidade da família eudemonista gera responsabilidades, sobretudo porque a autodeterminação está intimamente vinculada à ética.[165]

---

[163] Art. 358. Os filhos incestuosos e os adulterinos não podem ser reconhecidos.

[164] BRASILEIRO, Luciana; HOLANDA, Maria Rita. A proteção da pessoa nas famílias simultâneas. *In*: MENEZES; Joyceane Bezerra de; RUZYK, Carlos Eduardo Pianovski; SOUZA, Eduardo Nunes de (Org.). *Direito Civil Constitucional*: a ressignificação dos institutos fundamentais do direito civil contemporâneo e suas consequências. Florianópolis: Conceito Editorial, 2014. p. 501.

[165] O novo modelo, ainda em estado de formação, contém um forte apelo ao exercício da responsabilidade na sua mais radical expressão, vale dizer, aquela em que a instância ética não se situa fora, mas dentro da pessoa mesma e, portanto, não a dispensa de decidir, isto

Ao tratar da família eudemonista do séc. XXI, especialmente no tocante ao direito à busca pela felicidade, Fabíola Albuquerque destaca que há critérios objetivos, utilizando como exemplo julgado do STF que reconheceu as uniões homoafetivas como entidades familiares:

> Os critérios objetivos da felicidade podem, no contexto constitucional, ser entendidos como a garantia da inviolabilidade dos direitos fundamentais a exemplo da dignidade, liberdade, igualdade, além daqueles relaciona-dos no capítulo dos direitos sociais, deste modo é a previsão do direito do indivíduo e da sociedade em buscar a felicidade, obrigando-se o Estado e a própria sociedade a fornecer meios para tanto. Assim, a laicidade estatal, com base no reconhecimento jurídico da hipercomplexidade e da pluralidade das relações interprivadas mediante um grau necessário de intervenção, deve promover e não olvidar esforços quanto à prática de políticas garantidoras do desenvolvimento pleno de cada um dos membros integrantes daquele núcleo familiar.[166]

A autora tece ainda uma importante crítica acerca das vivências cotidianas de relações pautadas na fugacidade e no consumismo, concluindo que a família esperada precisa estar preparada para lidar com as tensões, "mas sem perder de vista a ternura, o cuidado, a afetividade, a dignidade, a ética e a responsabilidade solidária de todos que compõem aquele grupo familiar".[167]

A perspectiva da responsabilidade é fundamental, portanto, para a compreensão de que as famílias simultâneas precisam ser compreendidas como espaço de realização pessoal de cada uma das pessoas que as compõem e também devem gerar efeitos jurídicos para todas essas pessoas, existenciais e patrimoniais.

é, de percorrer o penoso caminho da autodeterminação. VILLELA, João Baptista. *Liberdade e família.* Belo Horizonte: Faculdade de Direito da UFMG, 1980. p. 15.

[166] ALBUQUERQUE, Fabíola Santos; PEREIRA, Rodrigo da Cunha (Org.). A família eudemonista do século XXI. *In*: PEREIRA, Rodrigo da Cunha (Coord.). *Família*: entre o público e o privado. Porto Alegre: Magister/IBDFAM, 2012. p. 89.

[167] ALBUQUERQUE, Fabíola Santos; PEREIRA, Rodrigo da Cunha (Org.). A família eudemonista do século XXI. *In*: PEREIRA, Rodrigo da Cunha (Coord.). *Família*: entre o público e o privado. Porto Alegre: Magister/IBDFAM, 2012. p. 89.

CAPÍTULO 4

UNIÃO ESTÁVEL APÓS A CONSTITUIÇÃO FEDERAL DE 1988

A união estável ingressou na legislação civil brasileira por meio da Constituição Federal de 1988, que a reconheceu como uma das entidades familiares explicitamente previstas, em conjunto com o casamento e a família monoparental, lhe retirando da desconsideração legal e alçando-a à condição de igualdade hierárquica em relação ao casamento.

Apesar de a Constituição orientar a facilitação de sua conversão em casamento, no mesmo §3º do art. 226, o fato é que a ausência de conversão não lhe retira o *status* constitucional de entidade familiar.[168]

A inserção da união estável no ordenamento pátrio representou o grande avanço proporcionado pelo princípio da pluralidade familiar, sedimentado pela afetividade e liberdade de constituição de família, alçando o direito familiar brasileiro a um dos mais avançados hodiernamente.

Nelson Carneiro, grande defensor da legitimação das outras conformações familiares, registrou sua preocupação com a realidade vivenciada num Brasil múltiplo, formado por comunidades de imigrantes que muitas vezes não formalizavam os casamentos, mas formavam famílias:

> Num país de imigração, a lei não impede que aqui cheguem, em busca de fortuna, estrangeiros casados e sem família, ensejando-lhes a organização de novos lares com modestas brasileiras, que os servem, assistem e

---

[168] Ao contrário disso, as estatísticas registram, cada vez mais, a opção pela união estável como meio de constituição de família. *In:* PORTALDORI. *Número de uniões estáveis cresce cinco vezes mais rápido do que o casamentos.* Disponível em: https://www.portaldori.com.br/2017/02/20/numero-de-unioes-estaveis-cresce-cinco-vezes-mais-rapido-do-que-o-de-casamentos/. Acesso em: 19 jun. 2018.

auxiliam, e com êles repartem leitos e trabalhos, ambições e esperanças, até que, enriquecidos e conceituados, partilhem a fartura e o prestígio com a espôsa e os filhos legítimos, enquanto nossas patrícias humildes carpem, com os meninos sem proteção, o abandono a que as condena a insensibilidade legal. Foram os tribunais que se apiedaram das italianas que, por vêzes, acompanhavam os maridos na aventurosa conquista do Brasil, e, casadas pelo regime da separação, nada podiam reclamar dos bens deixados por seus maridos. Foram os juizes que deram a essas devotadas estrangeiras a meiação nos resultados do trabalho comum. Abriram-se, assim, algumas clareiras às nacionais. Julgados esparsos lhes reconhecem, em certas circunstâncias, uma espécie de sociedade de fato, que se dissolve pela morte de um dos sócios. A tendencia ainda vitoriosa, entretanto, é para conferir à companheira indenisação por serviços domésticos. Com êsse eufemismo, palmilham as sentenças os atalhos em que, entre nós, se hão de refugiar, tanta vez, o bom senso e a realidade.[169]

Àquela época ele já alertava para uma realidade até então entregue à sensibilidade do Judiciário em reconhecer a existência de patrimônio a partilhar, ou de fixação de um valor para manutenção da *família*, inegavelmente formada, ainda que relegada à informalidade.

Antes, porém, de ser reconhecida do ponto de vista familiar, os efeitos jurídicos aplicados à união estável eram adstritos à esfera obrigacional, previstos em especial nas Súmulas nºs 380 e 382 do STF, como já visto anteriormente.

A noção mais contemporânea de atribuição de efeitos jurídicos às relações de fato teve origem na França, no século XIX, quando uma mulher reivindicou o direito a partilhar bens adquiridos na constância da relação, sob a alegação da vedação ao enriquecimento ilícito.[170]

O argumento de vedação ao enriquecimento ilícito persiste e está expressamente previsto no Código Civil brasileiro, devendo ser considerado o problema das famílias simultâneas, haja vista que a sua proibição não pode ser menosprezada para afastar efeitos jurídicos do concubinato.

Paulo Lôbo registra que, após a Lei do Divórcio (nº 6.515/1977) e antes da promulgação da Constituição Federal de 1988, o concubinato

---

[169] CARNEIRO, Nelson. *Aspétos da crise da família*. Curitiba: Biblioteca da Faculdade de Direito de Curitiba, 1959. p. 14.

[170] Moura Bittencourt identifica o precedente do Tribunal de Rennes, em 1883, como o primeiro a dar margem ao reconhecimento da sociedade de fato, indicando como *o marco inicial da atual doutrina*. BITTENCOURT, Edgard de Moura. *Concubinato*. São Paulo: Livraria Editora Universitária, 1975. p. 126.

passou a ser visto sob dois ângulos: a união livre e o concubinato, anunciando a divisão persistente entre as relações havidas entre pessoas desimpedidas para o casamento e aquelas com impedimento, atualmente previstas nos arts. 1.723 e 1.727 do Código Civil, sob as nomenclaturas de união estável e concubinato.[171]

4.1 Precedentes legais do Código Civil – tentativas de regulamentação da união estável

Se antes era ilegítima, a família de fato foi alçada ao *status* de entidade familiar constitucionalizada. Até então marginalizadas em razão da exclusividade do casamento como único meio de constituição de família, chamada de *concubinato*, para denotar única e exclusivamente encontros sexuais, passou a integrar, através da união estável, o rol de entidades familiares previstas de forma expressa na norma constitucional através de um novo olhar, o da dignidade da pessoa humana.

Com a consagração do divórcio, em 1977, foi inevitável avançar no reconhecimento de entidades familiares além das fronteiras do formalismo imposto pelo casamento, reconhecendo outras formações.

João Baptista Villela, em participação na Conferência Nacional da OAB, respondeu perguntas importantes sobre as novas famílias, alertando para o paradigma do hoje e para a necessidade de uma teoria crítica do direito de família, a exemplo da *desdemonização do concubinato*:

> Qual o papel do jurista frente às expressões atuais da família? Também aqui, penso, não há ambiente para o espetacular. Certamente não é recomendável a inércia ou a indiferença. O jurista não pode ser nunca o espectador passivo de seu tempo e de seu espaço. Mas tampouco se quer dele o ativismo atropelante, invasivo e inconsequente. Antes de concluir, carece observar. Estudar, para só depois intervir. *Socorrer, de preferência a condenar*. Em resumo: impõe-se-lhe a atitude crítica diante do que ocorre, pois só assim se habilita a perceber as conexões subjacentes, o sentido dos movimentos, a lógica das transformações.[172] (grifos nossos).

Com a promulgação da Constituição, portanto, houve uma acomodação de direitos e de situações fáticas que em verdade sempre

---

[171] LÔBO, Paulo. *Direito Civil*: famílias. 8. ed. São Paulo: Saraiva, 2018. p. 164.

[172] VILLELA, João Baptista. As novas relações da família. *Anais da XV Conferência Nacional da Ordem dos Advogados do Brasil*: ética, democracia e justiça. São Paulo: JBA Comunicações, 1995. p. 645.

existiram, como já vimos no capítulo destinado aos dados históricos. Há precedentes anteriores à própria Constituição que merecem menção. A Lei nº 6.367/76, que tratava de acidentes de trabalho, considerando seus beneficiários os dependentes, sem discriminação daqueles com os quais os trabalhadores não tivessem vínculo; a Súmula nº 35, do STF de 1968, que autorizava a indenização por morte em acidente de trabalho ou transporte à concubina;[173] e a Lei nº 6.015/73, que em seu art. 57, §2º, autorizava que a mulher adotasse o sobrenome do companheiro em seu registro de nascimento.

Com a promulgação da Constituição, coube ao legislador ordinário a regulamentação de seus efeitos jurídicos, o que ocorreu de maneira mais específica em 1994 (Lei nº 8.971), 1996 (Lei nº 9.278) e somente em 2002 houve incorporação ao Código Civil brasileiro.

4.1.1 Primeira tentativa: a Lei nº 8.971/1994 e a garantia de alimentos e sucessões

A lei de 1994[174] tinha por finalidade regular os direitos a alimentos e sucessões dos companheiros, sendo composta de cinco artigos, o primeiro destinado aos alimentos e os demais destinados à sucessão.

A lei não traz em seu bojo o uso da expressão união estável, referindo-se apenas às pessoas que vivam uma relação de companheirismo, com o uso dos termos *companheira* e *companheiro*.

Os requisitos para estar nessa condição de *companheirismo* eram:

a) viver um relacionamento com pessoa comprovadamente solteira, separada judicialmente, divorciada ou viúva;

b) estar em convivência há mais de cinco anos;

c) ou na hipótese de existência de prole.

---

[173] Parece-nos que a lei brasileira seguiu nesse sentido alguns precedentes importantes da *Cour de Cassasion* francesa. Segundo Robert F.Taylor, em estudo comparativo com o Direito francês e o da Louisiana a respeito das *unwed relationships*, foi a jurisprudência que inaugurou o reconhecimento dos direitos das pessoas em união estável (coabitação sem casamento), traçando os primeiros passos para reconhecimentos de efeitos positivos. O autor registra que, embora a França traga restrições a direitos sucessórios, a jurisprudência francesa reconheceu o direito à indenização por acidentes e mortes às companheiras ainda no séc. XIX. TAYLOR, Robert F. *Concubinage and union libre*: a historical comparison of the rights of unwed cohabitants in wrongful death actions in France and Louisiana. Disponível em: http://digitalcommons.law.uga.edu/cgi/viewcontent.cgi?article=1893&context=gjicl. Acesso em: 26 fev. 2018.

[174] BRASIL. Lei nº 8.971, de 29 de dezembro de 1994. *Regula o direito dos companheiros a alimentos e à sucessão*. Disponível em: http://www.planalto.gov.br/ccivil_03/LEIS/L8971.htm. Acesso em: 20 jun. 2018.

A lei definia, portanto, o reconhecimento das uniões estáveis onde houvesse relacionamento por mais de cinco anos, não se aplicando o lapso temporal se houvesse prole. Em relação ao estado civil, a lei permitiu o seu reconhecimento em qualquer hipótese, inclusive das pessoas separadas judicialmente, excetuando apenas as pessoas casadas, muito embora a Constituição Federal não tenha ofertado qualquer parâmetro nesse sentido.

Para ter direito a alimentos, deveria haver prova da dependência econômica e da inexistência de nova união, haja vista a transferência de responsabilidade nesses casos.

No que tange ao Direito Sucessório, a lei definia condições nos arts. 2º e 3º. Quando houvesse filhos comuns, o direito sucessório se restringia ao usufruto da quarta parte dos bens do *de cujus,* exigindo-se a inexistência de uma nova união (art. 2º, inciso I), persistindo o direito a usufruto, desde que sem constituição de nova união, porém, da metade dos bens, quando a concorrência se desse com ascendentes (art. 2º, inciso II). O companheiro só faria jus à herança na hipótese de não haver descendentes nem ascendentes, desaparecendo também o requisito de inexistência de nova união (art. 2º, inciso III). Aqui é importante mencionar que a regra de 1994 era mais avançada que o inciso III do art. 1.790 do Código Civil, que estendeu a concorrência do companheiro sobrevivente aos demais parentes sucessíveis.

O art. 3º previa o direito à meação, provado o esforço comum na aquisição dos bens.

A lei vigeu por apenas dezessete meses, quando foi derrogada em 1996 pela Lei n° 9.278/1996.

4.1.2 Segunda tentativa: a Lei n° 9.278/1996 e a ampliação de direitos para a união estável

Com a missão de dar efetividade ao §3º do art. 226 da Constituição Federal, a Lei n° 9.278/96 entrou em vigor em maio daquele ano,[175] ampliando e ajustando requisitos e efeitos da, agora, expressamente nominada união estável.

Por ser mais ampla, a lei tratou não só dos alimentos e dos efeitos sucessórios, mas também do seu conceito, direitos e deveres, regime de

---

[175] BRASIL. Lei n° 9.278, de 10 de maio de 1996. *Regula o §3º do art. 226 da Constituição Federal.* Disponível em: http://www.planalto.gov.br/ccivil_03/Leis/L9278.htm. Acesso em: 20 jun. 2018.

bens com estabelecimento de presunção de esforço comum, instituição do direito real de habitação e a sua conversão em casamento.

No que tange ao conceito, a lei se restringiu a manter o que a Constituição já previa em seu art. 226, §3º, retirando, portanto, a previsão de 1994, de prazo ou existência de prole para seu reconhecimento. Desta maneira, a lei adequou-se ao livre planejamento familiar e aproximou a união estável da hipótese de ato-fato jurídico, dispensando seus requisitos objetivos. Interessante observar que o art. 1º não traz em seu bojo os impedimentos matrimoniais para reconhecimento das uniões estáveis, como ocorre atualmente com o art. 1.723, §1º. A lei se restringia a defini-la nos termos da Constituição, sem hipóteses de impedimentos.

Diferentemente do que previa o art. 231 do Código Civil de 1916, então vigente para as pessoas casadas, a lei não previu a fidelidade recíproca e vida *more uxório* como dever dos conviventes.[176]

Além disso, a lei estabeleceu a competência das varas de família para discussão da matéria, que até então era submetida à dissolução perante as varas de competência cível, sem a proteção do segredo de justiça, como se permanecessem sendo tratadas como relações obrigacionais.

É ainda emblemático o veto aos arts. 3º, 4º e 6º da lei. Os referidos artigos aproximavam a união estável de uma maior formalização e previam regras para sua instrumentalização, desde o estabelecimento de pacto de convivência, como ocorre na França, até as hipóteses de dissolução.

O art. 3º previa que o contrato escrito deveria observar, no entanto, "os preceitos da lei, as normas de ordem pública atinentes ao casamento, os bons costumes e os princípios gerais do direito".[177]

Consta da mensagem de veto a preocupação em não transformar a união estável em uma espécie de casamento de segundo grau, afirmando que a "*mens legis* era garantir determinados efeitos a posteriori a determinadas situações nas quais tinha havido formação de uma entidade familiar".[178]

---

[176] O art. 2º previa como deveres dos conviventes respeito e consideração mútuos; assistência moral e material recíproca; e guarda, sustento e educação dos filhos comuns.

[177] BRASIL. *Mensagem de veto nº 420, de 10 de maio de 1996.* Disponível em: http://www.planalto. gov.br/ccivil_03/Leis/Mensagem_Veto/anterior_98/VEP-LEI-9278-1996.pdf. Acesso em: 20 jun. 2018.

[178] BRASIL. *Mensagem de veto nº 420, de 10 de maio de 1996.* Disponível em: http://www.planalto. gov.br/ccivil_03/Leis/Mensagem_Veto/anterior_98/VEP-LEI-9278-1996.pdf. Acesso em: 20 jun. 2018.

A análise desses dois precedentes legais se mostra importante para que se perceba a distância conceitual imposta pelo legislador entre casamento e união estável, compreendendo que, embora ambos tenham tratamento constitucional de entidade familiar, a união estável se aproxima de uma relação fática, que deveria ser analisada de maneira casuística, sem o preenchimento, por exemplo, das normas de ordem pública atinentes ao casamento.

A lei de 1996 vigeu até a entrada em vigor do Código Civil de 2002, que lhe substituiu, persistindo tão somente a regra relativa ao direito real de habitação dos companheiros.

4.2 A união estável no livro de família do Código Civil de 2002

O Código Civil manteve a redação do art. 1º da lei de 1996 para conceituação da união estável, com simbólicas alterações:

> Lei nº 9.278/96 – Art. 1º – É reconhecida como entidade familiar a convivência duradoura, pública e contínua, de um homem e uma mulher, estabelecida com o objetivo de constituição de família.
> Código Civil de 2002 – Art. 1.723. É reconhecida como entidade familiar a união estável entre o homem e a mulher, configurada na convivência pública, contínua e duradoura e estabelecida com o objetivo de constituição de família.

Enquanto a lei de 1996 não mencionava a expressão união estável em seu art. 1º, utilizando a expressão *entidade familiar,* de maneira mais ampla, o art. 1.723 do Código Civil especifica a aplicação daquela regra para a união estável.[179] Além disso, inverte a ordem dos requisitos da convivência, alçando a notoriedade ao primeiro plano, em detrimento da durabilidade, que vinha em primeiro lugar na lei de 1996.

Zeno Veloso, comentando o Código Civil, destaca a *affectio maritalis* como ponto fundamental que distancia a união estável de relacionamentos não protegidos do ponto de vista legal (namoros, noivados, relacionamentos abertos), aduzindo a necessidade de uma prova robusta e segura para seu reconhecimento, destacando que, uma

---

[179] Possivelmente, em razão da disposição do art. 1.727 do Código Civil, que define o concubinato.

vez reconhecida, tem as mesmas garantias constitucionais do casamento, sem hierarquia.[180]

Além disso, o art. 1.723 traz, em dois parágrafos, a possibilidade de caracterização da união estável, ainda que existam as causas suspensivas do art. 1.523 e a extensão dos impedimentos matrimoniais, excepcionando apenas o impedimento das pessoas casadas, porém, separadas de fato ou judicialmente, uma vez que a união estável não altera o estado civil no registro,[181] não havendo, portanto, efeitos em relação à Lei nº 6.015/1973. Essa exceção amplia as possibilidades para a união estável, que deverá observar as mesmas regras de proibição do incesto para o casamento, além da regra do inciso VII, mas tem uma maior flexibilidade no que tange às pessoas casadas, o que faz deduzir que para essas circunstâncias não haverá prática de bigamia.

É importante registrar, ainda, que, nesses casos, pessoas que vivam em união estável estarão impedidas de se casar. Isso porque um dos argumentos fortemente utilizados para contrapor a tese das famílias simultâneas é a da impossibilidade de conversão em casamento, sendo de fundamental importância compreender que há situações em que pessoas que vivem em união estável também não podem convertê-las em casamento.

Inovações também trazidas pelo Código foram a inserção do dever de lealdade entre companheiros, mantendo a fidelidade como dever exclusivo do casamento, e a expressa previsão do regime de comunhão parcial de bens, como o legal.

Finalmente, no art. 1.727, o legislador optou por conceituar as relações concubinárias, legitimando-as, reconhecendo-lhes notoriedade e estabilidade, além de *status* de família. Não obstante tenha o Código trazido a expressão *impedidos de casar*, o fato é que o concubinato é atualmente uma relação de família prevista na legislação civil vigente, assim como as uniões estáveis formadas entre pessoas casadas e separadas de fato ou judicialmente e, portanto, impedidas para o casamento.

---

[180] VELOSO, Zeno. *Código Civil Comentado*: Direito de família. Alimentos. Bem de Família. União Estável. Tutela e Curatela. Arts. 1.694 a 1.783, vol. XVII. São Paulo: Atlas, 2003. p. 109.

[181] Paulo Lôbo sustenta que a união estável gera um estado civil autônomo; segundo ele, essa qualificação autônoma resultaria de uma conjunção de fatores que distanciam a pessoa em união estável, por exemplo, do estado de solteiro, como a assunção de responsabilidades entre conviventes e perante terceiros. LÔBO, Paulo. *Direito Civil*: famílias. 8. ed. São Paulo: Saraiva, 2018. p. 165.

4.2.1 Elementos caracterizadores da união estável e do concubinato

Com a promulgação da Constituição Federal, o que antes já chegou a ser chamado de "concubinato puro", passou a ser reconhecido como união estável, sendo certo que o legislador manteve sua compreensão acerca do concubinato, tanto assim que o manteve no Código Civil, no capítulo destinado à regulamentação da união estável.

Portanto, o concubinato não teve um capítulo próprio no Código, mas disposições esparsas, culminando com sua conceituação no art. 1.727, como já mencionado. Por estar previsto no mesmo capítulo da união estável, sabe-se que se trata de relação familiar, caracterizada pela ausência de formalidade.

Em relação à primeira, Paulo Lôbo identifica como seus requisitos legais, fulcrado na Constituição Federal, Código Civil e decisão da ADI nº 4.277/2011 do STF, os seguintes:

a) Relação afetiva entre os companheiros, de sexo diferente ou de mesmo sexo;

b) Convivência pública, contínua e duradoura;

c) Escopo de constituição de família;

d) Possibilidade de conversão para o casamento.[182]

Esclarece, ainda, o autor que há importante diferença entre possibilidade de conversão para o casamento e inexistência de impedimento para a conversão, haja vista o que prevê o art. 1.723, §1º, em relação às pessoas casadas e separadas de fato, ou ainda àquelas separadas judicialmente, e segue pontuando que não enxerga na possibilidade de conversão um requisito material, mas meramente legal.[183]

Em relação ao concubinato, do ponto de vista legal, o requisito parece ser apenas a não eventualidade, ou seja, a estabilidade, estando implicitamente presente nesse contexto os demais elementos: notoriedade e afetividade, com o objetivo de constituição de família. Não fossem esses elementos característicos das relações concubinárias, elas sequer estariam previstas na legislação vigente, como não estão o namoro, o noivado, as grandes amizades, dentre outras relações afetivas.

Em verdade, o requisito da possibilidade ou impossibilidade de conversão representa a única diferença entre a união estável e o

---

[182] LÔBO, Paulo. *Direito Civil*: famílias. 8. ed. São Paulo: Saraiva, 2018. p. 166.

[183] LÔBO, Paulo. *Direito Civil*: famílias. 8. ed. São Paulo: Saraiva, 2018. p. 166.

concubinato, pois ambos preenchem as demais condições. Além disso, a convivência *more uxório* não é obrigatória em nenhum dos dois casos.

Numa análise do que seriam os elementos das entidades familiares do ponto de vista genérico, tanto na união estável quanto no concubinato, é possível vislumbrar afetividade, estabilidade, ostensibilidade e objetivo de constituir família.

Certamente há uma grande facilidade de identificar esses elementos nas uniões estáveis, porque eles independem, inclusive, de manifestação da vontade das partes, haja vista que são requisitos objetivos.

No concubinato, por sua vez, o preenchimento desses elementos é que é capaz de diferenciá-lo de relações não tuteladas legalmente. A ausência de estabilidade ou notoriedade, por exemplo, afasta as relações concubinárias da esfera da não eventualidade. As relações eventuais não são capazes de gerar efeitos jurídicos, aproximando-se muito mais de um namoro, por exemplo.

Em ambos os casos, as relações são marcadas pela total ausência de formalidade. Na França, por exemplo, para caracterização de uma relação estável, é necessária a formalização por meio do *PACS – Pacte Civil de Solidarité*. Inicialmente criado para regulamentar os relacionamentos entre pessoas do mesmo sexo, o PACS é documento obrigatório para pessoas que desejem viver em união estável na França, não havendo qualquer efeito jurídico para aquelas relações não formalizadas, chamadas de uniões livres (*union libre*).[184] Além disso, há diferenças claras entre as pessoas casadas e que vivem por meio do PACS, como por exemplo, a escolha do regime de bens, bem mais restrita para quem optou por viver pelo PACS. A obrigatoriedade de formalização traz exigências, como a maioridade e a capacidade civil para ambas as pessoas e a inexistência de casamento ou outro PACS formalizado.[185]

Como na França, a Argentina tem seu recente Código Civil promulgado em 2014 e o art. 431, que prevê a fidelidade como dever moral dos cônjuges, estendendo a singularidade de relacionamentos às uniões convivenciais (*uniones convivenciales*). Apesar de ter transferido a fidelidade da esfera jurídica para a moral, proibiu, de forma expressa, o

---

[184] As uniões livres podem gerar eventuais efeitos fiscais, mas não geram direitos, apesar de haver coabitação. As pessoas que vivem em uniões livres na França são chamadas de *concubins,* em alusão ao concubinato, e se diferenciam das pessoas que vivem em PACS.

[185] SERVICE-PUBLIC FRANCE. *Qui peut concluire un PACS?* Disponível em: https://www.service-public.fr/particuliers/vosdroits/F1618. Acesso em: 24 jun. 2018.

reconhecimento de uniões simultâneas, em relação às uniões estáveis, no art. 511:

> Título III – *uniones convivenciales*
> Capítulo 1 – *Constitución y prueba*
> [...]
> Art. 511 – Registración. La existencia de la unión convivencial, su extinción y los pactos que los integrantes de la pareja hayan celebrado, se inscriben en el registro que corresponda a la jurisdicción local, sólo a los fines probatorios. *No procede una nueva inscripción de una unión convivencial sin la previa cancelación de la preexistente.*[186] (grifos nossos).

A vedação inibe, portanto, o reconhecimento de uniões simultâneas e se segue ao art. 509, que só reconhece como uniões convivenciais aquelas de caráter singular. Assim, o Código novo trouxe restrições expressas na seara jurídica para as uniões estáveis e, expressamente, flexibilizou o caráter normativo da fidelidade para o casamento, a partir do momento em que a reconheceu como dever moral, portanto, fora da incidência da norma.

Parece bastante contraditória a norma que reconhece a fidelidade como sendo objeto da esfera moral, reconhecendo, por via de consequência, sua aplicação tanto do ponto de vista da fidelidade quanto da infidelidade, mas nega, juridicamente, efeitos aos que se comportarem sem observar a fidelidade, excluindo, portanto, das esferas da validade e da eficácia, mas reconhecendo sua existência.[187]

Essa exigência não existe de forma expressa no Brasil, mas apenas a existência de separação de fato ou judicial para as pessoas casadas, além dos demais impedimentos para o casamento, usados de forma análoga na união estável.

Diferentemente da união estável, que possui restrição expressa para sua formação na hipótese do art. 1.521, inciso VI, quando não houver separação de fato ou judicial, no concubinato, o legislador instituiu que sua ocorrência se dá quando houver a caracterização desse impedimento para as outras duas situações, ou seja, quando um casal mantiver uma relação com impedimento formal e material para o casamento (ou sua conversão), ocorrerá concubinato. É importante observar, ainda, que a legislação não vai além para definir outros

---

[186] ARGENTINA. *Código Civil y Comercial de la Nación*. 1. ed. Ciudad Autónoma de Buenos Aires: Errepar, 2015. p. 222.

[187] BRASILEIRO, Luciana. Relações conjugais simultâneas. *Revista Fórum de Direito Civil*, n. 13, p. 89, set./dez. 2016.

elementos para o concubinato, aplicando-se a ele os requisitos gerais das entidades familiares. No sentir de Paulo Lôbo, "a ausência de lei que regulamente essas uniões não é impedimento para sua existência, porque as normas do art. 226 da Constituição são autoaplicáveis, independentemente de regulamentação".[188]

Interpretar que a existência de impedimento para o casamento é elemento impeditivo para constituição de família seria, por consequência, compreender que o casamento é o único caminho, ou modelo, para as famílias formadas por pares. As pessoas que desejarem a manutenção das relações fáticas terão a mesma proteção legal que as casadas, não sofrerão redução de direitos por isso.

Muito embora seja possível entender que o *animus* do legislador tenha sido o de traçar diferença técnica entre a união estável e o concubinato, sobretudo porque historicamente foram tratados sob a mesma nomenclatura, até 1988, o fato é que a norma possui limites para sua interpretação que se distanciam do que o legislador pensava ou queria ao tempo de sua construção, sob pena de haver colisão com a norma constitucional atual.

Assim, quando duas pessoas mantiverem um relacionamento não eventual, ou seja, estável, estarão em união estável ou em concubinato, a depender da existência, ou não, de outra relação simultânea, ocasião em que haverá impedimento material para a conversão em casamento.

Isso porque ambas as situações se enquadram na hipótese de ato-fato jurídico. Paulo Lôbo, a esse respeito, defende que os efeitos jurídicos se aplicarão independentemente da manifestação de vontade das partes, ou ainda que uma delas manifeste o desinteresse na constituição da união:

> Por ser ato-fato jurídico, a união estável não necessita de qualquer manifestação ou declaração de vontade para que produza seus jurídicos efeitos. Basta sua configuração fática, para que haja incidência das normas constitucionais e legais cogentes e supletivas e a relação fática converta-se em relação jurídica. Pode até ocorrer que a vontade manifestada ou íntima de ambas as pessoas – ou de uma delas – seja a de jamais constituírem união estável; de terem apenas um relacionamento

---

[188] Em seu texto, o autor defende a compreensão das uniões homoafetivas como entidades familiares e justifica a desnecessidade de norma expressa regulamentando-as, pois compreende que, na ausência de lei, aplicam-se, por analogia, as regras das uniões estáveis, haja vista que são as que mais se aproximam das uniões entre pessoas do mesmo sexo. LÔBO, Paulo. *A concepção da União Estável como Ato-Fato Jurídico e suas repercussões processuais*. Disponível em: http://www.evocati.com.br/evocati/artigos.wsp?tmp_codartigo=385. Acesso em: 24 jun. 2018.

CAPÍTULO 4
UNIÃO ESTÁVEL APÓS A CONSTITUIÇÃO FEDERAL DE 1988 | 109

afetivo sem repercussão jurídica e, ainda assim, decidir o Judiciário que a união estável existe.[189]

A compreensão da união estável como ato-fato jurídico, além de estar sendo aplicada nos Tribunais Superiores para julgamento de demandas onde se discute a constituição de união estável e suas repercussões jurídicas, é inclusiva e autoriza a interpretação conforme a constituição de outras conformações familiares.[190]

---

[189] LÔBO, Paulo. *A concepção da União Estável como Ato-Fato Jurídico e suas repercussões processuais.* Disponível em: http://www.evocati.com.br/evocati/artigos.wsp?tmp_codartigo=385. Acesso em: 24 jun. 2018.

[190] O Superior Tribunal de Justiça, aplicando a tese em questão, firmou entendimento nesse sentido: PROCESSUAL CIVIL. AGRAVO EM RECURSO ESPECIAL. ALIMENTOS. SUFICIÊNCIA DA PROVA. FUNDAMENTAÇÃO AUSENTE. DEFICIENTE. SÚMULA 284/STF. REEXAME DE FATOS E PROVAS. INADMISSIBILIDADE. DISSÍDIO JURISPRUDENCIAL. COTEJO ANALÍTICO E SIMILITUDE FÁTICA. AUSÊNCIA. 1. O reexame de fatos e provas em recurso especial é inadmissível. 2. O dissídio jurisprudencial deve ser comprovado mediante o cotejo analítico entre acórdãos que versem sobre situações fáticas idênticas. 3. Agravo conhecido. Recurso especial não conhecido. DECISÃO. Cuida-se de agravo interposto por A P contra decisão que não admitiu recurso especial fundamentado nas alíneas "a" e "c" do permissivo constitucional. Agravo em Recurso Especial interposto em: 24.02.2017. Processo atribuído ao Gabinete em: 28.09.2017. Ação: de reconhecimento e dissolução de união estável ajuizada por E R DE O J em face da agravante. Sentença: julgou improcedente o pedido, condenando o autor às penas por litigância de má-fé. Acórdão: deu parcial provimento ao recurso interposto pelo agravado, em acórdão assim ementado: Ação de reconhecimento e dissolução de união estável julgada improcedente. Recurso do autor. União estável. Entidade familiar constituída por aqueles que convivem em posse do estado de casado, ou com aparência de casamento. Ato-fato jurídico. Desnecessidade de qualquer manifestação de vontade para que produza seus efeitos. Basta a sua configuração fática para que haja incidência das normas constitucionais e legais. Art. 226, §3º da Constituição Federal e art. 1.723 do Código Civil. Diferenciação entre namoro e união estável. Partes que mantiveram relacionamento amoroso por quase oito anos. Declarações às autoridades brasileiras e americanas do estado de casado das partes que não podem ser ignoradas. Provas consistentes indicando a existência de união estável. Partilha de bens que deve levar em consideração a exclusão de bens e valores doados pelos pais da companheira. Art. 1.69 do CC. Partilha dos valores pagos pelo casal, descontado valor já recebido pelo apelante. Litigância de má-fé afastada. Sentença reformada. Recurso parcialmente provido. (e-STJ, fl. 471). Recurso Especial: alega violação do art. 1.723 do Código Civil, bem como divergência jurisprudencial. Sustenta que a convivência estabelecida entre as partes não tinha o propósito de constituir família, não estando presentes os requisitos fixados no art. 1.723 do Código Civil, para a caracterização da união estável. RELATADO O PROCESSO, DECIDE-SE. – Julgamento: CPC/2015 – Do reexame de fatos e provas. Alterar o decidido no acórdão impugnado, no que se refere à existência dos elementos que confirmem a existência de união estável entre as partes, exige o reexame de fatos e provas, o que é vedado em recurso especial pela Súmula 7/STJ. – Da divergência jurisprudencial. Entre os acórdãos trazidos à colação, não há o necessário cotejo analítico nem a comprovação da similitude fática, elementos indispensáveis à demonstração da divergência. Assim, a análise da existência do dissídio é inviável, porque foram descumpridos os arts. 541, parágrafo único, do CPC/73 e 255, §1º, do RISTJ. Forte nessas razões, CONHEÇO do agravo e, com fundamento no art. 932, III, do CPC/2015, NÃO CONHEÇO do recurso especial. Nos termos do art. 85, §11, do CPC/15, considerando o trabalho adicional imposto ao advogado da parte agravada

4.3 A legitimação do concubinato no Código Civil brasileiro

Se antes a expressão concubinato foi utilizada para designar a situação de pessoas que viviam em dois contextos, seja para aquelas que viviam em relacionamentos exclusivos, com o objetivo de constituição de família; seja para aquelas que viviam em relacionamentos marcados pela simultaneidade, com a Constituição Federal de 1988 houve modificação da nomenclatura para a primeira hipótese, que passou a ser conhecida como união estável.

Contudo, apesar do Código Civil não tratar expressamente de algumas das relações familiares que existem implicitamente na Constituição Federal, forçoso reconhecer que o grande passo foi conceder direitos às famílias na perspectiva da simultaneidade. O termo "famílias simultâneas" pode ter inúmeras interpretações, sendo certo que pode ser considerado gênero do qual são espécies algumas conformações familiares. Espécie de famílias simultâneas no âmbito da parentalidade é a relação de multiparentalidade. Nela, pode se atribuir parentalidade a uma pessoa para além do padrão binário de filiação, passando-se a ter mais de um pai e/ou mais de uma mãe. Ainda no contexto da simultaneidade estão as famílias recompostas, que compartilham a guarda de suas respectivas proles, passando a criança a conviver de forma simultânea em dois ambientes, com rotinas estabelecidas e atribuição coletiva de deveres.

Em ambas as hipóteses anteriormente indicadas, houve uma paulatina acomodação da sociedade em relação ao direito dever de cuidado dos filhos, assim como a constatação de que a nova realidade social impõe a assunção de responsabilidades por todos os que participam do planejamento familiar, deslocando os papéis de outrora de "mãe-guardiã" e "pai-provedor" para funções equitativas e compartilhadas. A reestruturação jurídica se deu na primeira hipótese pelo Supremo Tribunal Federal, quando julgou o Tema 622 de Repercussão Geral[191] e em relação à segunda; pode-se dizer que ocorreu após a

---

em virtude da interposição deste recurso, majoro os honorários fixados anteriormente em R$1.000,00. Publique-se. Intimem-se. Brasília (DF), 09 de março de 2018. MINISTRA NANCY ANDRIGHI, Relatora. (BRASIL. Superior Tribunal de Justiça. *AREsp nº 1164936*. Relatora: Ministra Nancy Andrighi. Disponível em: http://www.stj.jus.br/SCON/decisoes/toc.jsp?livre=uni%E3o+est%E1vel+e+ato-fato+jur%EDdico&&b=DTXT&thesaurus=JURIDIC O&p=true. Acesso em: 24 jun. 2018).

[191] O STF julgou o RE nº 898.060, fixando a seguinte tese: a paternidade socioafetiva, declarada ou não em registro, não impede o reconhecimento do vínculo de filiação concomitante, baseada na origem biológica, com os efeitos jurídicos próprios.

CAPÍTULO 4
UNIÃO ESTÁVEL APÓS A CONSTITUIÇÃO FEDERAL DE 1988 | 111

regulamentação do divórcio, em 1977, quando começaram a se formar, de maneira mais ampla, as famílias recompostas e, mais recentemente, com a inclusão da guarda compartilhada no ordenamento jurídico, em 2008, que modificou os arts. 1.583 e 1.584 do Código Civil.

Ainda dentro da perspectiva da simultaneidade familiar, porém no âmbito da conjugalidade, estão as relações concubinárias. Embora o termo *concubinato* ainda traga consigo uma forte carga de preconceito, haja vista sua origem e tradução,[192] o fato é que se trata de uma relação familiar conceituada no art. 1.727 do Código Civil, com efeitos jurídicos próprios. As relações concubinárias ainda suscitam dúvidas diante do atual panorama jurídico, porque, da mesma forma que possuem regras próprias que lhes atribuem efeitos positivos, carregam regras proibitivas de caráter patrimonial e a resistência social diante da oposição à monogamia, tida como norma orientadora do comportamento humano ocidental.

Contudo, se o concubinato não fosse "tipo" familiar, não estaria conceituado no Livro de Família do Código Civil e, ainda, não poderia se enquadrar em outra categoria, uma vez que preenche as características do modelo amplo de entidade familiar tão bem elucidada por Paulo Lôbo como sendo a afetividade, a estabilidade e a ostensibilidade.[193]

Interessante observar que o legislador manteve o termo concubinato para afastar as relações "impuras" da união estável, preocupação esta que, aliás, permeou também as discussões nas audiências públicas da Assembleia Nacional Constituinte,[194] pelo temor de ameaçar os institutos do casamento e da monogamia. Tanto assim que o texto atual do Código traça como diferença entre união estável e concubinato a

---

[192] A concubina era tratada na Bíblia como uma escrava. É possível encontrar trechos onde a mulher é protegida, a exemplo de Deuteronômio (Êx 21.7 – Dt 21.10 a 14). No Direito brasileiro, o concubinato, para ser diferenciado da união estável, chegou a ser chamado de impuro ou adulterino. Em comentário ao Código Civil, Zeno Veloso o caracterizou como *clandestino, velado, desleal, impuro*. VELOSO, Zeno. *Código Civil Comentado*: Direito de família. Alimentos. Bem de Família. União Estável. Tutela e Curatela. Arts. 1.694 a 1.783, vol. XVII. (Coord. Álvaro Vilaça Azevedo). São Paulo: Atlas, 2003. p. 155.

[193] LÔBO, Paulo. *Entidades familiares constitucionalizadas*: para além do *numerus clausus*. Disponível em: http://www.egov.ufsc.br/portal/sites/default/files/anexos/9408-9407-1-PB.pdf. Acesso em: 14 abr. 2018.

[194] Nos registros das atas é possível observar uma grande resistência à incorporação da união estável como modelo de família. Contudo, as discussões também giraram em torno de diferenciar os institutos. A exemplo, o Relator Eraldo Tinoco, ao analisar a proposta de Emenda nº 33 do Senador Nelson Carneiro, que deu redação final ao §3º do art. 226 da Constituição Federal, se colocou como sendo favorável à aprovação, pois *a expressão, além de aperfeiçoar o texto, evita a conotação de que o Estado estimula o concubinato*. Disponível em: http://www.senado.leg.br/publicacoes/anais/asp/CT_Abertura.asp. Acesso em: 13 abr. 2018.

existência, ou não, de separação de fato. Muito embora o identifique pelo "impedimento para o casamento",[195] fato é que o concubinato se distingue da união estável pela ausência de separação de fato. A esse respeito:

> O impedimento para o casamento é amplo, e poderia ser qualquer das hipóteses do art. 1.521. Além disso, como prevê o art. 1.723, §1º, pessoas casadas podem viver em união estável e, nesse caso, estariam impedidas para o casamento. Contudo, resguarda o referido parágrafo o enquadramento para a união estável no caso de pessoas separadas de fato. Sendo assim, o que diferencia a união estável do concubinato é a ausência de separação de fato.[196]

Ao partir desse raciocínio, necessário refletir se o impedimento para o casamento representa por si só impedimento para formação de família.

Essa lógica levaria a deslegitimar as uniões estáveis, haja vista que pessoas separadas de fato podem viver em união estável, por autorização legal, mas estão impedidas de se casar, como já mencionamos.

Ainda em consonância com o entendimento de ampliação das entidades familiares, a afirmação constitucional de laicidade do Brasil deve assegurar a inviabilidade de influência religiosa na interpretação da norma ou, ao menos, não ser o argumento de negativa de direitos, pautado em premissas de ordem religiosa.

Ainda, o Direito Previdenciário inaugurou na jurisprudência uma interpretação inclusiva para o art. 16, inciso I e §3º, da Lei nº 8.213/91, ao estabelecer a possibilidade de rateio da pensão por morte entre mais de uma pessoa beneficiária, pautando-se especialmente no fator da dependência econômica. Contudo, as demandas que chegam ao Judiciário dividem os tribunais entre reconhecer o concubinato como uma relação que gera dependência econômica e, portanto, preenche o requisito previdenciário para a concessão da pensão por morte e, ainda, a tese de que, não sendo o concubinato uma relação de família, não há suporte legal para a concessão da referida pensão.

---

[195] Art. 1.727 As relações não eventuais entre o homem e a mulher, *impedidos de casar*, constituem concubinato (grifo nosso).

[196] BRASILEIRO, Luciana. A plasticidade na boa-fé no concubinato. *In:* EHRHARDT JÚNIOR, Marcos; LÔBO, Fabíola Albuquerque; PAMPLONA FILHO, Rodolfo (Coord.). *Boa-fé e sua aplicação no Direito brasileiro*. Belo Horizonte: Fórum, 2017. p. 194.

O Código Civil, além de conceituar o concubinato, lhe positivando, portanto, prevê seus efeitos jurídicos nos livros destinados aos contratos, às famílias e à sucessão.

4.3.1 O conceito de concubinato e sua legitimação no art. 1.727 do Código Civil brasileiro: da marginalidade à normatização do *heterismo*

Dos artigos que fazem referência ao concubinato, o mais importante deles é, sem dúvida, o que lhe conceitua. O legislador definiu o concubinato como relações não eventuais entre duas pessoas impedidas de se casar.

Superada a questão relativa à necessária diversidade de sexos, haja vista a decisão do Supremo Tribunal Federal na ADI nº 4.277, os requisitos são a não eventualidade e o impedimento para o casamento.

A não eventualidade, por si só, é fator determinante para o concubinato estar contido no Código, porque representa estabilidade. Ela distingue o concubinato de relações esporádicas, que ocorrem casualmente, sem compromisso entre as partes.

Assim sendo, o concubinato é uma relação estável, pois a não eventualidade lhe impõe esta condição e lhe diferencia de pessoas que se relacionam pontualmente.

Outro elemento seria o impedimento para o casamento. Essa análise pura e simples faria concluir que concubinato e a união estável teriam o mesmo sentido, uma vez que o Código Civil autoriza que pessoas impedidas de se casar vivam em união estável, conforme se denota do art. 1.723, §1º.

Contudo, ao estarem previstos no mesmo capítulo, considerando-se ainda o contexto axiológico do concubinato, a diferença entre ele e a união estável está no final do §1º do art. 1.723, qual seja, a existência ou a inexistência de separação de fato, ao menos. É interessante que essa discussão tenha sido alvo de pauta nas reuniões da Constituinte, donde se extraem trechos que demonstravam preocupação com a legitimação da união estável:

> O que me preocupa é que esta forma de igualdade entre a família legítima e a não legítima, venha a trazer praticamente a dissolução desta pelo casamento. Na África, por exemplo, o homem tem duas, três, quatro famílias, desde que ele possa manter, é o costume sul-africano. Aqui no Brasil, não sei se vamos conseguir isso facilmente, porque a família

legítima se souber que o marido tem uma outra família, mesmo não sendo legítima, dá uma briga danada.[197]

E, mais adiante, o Constituinte Flávio Palmier da Veiga, defendendo a hierarquização do casamento: "Sabemos que a proteção à família tem que ser em qualquer área, mas, valorizando um pouco, através da lei, aqueles que são legítimos".[198]

Marcos Alves entende que o artigo em análise representa "indicativo de retrocesso e não de evolução".[199] Segundo ele, o conceito do concubinato veio previsto na legislação com finalidade excludente:

> [...] expulsando do âmbito de proteção entidades familiares que – por força do art. 226 da Constituição Federal e, fundamentalmente, em razão do princípio da dignidade humana – deveriam merecer especial tutela do Estado.[200]

José Fernando Simão, pontuando que a coexistência de mais de uma relação familiar não é sinônimo de concubinato, porque este se resumiria à figura do(a) amante que tem conhecimento do impedimento matrimonial e ainda saberia que dessa relação não há qualquer vantagem.

1 – Concubinato não se refere apenas às pessoas casadas que tenham um amante. Concubinato, definido pelo art. 1727, é a relação não eventual de pessoas impedidas de se casar. Dois irmãos que vivam como se casados fossem são concubinos. O pai e a filha que vivem como se casados fossem são concubinos. Note-se que não são "famílias paralelas". O impedimento do incesto gera concubinato e apenas isso. Qual termo utilizaria a lei para a união de irmãos ou pais e filhos que se comportam como se casados fossem? O "politicamente incorreto", mas tecnicamente perfeito termo concubinato.

2 – Concubinato não significa existência de famílias paralelas. Existem pessoas que são casadas e têm um amante ou uma amante. Não há famílias paralelas, mas apenas sexo. Dou um exemplo. Um homem casado e

---

[197] BRASIL. *Anais da Assembleia Nacional Constituinte, Constituinte Sotero Cunha.* p. 78. Disponível em: file:///C:/Users/lubrasileiro/AppData/Local/Temp/Temp1_audienciap.zip/8c%20-%20 SUB.%20FAM%C3%8DLIA,%20DO%20MENOR%20E%20DO.pdf. Acesso em: 26 jun. 2018.

[198] BRASIL. *Anais da Assembleia Nacional Constituinte, Constituinte Sotero Cunha.* p. 78. Disponível em: file:///C:/Users/lubrasileiro/AppData/Local/Temp/Temp1_audienciap.zip/8c%20-%20 SUB.%20FAM%C3%8DLIA,%20DO%20MENOR%20E%20DO.pdf. Acesso em: 26 jun. 2018.

[199] SILVA, Marcos Alves da. *Da monogamia:* a sua superação como princípio estruturante do direito de família. Curitiba: Juruá, 2013. p. 128.

[200] SILVA, Marcos Alves da. *Da monogamia:* a sua superação como princípio estruturante do direito de família. Curitiba: Juruá, 2013. p. 130.

uma mulher casada (o mesmo vale para dois homens e duas mulheres), todas as quartas-feiras vão juntos a um motel para sexo apenas. É uma relação não eventual que não gera famílias paralelas.

3 – *Concubinato não significa existência de famílias paralelas – parte 2.* Existem pessoas casadas que têm amantes. E isso não configura família paralela. Ela é executiva de renome e contrata como assessor um rapaz. Ela é casada e ele solteiro (o mesmo vale para dois homens ou duas mulheres). Durante as viagens de trabalho e no expediente, o casal se ama com paixão e furor. Após as horas de sexo ele encontra sua namorada e ela regressa ao marido. É uma relação de concubinato em que não há família paralela.[201]

O autor entende que o conhecimento do impedimento inibe a proteção estatal:

> Daí porque dizer que o concubinato é palavra mais que adequada para definir as pessoas casadas com seus amantes por dois motivos: os filhos não merecem a pecha de serem família paralela, pois são filhos e o amante não é companheiro, pois conhece o impedimento matrimonial e dele sabe não advir vantagens.[202]

Apesar de concordar com a ideia central defendida, de que as relações mantidas por pessoas em simultaneidade a outras devem ser reconhecidas pura e simplesmente como entidades familiares, preocupa a afirmação categórica de que o concubinato se restringe às relações entre pessoas que se encontram para ter relações sexuais, especialmente porque, historicamente, o concubinato nunca se restringiu a essa finalidade.

Ao contrário, o concubinato inicialmente formado no Brasil, entre colonos e colonizados, possuía características típicas da união estável, tanto assim que, tempos depois, esta última chegou a ser reconhecida como "concubinato puro" ou "não adulterino".

Contudo, há uma diferença grande entre o sentido da norma e seu efeito. Isso porque, se o sentimento do legislador era diferenciar união estável e concubinato para gerar para o segundo uma regra de exclusão, atualmente, um código que entrou em vigor quinze anos

---

[201] SIMÃO, José Fernando. *Doutrina nem jurisprudência reconhecem prestação de alimentos a amantes.* Disponível em: https://www.conjur.com.br/2017-mai-21/nao-existe-dever-prestar-alimentos-entre-concubinos. Acesso em: 25 jun. 2018.

[202] SIMÃO, José Fernando. *Doutrina nem jurisprudência reconhecem prestação de alimentos a amantes.* Disponível em: https://www.conjur.com.br/2017-mai-21/nao-existe-dever-prestar-alimentos-entre-concubinos. Acesso em: 25 jun. 2018.

depois da Constituição Federal não pode ter a sua leitura e aplicação distanciados da interpretação constitucional, que é inclusiva.[203]

Assim fosse, o legislador teria que ter incluído em sua regra de exclusão para efeitos jurídicos relacionamentos como o namoro, o noivado, a amizade duradoura, como bem define Zeno Veloso:

> As relações episódicas entre pessoas de sexo diferente, ainda que envolvam congresso sexual, porém, sem convivência ou compromisso de manter atualmente um vínculo mais sério ou duradouro, não são união estável nem chegam a ser concubinato. São ligações eventuais, acidentais, não se forma um laço mais estreito ou apertado. Pode-se a isso dar o nome de namoro, "amizade colorida", "relação aberta", etc.[204]

Uma relação dotada de não eventualidade é pública porque há convivência cotidiana, no mínimo, dentro de um ciclo social; é contínua e duradoura porque a própria não eventualidade exige essas duas características; e possui objetivo de constituir família porque, se assim não fosse, não estaria prevista no livro destinado às famílias.

Uma questão que poderia ser colocada em dúvida seria este requisito final, de possibilidade, ou não, de constituição de família, uma vez que o Brasil é pautado pela cultura monogâmica. Assim, seria natural questionar se alguém pode ter o objetivo de constituir família com mais de uma pessoa quando a legislação sempre conceitua os relacionamentos de forma singular, dizendo se tratar de uma relação entre *o homem e a mulher*. Antes de tudo, é importante esclarecer que a existência de mais de um relacionamento, simultaneamente, não

---

[203] EMBARGOS INFRINGENTES. UNIÃO ESTÁVEL PARALELA AO CASAMENTO. RECONHECIMENTO. Ainda que o falecido não tenha se separado de fato e nem formalmente da esposa, existindo a convivência pública, contínua, duradoura e o objetivo de constituir família com a companheira, há que se reconhecer a existência da união estável paralela ao casamento. O aparente óbice legal representado pelo §1º do art. 1723 do Código Civil fica superado diante dos princípios fundamentais consagrados pela Constituição Federal de 1988, principalmente os da dignidade e da igualdade. EMBARGOS INFRINGENTES DESACOLHIDOS POR MAIORIA. (SEGREDO DE JUSTIÇA). (BRASIL. Tribunal de Justiça do Rio Grande do Sul. *Embargos Infringentes nº 70020816831*. Quarto Grupo de Câmaras Cíveis. Tribunal de Justiça do RS. Relator Vencido: Ruy Ruben Ruschel. Redator para Acordão: José Ataídes Siqueira Trindade. Julgado em 14.09.2007. Disponível em: http://www1.tjrs.jus.br/site_php/consulta/consulta_processo.php?nome_comarca=Tribunal+de+Justi%E7a&versao=&versao_fonetica=1&tipo=1&id_comarca=700&num_processo_mask=70020816831&num_processo=70020816831&codEmenta=2078184&temIntTeor=true. Acesso em: 25 jun. 2018).

[204] VELOSO, Zeno. *Código Civil Comentado*: Direito de família. Alimentos. Bem de Família. União Estável. Tutela e Curatela. Arts. 1.694 a 1.783, vol. XVII. (Coord. Álvaro Vilaça Azevedo). São Paulo: Atlas, 2003. p. 155.

CAPÍTULO 4
UNIÃO ESTÁVEL APÓS A CONSTITUIÇÃO FEDERAL DE 1988 | 117

significa a existência de uma relação entre mais de duas pessoas, as reconhecidas uniões poliafetivas.

Mais do que isto, o objetivo de constituir família é elemento do gênero união estável, exigido para diferenciá-lo de relações esporádicas ou, ainda, de um namoro ou noivado, por exemplo, quando o planejamento, se existente, se projeta num tempo futuro.

O objetivo de constituir família, no sentir de Carlos Roberto Gonçalves, ou a *affectio maritalis*, está presente na rotina familiar. O autor aponta como indícios a existência de dependência econômica, de prole, de uma conta bancária conjunta,[205] entre outros elementos que demonstrem, numa análise conjunta, que existe uma cumplicidade presente, já existente entre as pessoas, como ocorre no ato-fato jurídico.

Paulo Lôbo defende que o objetivo de constituir família é elemento de todas as entidades familiares (conjugais) e é o que o diferencia das demais relações, como já mencionado, e entende ainda que "não se confunde com os requisitos ou elementos de existência da entidade familiar".[206]

O Código Civil possui regras claras de exclusão em determinadas situações, como no art. 1.521, que proíbe de casar, sob pena de nulidade, as pessoas casadas. Essa regra existe porque o Código Penal pune quem contrai mais de um casamento, pelo crime de bigamia, que afronta o registro civil. Mas a regra é exclusiva entre casamentos.

Diferente do art. 1.521, que expressa clara proibição, ao prever que *não podem se casar* as pessoas ali elencadas, no art. 1.727 o legislador instituiu a existência de uma relação, por via de consequência, familiar, quando definiu que aquelas relações, dotadas de não eventualidade, *constituem* concubinato.

A interpretação inclusiva constitucional, destarte, impede que o artigo seja lido de forma a excluir ou cercear direitos. Assim fosse, bastava a previsão do art. 1.723, §1º, que não reconhece como a união prevista em seu *caput* os relacionamentos públicos, contínuos e duradouros, com o objetivo de constituição de família, entre pessoas casadas, sem separação de fato.

Em verdade, se analisado isoladamente como uma relação pública, contínua, duradoura, com escopo de constituir família, eventual concubinato será reconhecido como união estável caso não venha à tona a existência de uma relação simultânea, como por exemplo, se duas

---

[205] GOLÇALVES, Carlos Roberto. *Direito Civil Brasileiro*: Direito de família. 13. ed. São Paulo: Saraiva, 2016. v. 6, p. 614.

[206] LÔBO, Paulo. *Direito Civil*: famílias. 8. ed. São Paulo: Saraiva, 2018. p. 168.

pessoas resolverem, consensualmente, pôr fim ao seu relacionamento fático, homologando um acordo de vontades, sem mencionar a existência de outra(s) união(ões). O fato de serem relacionamentos não solenes permite esta hipótese, especialmente se os relacionamentos simultâneos não envolverem um casamento, situação em que não haveria sequer concubinato, mas duas (ou mais) uniões estáveis.

Ao definir o concubinato, em verdade, o legislador possibilitou o reconhecimento dessas relações para as pessoas impedidas de se casar, sem separação de fato.

4.3.2 A atribuição de responsabilidade jurídica a partir da solidariedade. O dever de prestar alimentos a partir da presunção de formação de nova entidade familiar

Ainda no capítulo destinado às famílias, já em relação aos efeitos jurídicos do concubinato, o art. 1.708 prevê a possibilidade de exoneração de alimentos às pessoas que passem a viver em novas conformações familiares. A regra decorre, atualmente, da presunção de que a formação de nova família transfere os deveres de solidariedade e responsabilidade aos novos pares.

Inegável que o artigo em questão foi pensado para punir a mulher que, uma vez credora de alimentos, não constituísse nova relação.[207] Contudo, partindo da perspectiva da interpretação, conforme a Constituição, e analisando os deveres das relações familiares, sabe-se que as pessoas assumem o dever de mútua assistência.

A inclusão do concubinato nesse artigo, como hipótese de exoneração de alimentos do credor, não pode ser interpretada estritamente como punição àquele que passa a viver em uma relação concubinária. Muito pelo contrário, assim como deve ocorrer na união estável e no casamento, um dos efeitos do concubinato é, portanto, o dever de mútua assistência.

---

[207] A mulher está sendo aqui referenciada por ser, na maioria esmagadora das vezes, credora dos alimentos em relação ao homem, haja vista sua, ainda, menor oportunidade de inserção no mercado de trabalho. Então, o artigo deixa a entender que a intenção inaugural seria tê-lo como forma de reprimir a liberdade de se relacionar. A esse respeito, Maria Berenice Dias: *Reconhecer que o concubinato leva à extinção do crédito alimentar tem nítido caráter punitivo e afronta a liberdade sexual do alimentando* (DIAS, Maria Berenice. *Manual de Direito das famílias*. 9. ed. São Paulo: Revista dos Tribunais, 2013. p. 601).

CAPÍTULO 4
UNIÃO ESTÁVEL APÓS A CONSTITUIÇÃO FEDERAL DE 1988 | 119

Esse artigo demonstra que o concubinato gera efeitos jurídicos positivos, devendo ser interpretado tanto para exonerar os alimentos quanto, no sentido inverso, para constituir o dever de alimentar daquele que vive em nova conformação familiar.

Em franca demonstração de preocupação acerca da preservação da liberdade sexual das pessoas, o Conselho da Justiça Federal aprovou o Enunciado 265 em sua III Jornada de Direito Civil, prevendo que, para os casos do concubinato, é necessário haver demonstração de mútua assistência: "Art. 1.708: Na hipótese de concubinato, haverá necessidade de demonstração da assistência material prestada pelo concubino a quem o credor de alimentos se uniu".[208]

A necessidade de aprovação do Enunciado é claramente o reconhecimento de que o artigo teria a finalidade de interferir nas relações privadas, mas não deve ser assim interpretado, por vedação constitucional.

A aplicação lógica, portanto, do artigo seria no sentido de cessarem os alimentos dos credores quando passarem a viver em novos contextos familiares de conjugalidade. Não é o que se observa cotidianamente nos Tribunais. O Superior Tribunal de Justiça concedeu, em decisão questionável, alimentos à concubina. No julgamento do REsp nº 1185337/ RS o STJ reconheceu o direito de preservação de prestação alimentícia à companheira, que manteve relação simultânea com homem casado por mais de 40 anos e pautou a decisão, basicamente, na sua idade e na conclusão de que aquela relação, que perdurou tanto tempo, não mais representava *riscos à manutenção* do casamento. Ou seja, partiu da ideia de que naquela relação havia conhecimento amplo da existência de relacionamentos simultâneos.[209]

---

[208] BRASIL. *Jornadas de Direito Civil I, III, IV e V*: enunciados aprovados. (Coordenador científico Ministro Ruy Rosado de Aguiar Júnior). Brasília: Conselho da Justiça Federal, Centro de Estudos Judiciários, 2012. p. 47. Disponível em: file:///C:/Users/LUBRAS~1/AppData/Local/Temp/compilacaoenunciadosaprovados1-3-4jornadadircivilnum.pdf. Acesso em: 26 jun. 2018.

[209] RECURSO ESPECIAL. CONCUBINATO DE LONGA DURAÇÃO. CONDENAÇÃO A ALIMENTOS. NEGATIVA DE VIGÊNCIA DE LEI FEDERAL. CASO PECULIARÍSSIMO. PRESERVAÇÃO DA FAMÍLIA X DIGNIDADE E SOLIDARIEDADE HUMANA. SUSTENTO DA ALIMENTANDA PELO ALIMENTANTE POR QUATRO DÉCADAS. DECISÃO. MANUTENÇÃO DE SITUAÇÃO FÁTICA PREEXISTENTE. INEXISTÊNCIA DE RISCO PARA A FAMÍLIA EM RAZÃO DO DECURSO DO TEMPO. COMPROVADO RISCO DE DEIXAR DESASSISTIDA PESSOA IDOSA. INCIDÊNCIA DOS PRINCÍPIOS DA DIGNIDADE E SOLIDARIEDADE HUMANAS. DISSÍDIO JURISPRUDENCIAL. INEXISTÊNCIA DE SIMILITUDE FÁTICO-JURÍDICA. 1. De regra, o reconhecimento da existência e dissolução de concubinato impuro, ainda que de longa duração, não gera o dever de prestar alimentos à concubina, pois a família é um bem a ser preservado a qualquer custo. 2. Nada obstante, dada a peculiaridade do caso e em face da incidência dos

A ementa registrou, também, que o concubinato, *ainda que de longa duração*, não gera direito a alimentos, *pois a família é um bem a ser preservado a qualquer custo*. Contudo, nesse caso especificamente, concluíram os julgadores que a relação perdurou por tanto tempo que não trazia mais *riscos à família* e que, portanto, não seria razoável deixar em desamparo a concubina.

Da leitura da ementa não restam dúvidas que o elemento determinante, além da idade da companheira, foi o convencimento dos Ministros de que havia conhecimento da relação simultânea, estando presente o elemento da boa-fé de todas as partes, já que nenhum dos envolvidos teria sido *enganado*, ignorando-se, por completo, os elementos jurídicos que precisavam estar presentes no *decisium*.

Importante ainda destacar no julgado que a hipótese de alimentos é restrita a relações de família, como se denota da leitura do art. 1.694 do Código Civil, que exige relação de parentesco, companheirismo ou casamento e, muito embora tenha registrado que o sistema de alimentos no Brasil comporta outras hipóteses, para além da prevista no art. 1.694 aqui mencionado, o fato é que a relação considerada para ensejar o pensionamento foi a concubinária, aquela prevista no Livro de Família do Código Civil brasileiro.

Por fim, o Relator ressaltou que o fato do alimentante haver provido o sustento da concubina durante mais de 40 anos eliminava dele o direito de se negar à manutenção do custeio e que não havia que se proteger, naquele caso, a família, pois não haveria ameaça a ela.

Não admitir que as relações simultâneas geram efeitos jurídicos, neste caso, seria, em verdade, uma afronta à dignidade da pessoa humana. Além disso, ao partir da premissa que esse casal construiu

---

princípios da dignidade e solidariedade humanas, há de se manter a obrigação de prestação de alimentos à concubina idosa que os recebeu por mais de quatro décadas, sob pena de causar-lhe desamparo, mormente quando o longo decurso do tempo afasta qualquer risco de desestruturação familiar para o prestador de alimentos. 3. O acórdão recorrido, com base na existência de circunstâncias peculiaríssimas – *ser a alimentanda septuagenária e ter, na sua juventude, desistido de sua atividade profissional para dedicar-se ao alimentante; haver prova inconteste da dependência econômica; ter o alimentante, ao longo dos quarenta anos em que perdurou o relacionamento amoroso, provido espontaneamente o sustento da alimentanda* –, determinou que o recorrente voltasse a prover o sustento da recorrida. Ao assim decidir, amparou-se em interpretação que *evitou solução absurda e manifestamente injusta do caso submetido à deliberação jurisprudencial*. 4. Não se conhece da divergência jurisprudencial quando os julgados dissidentes tratam de situações fáticas diversas. 5. Recurso especial conhecido em parte e desprovido. (BRASIL. Superior Tribunal de Justiça. *REsp nº 1185337/RS*. Relator: Min. João Otávio de Noronha, DJ: 17.03.2015. Disponível em: http://www.stj.jus.br/SCON/jurisprudencia/toc.jsp?livre=alimentos+concubina&&b=ACOR&thesaurus=JURIDICO&p=true. Acesso em: 14 abr. 2018).

patrimônio ao longo desse relacionamento de mais de 40 anos, não autorizar a partilha dos bens, acompanhando a linha de raciocínio do próprio Tribunal Superior, geraria enriquecimento ilícito para uma das partes.

Em outro dos julgados analisados,[210] o mesmo Tribunal analisa a possibilidade de exoneração de prestação alimentícia em razão de concubinato, reconhecendo que o art. 1.708 do Código Civil autoriza essa exoneração, por presunção de transferência do dever de solidariedade.

Então nos parece bastante paradoxal o Tribunal justificar que está abrindo uma exceção para manter contribuição alimentar em razão do caso concreto e, em seguida, reconhecer a regra do art. 1.708, positivado para exonerar alimentos de quem vive relação concubinária, em franca demonstração de que ainda pauta suas decisões no *animus* de penalizar quem passa a viver em novo contexto familiar.

4.3.3 Os dispositivos de *proteção* patrimonial no viés seletivo do Código Civil

O Código manteve dispositivo do seu antecedente no que pertine à proteção de quem chamou de "outro cônjuge" em relação ao *adúltero* com seu *cúmplice*.

O art. 550 reproduz a regra prevista no art. 1.177 do Código Civil de 1916 e, de logo, deixa dúvidas quanto ao seu conteúdo, uma vez que o código anterior não admitia sequer o divórcio, até que a Emenda Constitucional nº 09/77 o introduziu no ordenamento jurídico.

---

[210] RECURSO ESPECIAL. PEDIDO DE EXONERAÇÃO DO PAGAMENTO DE PRESTAÇÃO ALIMENTAR. ALEGAÇÃO DE UNIÃO CONCUBINÁRIA MANTIDA PELA CREDORA DOS ALIMENTOS. MATÉRIA RELEVANTE PARA O DESLINDE DA CONTROVÉRSIA, TENDO EM VISTA O DISPOSTO NO ART. 1.708 DO CÓDIGO CIVIL ATUAL. OMISSÃO CONFIGURADA. RECURSO PROVIDO. 1. Nos termos do art. 1.708 do Código Civil de 2002, cessa o dever de prestar alimentos com o casamento, a união estável ou o concubinato do credor. Nesse contexto, a análise da alegação do promovente no sentido de que a recorrida mantém relação concubinária há mais de sete anos é imprescindível para a apreciação do pedido de modificação de cláusulas com a exoneração do pagamento de pensão alimentícia. 2. A colenda Corte estadual, no entanto, deixou de se pronunciar sobre a matéria, tanto no acórdão da apelação quanto no proferido em sede de embargos de declaração, apesar de instada a fazê-lo, restando configurada a violação ao art. 535, II, do Estatuto Processual Civil. 3. Recurso especial conhecido e provido. (BRASIL. Superior Tribunal de Justiça. *REsp nº 1226565/CE*. Relator Min. Raul Araújo. DJ: 14.06.2011. Disponível em: http://www.stj.jus.br/SCON/jurisprudencia/toc.jsp?processo=1226565&&b=ACOR&thesaurus=JURIDICO&p =true. Acesso em: 14 abr. 2018).

Ao reproduzi-lo na regra de 2002, parece que o legislador quis evitar a ocorrência de confusão patrimonial ou ainda, mais propriamente, impedir que as relações concubinárias gerassem efeito patrimonial.

A anulabilidade de doação não impede, no entanto, que haja reconhecimento de bens a partilhar em vida ou na sucessão, sendo apenas vedação à transferência de bens em vida entre as duas partes. Da mesma forma, por exemplo, o legislador previu no art. 544 que "a doação de ascendentes a descendentes, ou de um cônjuge a outro, importa adiantamento do que lhes cabe por herança", determinando que os bens recebidos em vida serão reduzidos da parte que receberão por ocasião da abertura da sucessão do doador.

Chama atenção, no entanto, quando da redação do artigo, para além da anulabilidade, o uso da expressão *cúmplice*, trazendo para a legislação civil um tom de que a relação concubinária seria quase criminosa. É bastante paradoxal que o legislador não tenha proibido as relações concubinárias, haja vista que as legitimaram a partir da conceituação do art. 1.727, mas ao mesmo tempo tenham tentado, como sempre, lhe conferir um tratamento discriminatório, atentatório à dignidade da pessoa humana.

Paulo Lôbo sustenta que a manutenção do artigo só se viabiliza caso não seja declarado inconstitucional, a partir de uma interpretação constitucional, propondo uma distinção entre as "uniões concubinárias estáveis, das relações concubinárias episódicas sem *status familiae*, ou que não preencham os requisitos de estabilidade, afetividade e ostensibilidade".[211]

O autor ainda chama atenção para outro elemento que demonstra que o artigo foi mera repetição do Código de 1916. O prazo decadencial para propositura da demanda de anulação do negócio jurídico se dá a partir da dissolução da sociedade conjugal, tal qual ocorrida na regra revogada.

Contudo, pela regra anterior, havia sentido, haja vista que não existia regulamentação do divórcio, que dissolve o vínculo conjugal. Além disso, considere-se que o divórcio pode ser decretado até mesmo sem que haja partilha de bens.

Por fim, imperioso ressaltar que o legislador deixou até mesmo de fazer ressalva no que pertine ao regime de bens, autorizando que a propositura de demanda anulatória ocorra até nas hipóteses onde o regime é de separação total de bens, caindo em contradição, inclusive,

---

[211] LÔBO, Paulo. *Direito Civil*: contratos. São Paulo: Saraiva, 2011. p. 306.

com o espírito do texto que, ao prever um regime onde os cônjuges e companheiros possuem total liberadade na gestão patrimonial, não poderia jamais admitir esse tipo de interferência, incorrendo-se, portanto, na conclusão de que o artigo tem conteúdo moral.

Já no Livro de Família, o art. 1.642, inciso V, prevê a possibilidade de reivindicação de bens doados pelo cônjuge ao concubino, reafirmando o disposto no art. 550. O inciso em análise prevê a possibilidade de reivindicação de bens transacionados a título gratuito ou até mesmo oneroso entre as pessoas que vivam uma relação concubinária pelo outro cônjuge.

Incorrendo na mesma hipótese do art. 550, que prevê possibilidade de reivindicação de patrimônio ainda que o regime de bens não o comunique, numa clara demonstração de regra de cunho moral. O artigo em questão reproduz o art. 248 do Código Civil de 1916, que previa a reivindicação como direito da mulher casada em seu inciso IV.

Merece destaque que o inciso reconhece a possibilidade do patrimônio ter sido adquirido com esforço comum da pessoa concubinada, ocasião em que excepciona a regra, desde que haja separação de fato por cinco anos. Não é demais mencionar que o prazo, além de excessivo,[212] – não tendo observado sequer o prazo trazido para o divórcio no art. 1.580, de um ano de separação judicial ou dois anos de separação de fato, ambos fulminados pela Emenda Constitucional nº 66 de 2010, que excluiu os prazos para concessão do divórcio – deixa de considerar que as relações de fato entre pessoas separadas constituem união estável, e não concubinato, demonstrando-se o grande equívoco do legislador que em alguns momentos do código confundiu os institutos, em franca falta de revisão textual.

Não haveria dúvidas de que a emenda constitucional fulmina o prazo do inciso V do art. 1.642 e, ainda, que este se restringiu, igualmente, a reproduzir a regra de 1916, quando não existia sequer o divórcio regulamentado no Brasil, tampouco a união estável, protegida pelas regras dos regimes de bens, inclusive.

A interpretação desse artigo de forma restritiva, no sentido de não reconhecer direitos aos concubinos, fere a dignidade da pessoa humana, alçando a relação formada pelo casamento a uma posição hierarquicamente superior, garantindo, ainda, aos cônjuges o direito de reivindicar os bens constituídos nos cinco anos posteriores à dissolução

---

[212] O prazo de cinco anos leva a crer que a regra levou em consideração o que previa a Lei nº 8.971/1994, que tinha como requisito para configuração da união estável o preenchimento do requisito de cinco anos de convivência ou existência de prole.

da sociedade conjugal, pondo em risco a proibição expressa legal de enriquecimento ilícito.

Num outro viés, no entanto, o inciso reconhece que as pessoas que vivem em relações concubinárias podem adquirir patrimônio comum, afastando, de uma vez por todas, o concubinato das relações esporádicas, e sem qualquer efeito jurídico que parte da doutrina e jurisprudência ainda insiste em propagar.

Assim, não se pode admitir que a interpretação desse artigo fuja à regra de vedação ao enriquecimento ilícito, devendo, se muito, ser interpretado de forma restritiva, tanto para reconhecer a possibilidade de reivindicação, pelo cônjuge, de bens componentes de eventual meação, doados ou transferidos, na constância do concubinato, quanto no sentido contrário, autorizando-se as pessoas que vivem em concubinato que façam o mesmo, quando houver doação ou transferência de bem adquirido naquela relação para um casamento ou união estável.

Em matéria sucessória, o art. 1.801 proíbe a nomeação dos concubinos como herdeiros ou legatários. Em mais uma clara confusão terminológica, o legislador previu efeito jurídico negativo ao concubinato, prevendo a impossibilidade de serem os concubinos nomeados herdeiros ou legatários em testamento. Ressalvando as hipóteses de separação de fato, há mais de cinco anos, o legislador, em consonância com o que prevê o art. 550, vedou a deixa testamentária entre concubinos.

A respeito da confusão terminológica, o Conselho da Justiça Federal, em sua III Jornada de Direito Civil, editou o Enunciado 269, firmando o entendimento de que a vedação se restringe à hipótese do concubinato: "Art. 1.801: A vedação do art. 1.801, inc. III, do Código Civil não se aplica à união estável, independentemente do período de separação de fato (art. 1.723, §1º)".[213]

O art. 1.803, por fim, representa exceção ao art. 1.802, que prevê a nulidade das disposições testamentárias em favor de pessoas não legitimadas a suceder, dentre elas, aquelas que vivem em relação concubinária, incluindo-se as deixas feitas mediante *interposta pessoa*. O artigo traz em seu parágrafo único a definição de interposta pessoa, dentre elas, os descendentes.

---

[213] BRASIL. *Jornadas de Direito Civil I, III, IV e V*: enunciados aprovados. (Coordenador científico Ministro Ruy Rosado de Aguiar Júnior). Brasília: Conselho da Justiça Federal, Centro de Estudos Judiciários, 2012. p. 47. Disponível em: file:///C:/Users/LUBRAS~1/AppData/Local/Temp/compilacaoenunciadosaprovados1-3-4jornadadircivilnum.pdf. Acesso em: 26 jun. 2018.

CAPÍTULO 4
UNIÃO ESTÁVEL APÓS A CONSTITUIÇÃO FEDERAL DE 1988 | 125

Assim, o artigo veio para assegurar aos filhos o direito de receber deixa testamentária, quando oriundos de relação concubinária.

Além de coadunar com o que prevê a Constituição Federal em relação à vedação da discriminação dos filhos pela sua origem, a regra reproduz a Súmula nº 447 do Supremo Tribunal Federal,[214] que em 1964 assegurou que os filhos pudessem receber herança ou legado, independentemente de serem oriundos de relação concubinária.

Interessante notar que nesse momento o legislador cuidou de observar a norma constitucional no que tange à proteção das pessoas, restringindo a regra, no entanto, aos filhos.

4.4 Experiência estrangeira – regras expressas de proibição na França e na Argentina

No âmbito da América Latina, outro país que regulamenta as uniões estáveis de forma expressa, com legislação mais recente, promulgada em 2014, é a Argentina.

Contudo, adotando um regime que atualmente se aproxima do modelo francês, as uniões convivenciais são registradas, afastando-se da informalidade da regra brasileira, e constituem prova suficiente para sua existência.[215]

Além de exigir a formalização, o Código determina tempo mínimo de convivência de dois anos e veda, expressamente, como já mencionado, as uniões simultâneas em seus arts. 509, 510 e 523,[216] reafirmando que as uniões devem ser singulares e se consideram cessadas quando houver constituição de uma nova união convivencial.

---

[214] É válida a disposição testamentária em favor de filho adulterino do testador com sua concubina. BRASIL. Supremo Tribunal Federal. *Súmula nº 447*. Disponível em: http://www. stf.jus.br/portal/jurisprudencia/menuSumarioSumulas.asp?sumula=3113. Acesso em: 26 jun. 2018.

[215] *ARTÍCULO 512 – Prueba de la unión convivencial. La unión convivencial puede acreditarse por cualquier medio de prueba; la inscripción en el Registro de uniones convivenciales es prueba suficiente de su existencia.*

[216] *ARTÍCULO 509 – Ámbito de aplicación. Las disposiciones de este Título se aplican a la unión basada en relaciones afectivas de carácter singular, pública, notoria, estable y permanente de dos personas que conviven y comparten un proyecto de vida común, sean del mismo o de diferente sexo. ARTÍCULO 510 – Requisitos. El reconocimiento de los efectos jurídicos previstos por este Título a las uniones convivenciales requiere que: [...] d) no tengan impedimento de ligamen ni esté registrada otra convivencia de manera simultánea; ARTÍCULO 523 – Causas del cese de la unión convivencial. La unión convivencial cesa: [...] c) por matrimonio o nueva unión convivencial de uno de sus miembros;*

A resposta à proibição expressa talvez esteja no art. 402 da legislação argentina, que inaugura o livro dedicado ao Direito Familiar, intitulado *Principio da libertad y de igualdad:*

> Interpretación y aplicación de las normas. Ninguna norma puede ser interpretada ni aplicada en el sentido de limitar, restringir, excluir o suprimir la igualdad de derechos y obligaciones de los integrantes del matrimonio, y los efectos que éste produce, sea constituido por dos personas de distinto o igual sexo.

O artigo consagra a liberdade, certamente na intenção de evitar qualquer ato de opressão às famílias homoafetivas, mas também prevê a proibição à limitação, restrição, exclusão ou supressão no exercício igualitário de direitos e deveres dos integrantes do casamento. Além disso, prevê a fidelidade como dever do casamento, mas, diferentemente do que faz com as uniões convivenciais, não as prevê como impedimento para o casamento. A esse respeito, Gustavo Bossert já alertava para a impossibilidade de uso da analogia, haja vista que as hipóteses de impedimento para o casamento são excepcionais, não comportando interpretação diversa.[217] O autor, igualmente, não enxerga a existência de uma relação estável anterior como hipótese de nulidade para o casamento, esclarecendo que anteriormente a alegação de desconhecimento da existência de relação concubinária com filhos pela mulher já foi motivo de anulação, sob a alegação de vício de consentimento, não cabendo mais, na atualidade, o uso desse argumento.[218]

Na França, o pacto civil de solidariedade é registrado, inclusive, no registro civil dos companheiros, só passando a ter validade a partir do momento em que esta publicidade é assegurada a terceiros.[219] Além disso, o *PACS* exige singularidade e se dissolve com o casamento de um dos companheiros, ou com a morte. Apesar da formação de outro

---

[217] *Dado que los impedimentos matrimoniales son excepciones al principio general de libertad para contraer matrimonio, no puede extenderse la letra expresa de la ley a otras situaciones por vía analógica; el concubinato no entra en el impedimento del citado artículo.* (BOSSERT, Gustavo A. *Régimen jurídico del concubinato.* 4. ed. Buenos Aires: Astrea, 1994. p. 182).

[218] BOSSERT, Gustavo A. *Régimen jurídico del concubinato.* 4. ed. Buenos Aires: Astrea, 1994. p. 181.

[219] *Article 515 – Il est fait mention, en marge de l'acte de naissance de chaque partenaire, de la déclaration de pacte civil de solidarité, avec indication de l'identité de l'autre partenaire. Pour les personnes de nationalité étrangère nées à l'étranger, cette information est portée sur un registre tenu au service central d'état civil du ministère des affaires étrangères. L'existence de conventions modificatives est soumise à la même publicité. Le pacte civil de solidarité ne prend effet entre les parties qu'à compter de son enregistrement, qui lui confère date certaine. Il n'est opposable aux tiers qu'à compter du jour où les formalités de publicité sont accomplies. Il en va de même des conventions modificatives.*

PACS não estar previsto como hipótese de dissolução do anterior, o fato é que a inexistência de *PACS* é requisito para sua formalização, não podendo um casal formalizar seu pacto, se um ou ambos estiver vinculado em pactos anteriores.

É interessante que, assim como no Brasil, a França tem um artigo próprio, dentro do capítulo destinado ao *PACS*, para definir concubinato. No art. 515, os franceses definem o concubinato como uma união de fato, caracterizada por uma vida comum, com caráter de estabilidade e continuidade entre duas pessoas de sexos diferentes ou do mesmo sexo, que vivem em casal.[220] Comumente reconhecido como *unión libre*, o concubinato na França se diferencia do *PACS* por ter menos efeitos jurídicos, ainda que as partes possam ter um certificado de convivência, embora não seja obrigatório. Além disso, para a convivência em união livre também é necessária a coabitação. Contudo, como não há formalização, não há regulamentação dessa convivência, sendo, portanto, fática. A lei francesa não lhe aplica subsidiariamente os efeitos jurídicos do *PACS*, que são restritos.

Contudo, em ambos os casos, a grande diferença para a legislação brasileira reside na exigência de formalização para gerar efeitos jurídicos. Só haverá *PACS* ou *unión convivencial* se não houver uma relação em curso. No Brasil, os requisitos para o reconhecimento das relações estáveis são os mesmos para o reconhecimento de entidades familiares, em sentido lato, ou seja: afetividade, ostensibilidade e estabilidade.

---

[220] *Art. 515 – Le concubinage est une union de fait, caractérisée par une vie commune présentant un caractère de stabilité et de continuité, entre deux personnes, de sexe différent ou de même sexe, qui vivent en couple.* FRANÇA. *Code Civil Français.* Disponível em: https://www.legifrance.gouv.fr/affichCode.do;jsessionid=287DABA85F58FBF8EC0CD9E21C2D3D7F.tplgfr25s_2?idSectionTA=LEGISCTA000006136537&cidTexte=LEGITEXT000006070721&dateTexte=20180628. Acesso em: 27 jun. 2018.

CAPÍTULO 5

A EXTENSÃO DOS EFEITOS JURÍDICOS DE ENTIDADE FAMILIAR AO CONCUBINATO

O argumento fortemente utilizado para não reconhecer efeitos jurídicos positivos (deveres e direitos) às famílias simultâneas é o da monogamia, já utilizada como princípio jurídico, dotado de força normativa.

É importante, portanto, a análise da monogamia no sistema jurídico brasileiro para análise de sua extensão e limites. A monogamia não está prevista expressamente ou sequer afirmada na norma constitucional como princípio. Em verdade, ela está restrita ao contexto da conjugalidade, que é onde ela se aplica nas relações familiares em duas situações: para proibir mais de um casamento (art. 1.521, inciso VI, CCB); e para não reconhecer uma união estável sucessiva a um casamento não desfeito (art. 1.723, §1º, CCB). Em ambos os casos, além da vedação expressa para reconhecimento de nova entidade familiar idêntica, é reforçada pelos deveres de fidelidade para o casamento e lealdade para a união estável. Muito embora haja interpretação diversa no que diz respeito ao dever de lealdade,[221] no sentido de não reconhecer nele o conteúdo da fidelidade, o fato é que essa exigência pode, em algumas circunstâncias, não ser relevante.

De toda forma, é importante tratar da fidelidade e da lealdade, porque aparecem na norma como regra de conduta entre cônjuges e companheiros. São deveres, assim como outros.

---

[221] A este respeito, Paulo Lôbo: *O conceito de lealdade não se confunde com o de fidelidade, restrito aos cônjuges. A lealdade é respeito aos compromissos assumidos, radicando nos deveres morais de conduta.* LÔBO, Paulo. *Direito Civil*: famílias. 8. ed. São Paulo: Saraiva, 2018. p. 173.

Muito embora fidelidade e lealdade apareçam como regra de conduta entre cônjuges e companheiros, é de fundamental importância observar as consequências jurídicas delas. Antes do advento do divórcio, a fidelidade era dever jurídico que deveria ser observado rigorosamente porque seu descumprimento era hipótese de imputação de culpa pelo fim do casamento, com consequências jurídicas como perda do direito a alimentos ou ao uso do sobrenome.[222] Desde o divórcio, no entanto, o Direito caminhou influenciado pela transição entre Estados Liberal e Social, para uma maior autonomia das pessoas nas relações privadas, como menos interferência estatal, o que parece ter ocorrido com regras como fidelidade e lealdade, que, embora devam ser observadas, não devem ser consideradas como normas cogentes, estruturantes da conjugalidade do ponto de vista jurídico.

Se antes era obrigatória a prova da culpa para a concessão do desquite/separação judicial, hoje esta prova é dispensada, considerada até mesmo invasiva da privacidade, não havendo interesse do Estado em tutelar este aspecto, pois representaria verdadeiro atentado à dignidade humana.

Assim, diante desta relativização da lealdade e da fidelidade como deveres jurídicos estruturantes da conjugalidade (normas cogentes), é fundamental ambientar a monogamia no contexto atual, de sorte a identificar se ela deve ter tratamento de norma jurídica e se há, no Brasil, lacuna que permita sua relativização.

É necessário observar esta possibilidade porque a norma civil pátria não traz a proibição expressa da formação de mais de uma entidade familiar, como aqui mencionado. Para além disso, necessário se faz levar em conta o que dispõe o art. 5º da Lei de Introdução às Normas do Direito Brasileiro, que determina uma aplicação da norma que atenda fins sociais e exigências do bem comum.[223]

Quando assim dispõe, coadunando-se com o conceito plural de família, num espírito democrático e inclusivo, torna-se temerária a sistemática de exclusão automática de reconhecimento das famílias simultâneas, sob pena de excluir direitos de pessoas, em razão de um preconceito de sociedade monogâmica não aberta a interpretações outras.

---

[222] Observe-se como o legislador impôs penalidades que parecem ter sido direcionadas apenas para punir a mulher pela culpa, já que o homem nunca costumou adotar sobrenome da esposa, além da relação de dependência econômica ter sido sempre, predominantemente, feminina.

[223] Art. 5º Na aplicação da lei, o juiz atenderá aos fins sociais a que ela se dirige e às exigências do bem comum.

5.1 Bigamia, poligamia, poliafetividade e suas distinções da monogamia

É importante compreender os conceitos de monogamia, bigamia e poligamia, para identificar de que maneira o Brasil admite, conforma ou proíbe cada um deles, com seus respectivos efeitos jurídicos, especialmente em razão de eventuais confusões terminológicas.

A poligamia já foi utilizada no Brasil para tentar obstaculizar a aprovação do divórcio no sistema jurídico. Chamada de poligamia sucessiva, a relação posterior a um casamento dissolvido era maneira de intimidar aquelas pessoas em busca de reconstituição familiar.

Contudo, há clara distinção entre cada um dos termos e sua aplicação prática. Como já trabalhado, a monogamia é regra orientadora das relações afetivas previstas expressamente na Constituição Federal, haja vista que sugere a manutenção de relações exclusivas.

A bigamia está tipificada no art. 235 do Código Penal, configurada como o fato de alguém contrair casamento, já sendo casado ou, ainda, a pessoa que contrai casamento com outra, sabendo que esta é casada. Paulo Lôbo chama atenção para o fato de que a bigamia não se estende a outros tipos familiares, por força do princípio da tipicidade penal, firmando o posicionamento de que a monogamia representa, nesse sentido, "interdição a outro casamento, mas não a outra entidade familiar".[224] Logo, a bigamia é o tipo penal que define como crime o fato de alguém contrair mais de um casamento de forma concomitante, sem dissolução do vínculo anterior.

O que aparentemente diferencia a bigamia e a poligamia (ou poliandria) é a quantidade de relacionamentos. Pela acepção da palavra, na bigamia haverá duplo casamento, ao passo que na poligamia haverá um maior número.[225] [226] Ao diferenciar a poligamia do paralelismo familiar, Paulo Lôbo esclarece que a "família poligâmica é entendida como união conjugal de uma pessoa com várias outras; é uma unidade de convivência conjunta", diferenciando-se das uniões estáveis paralelas, onde há estruturas familiares distintas, "ainda que haja integrante comum, portanto, não se qualificam como poligâmicas".[227]

---

[224] LÔBO, Paulo. *Direito Civil*: famílias. 8. ed. São Paulo: Saraiva, 2018. p. 182.

[225] Do grego bi, dois e gamos, casamento. PEREIRA, Rodrigo da Cunha. *Dicionário de Direito de Família e sucessões ilustrado*. 2. ed. São Paulo: Saraiva Jur, 2018. p. 139.

[226] Do latim *polygamia*, de origem grega, *polys*, muitos e *gamia*, casamento. PEREIRA, Rodrigo da Cunha. *Dicionário de Direito de Família e sucessões ilustrado*. 2. ed. São Paulo: Saraiva Jur, 2018. p. 598.

[227] LÔBO, Paulo. *Direito Civil*: sucessões. São Paulo: Saraiva, 2016. p. 166-167.

Ao tratar historicamente do surgimento da família, Engels aborda a perspectiva das sociedades primitivas, onde não existia monogamia, mas comunidades onde todas as pessoas se relacionavam entre si, em relações sexuais sem entraves.[228] Na história do Brasil Colônia, os muitos registros de bigamia se explicam pelas relações estabelecidas pelos colonos. Segundo Marcos Alves, a explicação para a constituição dos muitos números de bígamos era o fato de que a constituição do casamento representava ascensão social, especialmente quando a união ocorria entre pessoas com patrimônio. Assim, entre cometer a bigamia ou manter-se no sistema de concubinato, algumas pessoas preferiam a primeira, não obstante a pena prevista nas Ordenações Filipinas fosse a de morte.[229] No contexto atual, contudo, o autor esclarece que a bigamia seria um crime contra a fé pública e que não parece razoável presumir que a bigamia protege a família. Ele esclarece que com as mudanças vivenciadas nas relações familiares atuais, especialmente em razão da pluralidade, a bigamia perde força. Quando se interpreta que a família é um espaço de realização pessoal, compreende-se que o poder público não tem o condão de criminalizar o duplo casamento, mas tão somente a falsidade ideológica praticada. Ele conclui que "o crime de bigamia não protege, portanto, as entidades familiares, mas sim, a formalidade pública que tem o casamento".[230]

A poligamia já ocupou espaço de preocupação no Brasil, seja através da sua tipificação no Código Penal do Império, no art. 283 da lei de 1890, seja mais contemporaneamente, quando, na época em que se aprovou o divórcio, chamou-se de poligamia sucessiva a relação seguida da dissolução de um casamento anterior.

Analisada sob um viés antropológico, a poligamia possui funções bem trabalhadas por Claude Lévi-Strauss. O autor analisa o caso do chefe Nambikwara, polígamo em sua pequena tribo. Segundo ele, a poligamia do chefe compromete o equilíbrio da tribo, mas, por ouro lado, traz segurança a partir do momento em que o chefe consegue desempenhar todas as funções dele esperadas, apoiado pelas suas companheiras: "A pluralidade das mulheres é, portanto, ao mesmo

---

[228] ENGELS, Friedrich. *A origem da família, da propriedade privada e do Estado*. São Paulo: Expressão popular, 2010. p. 53.

[229] SILVA, Marcos Alves da. *Da monogamia*: a sua superação como princípio estruturante do direito de família. Curitiba: Juruá, 2013. p. 102.

[230] SILVA, Marcos Alves da. *Da monogamia*: a sua superação como princípio estruturante do direito de família. Curitiba: Juruá, 2013. p. 107.

tempo, a recompensa do poder e o instrumento deste".[231] Lévi-Strauss conclui que a poligamia se estabelece como forma de garantir proteção, que é ofertada pelo chefe, em troca do poder que exerce, privilégio exclusivamente seu:

> A poligamia não contradiz, portanto, a exigência de distribuição equitativa das mulheres, mas apenas superpõe uma regra de distribuição à outra. Com efeito, monogamia e poligamia correspondem a dois tipos de relações complementares, a saber: de um lado, o sistema de auxílios prestados e de auxílios recebidos que liga entre si os membros individuais do grupo; de outro lado o sistema de auxílios dados e recebidos, que liga entre eles o conjunto do grupo e seu chefe.[232]

Ao que parece, a poligamia pode ter sido presente em tribos indígenas como afirmação de poder, coexistindo num sistema também monogâmico, funcionando como exclusividade dos chefes. No Brasil, no entanto, um caso emblemático de poligamia chama atenção nos dias atuais. O índio Parara Waiãpi, de tribo com mesmo nome, na região do Amapá, se casou, segundo as tradições indígenas,[233] com três irmãs e teve quatro filhos. O jovem índio era funcionário do Conselho das Aldeias Waiãpi, com registro anotado em sua Carteira de Trabalho, e veio a óbito, ocasião em que se deu início ao imbróglio para recebimento da pensão por morte e do saldo retido na conta vinculada do FGTS do *de cujus*.

O processo tramitou perante a Justiça Federal da 1ª Região e o pedido foi para recebimento integral da pensão de forma individual. Houve negativa jurisdicional e as viúvas optaram por ratear o saldo em conta do FGTS e a pensão, juntamente com a prole.[234]

Muito embora o caso tenha sido tratado segundo as tradições indígenas, por meio de legislação específica, como determina a Constituição Federal, ele traz pontos que merecem ser ponderados.

Em primeiro plano, a existência de parcela da comunidade brasileira que vive dentro de um sistema que admite, em respeito ao seu patrimônio cultural, a poligamia. Essa recepção não foi discutida

---

[231] LÉVI-STRAUSS, Claude. *As estruturas elementares do parentesco*. 5. ed. Petrópolis: Vozes, 2009. p. 82.

[232] LÉVI-STRAUSS, Claude. *As estruturas elementares do parentesco*. 5. ed. Petrópolis: Vozes, 2009. p. 82.

[233] O casamento se deu porque o sistema de casamentos na tribo é o sororato, onde um índio se casa com irmãs de uma mesma família, em poligamia.

[234] BRASIL. Tribunal Regional Federal da 1ª Região. *Processo nº 2004.31.00.000799-6*. Disponível em: file:///C:/Users/LUBRAS~1/AppData/Local/Temp/dd88e1810ea7e6a0ee3362ef4509d218. pdf. Acesso em: 14 jul. 2018.

no processo, mas a validade, ou não, do pedido, que consistia no pagamento integral da pensão a cada uma das viúvas. O respeito às diferenças culturais levou em consideração a obrigatoriedade de preservação dos costumes indígenas, povo primeiro da sociedade brasileira. É importante, então, reconhecer a existência de comunidades que admitem a poligamia no Brasil.

O outro elemento que chama muita atenção é o fato de que o caso concreto foi finalizado pela homologação de um acordo celebrado entre as viúvas, que aceitaram o rateio da pensão e dividiram também o saldo do Fundo de Garantia. Talvez o acordo não tenha permitido uma maior discussão judicial acerca do tema, mas permite que o projetemos sobre a atual discussão acerca das uniões poliafetivas, junto ao Conselho Nacional de Justiça.

Muito embora as uniões poliafetivas não sejam o cerne dessa pesquisa, que se restringe aos efeitos jurídicos das uniões que se estabelecem de forma simultânea em contextos separados, ou paralelamente, a necessidade de discussão acerca da monogamia enquanto instituto jurídico, ou não, reside também na poliafetividade.

Diferentemente das relações simultâneas, nas uniões poliafetivas o relacionamento é recíproco entre as partes envolvidas, que se unem num único propósito. No sentir de Rodrigo da Cunha Pereira:

> União poliafetiva é a união afetiva estabelecida entre mais de duas pessoas em uma interação recíproca, constituindo família ou não. É o mesmo que poliamor. Nos Brasil, tais uniões são vistas com reservas, em função do princípio da monogamia, base sobre a qual o Direito de Família brasileiro está organizado, embora sejam comuns em ordenamentos jurídicos de alguns países da África e no mundo árabe que adotam o sistema da poligamia. Embora se assemelhem a união poliafetiva se distingue da união simultânea ou paralela, porque nesta, nem sempre as pessoas têm conhecimento da outra relação e geralmente acontece na clandestinidade, ou seja, uma das partes não sabe que o(a) marido/esposa companheiro(a) tem outra relação. Em alguns casos tem-se uma família paralela, em outras apenas uma relação de amantes e da qual não há consequências jurídicas. Na união poliafetiva, todos os envolvidos sabem da existência dos outros afetos, e muitas vezes vivem sob o mesmo teto, compartilhando entre si os afetos.[235]

---

[235] PEREIRA, Rodrigo da Cunha. *Dicionário de Direito de Família e sucessões ilustrado.* 2. ed. São Paulo: Saraiva Jur, 2018. p. 779.

O precedente que gerou a discussão junto ao CNJ se deu em Tupã, São Paulo, no início do ano de 2012, onde três pessoas lavraram uma Escritura Pública de União Poliafetiva, elegendo o regime de comunhão parcial, com administração patrimonial exercida por uma das partes, responsável também pela assistência material. Além disso, registraram que sua intenção com a escritura pública era de:

> Estabelecer as regras para garantia de seus direitos e deveres, pretendendo vê-las reconhecidas e respeitadas social, econômica e juridicamente em caso de questionamentos ou litígios surgidos entre si ou com terceiros tendo por base os princípios constitucionais da liberdade, dignidade e igualdade.[236]

A partir de então, outras escrituras foram lavradas em cartórios no Brasil, o que provocou questionamento realizado através do Pedido de Providências nº 0001459-08.2016.2.00.0000, pela ADFAS – Associação de Direito de Família e Sucessões, que solicitou à Corregedoria Nacional de Justiça a proibição da lavratura das escrituras em questão, sob o argumento de serem (as escrituras) inconstitucionais, afirmando-se a monogamia como orientadora do ordenamento jurídico, pedido procedente e assim ementado:

> EMENTA: PEDIDO DE PROVIDÊNCIAS. UNIÃO ESTÁVEL POLIA-FETIVA. ENTIDADE FAMILIAR. RECONHECIMENTO. IMPOSSIBIL-DADE. FAMÍLIA. CATEGORIA SOCIOCULTURAL. IMATURIDADE SOCIAL DA UNIÃO POLIAFETIVA COMO FAMÍLIA. DECLARAÇÃO DE VONTADE. INAPTIDÃO PARA CRIAR ENTE SOCIAL. MONO-GAMIA. ELEMENTO ESTRUTURAL DA SOCIEDADE. ESCRITURA PÚBLICA DECLARATÓRIA DE UNIÃO POLIAFETIVA. LAVRATURA. VEDAÇÃO. 1. A Constituição Federal de 1988 assegura à família a especial proteção do Estado, abarcando suas diferentes formas e arranjos e respeitando a diversidade das constituições familiares, sem hierarquizá-las. 2. A família é um fenômeno social e cultural com aspectos antropológico, social e jurídico que refletem a sociedade de seu tempo e lugar. As formas de união afetiva conjugal – tanto as "matrimonializadas" quanto as "não matrimonializadas" – são produto social e cultural, pois são reconhecidas como instituição familiar de acordo com as regras e costumes da sociedade em que estiverem inseridas. 3. A alteração jurídico-social começa no mundo dos fatos e é incorporada pelo direito

---

[236] DIAS, Maria Berenice. *Escritura reconhece união afetiva a três.* Disponível em: http://www.ibdfam.org.br/noticias/4862/novositehttp://www.ibdfam.org.br/noticias/4862/novosite. Acesso em: 16 jul. 2018.

de forma gradual, uma vez que a mudança cultural surge primeiro e a alteração legislativa vem depois, regulando os direitos advindos das novas conformações sociais sobrevindas dos costumes. 4. A relação "poliamorosa" configura-se pelo relacionamento múltiplo e simultâneo de três ou mais pessoas e é tema praticamente ausente da vida social, pouco debatido na comunidade jurídica e com dificuldades de definição clara em razão do grande número de experiências possíveis para os relacionamentos. 5. Apesar da ausência de sistematização dos conceitos, a "união poliafetiva" – descrita nas escrituras públicas como "modelo de união afetiva múltipla, conjunta e simultânea" – parece ser uma espécie do gênero "poliamor". 6. Os grupos familiares reconhecidos no Brasil são aqueles incorporados aos costumes e à vivência do brasileiro e a aceitação social do "poliafeto" importa para o tratamento jurídico da pretensa família "poliafetiva". 7. A diversidade de experiências e a falta de amadurecimento do debate inabilitam o "poliafeto" como instituidor de entidade familiar no atual estágio da sociedade e da compreensão jurisprudencial. Uniões formadas por mais de dois cônjuges sofrem forte repulsa social e os poucos casos existentes no país não refletem a posição da sociedade acerca do tema; consequentemente, a situação não representa alteração social hábil a modificar o mundo jurídico. 8. A sociedade brasileira não incorporou a "união poliafetiva" como forma de constituição de família, o que dificulta a concessão de status tão importante a essa modalidade de relacionamento, que ainda carece de maturação. Situações pontuais e casuísticas que ainda não foram submetidas ao necessário amadurecimento no seio da sociedade não possuem aptidão para ser reconhecidas como entidade familiar. 9. Futuramente, caso haja o amadurecimento da "união poliafetiva" como entidade familiar na sociedade brasileira, a matéria pode ser disciplinada por lei destinada a tratar das suas especificidades, pois a) as regras que regulam relacionamentos monogâmicos não são hábeis a regular a vida amorosa "poliafetiva", que é mais complexa e sujeita a conflitos em razão da maior quantidade de vínculos; e b) existem consequências jurídicas que envolvem terceiros alheios à convivência, transcendendo o subjetivismo amoroso e a vontade dos envolvidos. 10. A escritura pública declaratória é o instrumento pelo qual o tabelião dá contorno jurídico à manifestação da vontade do declarante, cujo conteúdo deve ser lícito, uma vez que situações contrárias à lei não podem ser objeto desse ato notarial. 11. A sociedade brasileira tem a monogamia como elemento estrutural e os tribunais repelem relacionamentos que apresentam paralelismo afetivo, o que limita a autonomia da vontade das partes e veda a lavratura de escritura pública que tenha por objeto a união "poliafetiva". 12. O fato de os declarantes afirmarem seu comprometimento uns com os outros perante o tabelião não faz surgir nova modalidade familiar e a posse

CAPÍTULO 5
A EXTENSÃO DOS EFEITOS JURÍDICOS DE ENTIDADE FAMILIAR AO CONCUBINATO | 137

da escritura pública não gera efeitos de Direito de Família para os envolvidos. 13. Pedido de providências julgado procedente.[237]

Interessante observar que a discussão pairou por diversos temas, desde a diferença entre união poliafetiva e poligamia, passando pela competência do CNJ,[238] a exemplo da manifestação da Ministra Cármen Lúcia, ou, ainda, da orientação monogâmica do Brasil. O Min. João Otávio, que funcionou como relator, chegou a afirmar que o Brasil é país com a "cultura de um povo predominantemente cristão".

Ao longo da discussão, houve manifestação no sentido de reconhecer nas uniões poliafetivas sociedade de fato,[239] mas chama atenção, especialmente, a ementa. Isso porque, apesar de ter julgado procedente o Pedido de Providências, que foi pautado no argumento de que as uniões poliafetivas são inconstitucionais e atentatórias à dignidade humana, nomeadas, inclusive, de *engodo,* o voto do Relator foi todo construído sob a base doutrinária contrária aos argumentos utilizados pela associação proponente.

Pautado pela metodologia civil constitucional, ele registra com firmeza a existência de relacionamentos dentro do contexto da interpretação inclusiva, mas vota pela procedência do pedido, aparentemente, por dois argumentos: o de que as uniões poliafetivas ainda não foram incorporadas aos costumes do Brasil, conforme se denota dos itens 7, 8 e 9 da ementa; e o de que o Brasil tem orientação monogâmica. Para isso, utiliza, de forma equivocada, precedente do STJ onde se discute a possibilidade de reconhecimento de uniões estáveis simultâneas, tema da presente pesquisa.

O relator não descarta a possibilidade de reconhecimento futuro da validade das uniões poliafetivas, mas entendeu que a discussão ainda é incipiente para ser albergada pelo CNJ. Decisão política que, apesar de ter firmado, no voto do relator – acompanhado pela maioria –, a

---

[237] ADFAS. *CNJ publica acórdão sobre impossibilidade de reconhecimento de poliafetividade como entidade familiar.* Disponível em: http://adfas.org.br/2018/07/02/cnj-publica-o-julgamento-sobre-impossibildade-de-reconhecimento-de-poliafetividade-como-entidade-familiar/. Acesso em: 16 jul. 2018.

[238] A Ministra Cármen Lúcia se pronunciou firmando posicionamento de que não caberia ao CNJ discutir a existência ou a legalidade das uniões poliafetivas, mas tão somente sobre a possibilidade de lavratura das referidas escrituras públicas, já que são constitutivas de direito, chegando, inclusive, a afirmar que não via óbice à existência fática das relações poliafetivas, que poderiam registrar sua existência através de atas notariais, meramente declaratórias.

[239] O Min. Aloysio Corrêa da Veiga assim se posicionou, ao abrir divergência, e foi acompanhado por Arnaldo Hossepian, Daldice Santana.

discordância da Corregedoria com o conteúdo do pedido formulado pela ADFAS, referendou uma posição excludente, pautada numa posição cultural e não jurídica.

Contudo, existe uma grande diferença cultural entre as famílias poliafetivas e as famílias simultâneas e talvez seja essa a explicação do tema ter sido tratado com tanta rapidez em relação às relações concubinárias: é que nas relações poliafetivas a tutela jurídica atende ao interesse de todas as partes envolvidas que, num mesmo propósito, se relacionam consensualmente e pretendem regulamentar os consequentes efeitos deste relacionamento. Nas famílias simultâneas os interesses são divergentes, pois só há uma das partes que se envolve com as demais. Na poligamia, por sua vez, existe uma das partes que se envolve com outras, como nas famílias simultâneas, porém através do casamento.

Outro ponto que merece atenção diz respeito à bigamia. Como já mencionado, é um crime tipificado no Código Penal que inaugura o título dos crimes contra a família. É necessário analisar, entretanto, que o Código Penal é de 1940, quando não havia ainda a consagração dos princípios atualmente vigentes da Constituição democrática.

Já há, a respeito da bigamia, quem defenda que sua previsão afronta o princípio da lesividade, pois, ao se incluir as entidades familiares plúrimas como entidades familiares propriamente ditas, o delito de bigamia perde seu objeto de proteção (a família) e se torna um obste à instituição da família.[240]

Some-se a isto o fato de que as famílias são protegidas pela mínima intervenção estatal. No Direito Penal, a intervenção mínima exclui as condutas que não revelariam mal social e, ainda, "o Princípio da Fragmentariedade nas Ciências Criminais garante que nem todo o ilícito deve ser convertido e/ou entendido como ilícito penal ante o dever de seleção das práticas que produzam um mal relevante ao bem jurídico protegido".[241]

A própria bigamia, quando confrontada com o princípio da dignidade da pessoa humana e a garantia da pluralidade familiar, ganha contornos de relativização, ainda que esteja tipificada como crime no

---

[240] NASCIMENTO, Hudson Nogueira; SANTOS, Giovana Ferreira Martins Nunes. A (não) recepção do crime de bigamia à luz do princípio da dignidade da pessoa humana das famílias plúrimas, poliafetivas ou socioafetivas. In: Revista dos Tribunais, v. 943, p. 127-151, 2014.

[241] NASCIMENTO, Hudson Nogueira; SANTOS, Giovana Ferreira Martins Nunes. A (não) recepção do crime de bigamia à luz do princípio da dignidade da pessoa humana das famílias plúrimas, poliafetivas ou socioafetivas. In: Revista dos Tribunais, v. 943, p. 127-151, 2014.

ordenamento jurídico vigente, seja em razão da mudança de ponto focal do direito em matéria de família, seja pela garantia da menor intervenção estatal, seja, ainda, diante da necessidade de enxergar as relações familiares pautadas em responsabilidade, que, em nome da moral e dos bons costumes, sempre foram invisibilizadas.

5.2 A descriminalização do adultério

O adultério já foi punido no Brasil, como ainda é em alguns países, e, além de ter estado previsto como crime, era uma das hipóteses de imposição de impedimento para o casamento.[242] A Itália (art. 560 do Código Penal) e a Argentina (art. 118 do Código Penal) são exemplos de países que possuem punições criminais para o adultério, muito embora tenha caído em descrédito.

No Brasil, assim como no México, o adultério foi descriminalizado. A compreensão é de que a prática do adultério não põe em risco a segurança da pessoa ofendida.

O principal, em verdade, é a superação da cultura machista. Isso porque o adultério foi, originalmente, um crime que punia exclusivamente as mulheres, mantido pelas legislações penais até o atual Código, que excluiu a denotação machista.

Para além dessa exclusão, importa perceber que a destipificação do adultério é também o reconhecimento de que a lei penal não pune a prática de ato que atente contra a fidelidade. Atualmente, o Código Penal pune a bigamia, como mencionado, que é ação penal incondicionada, quando o adultério era ação penal privada. Essa diferença precisa ser percebida para que se estabeleça que a bigamia não representa crime de ofensa às pessoas, ou à fidelidade, mas, sim, é ofensa ao casamento.[243] Yvon e Toussaint, na Enciclopédia de Diderot e D◉Alembert, comentam o adultério:

> Os antigos romanos não possuíam lei formal contra o adultério. A acusação e a pena eram arbitrárias. O imperador Augusto foi o primeiro a criar uma lei e teve a infelicidade de vê-la executada contra suas próprias

---

[242] O Código Civil de 1916 assim previa, em seu art.183, inciso VII: *Art. 183*. Não podem casar: [...] *VII* - o cônjuge adúltero com o seu co-réu, por tal condenado.

[243] A esse respeito, Marcos Alves: O bem jurídico protegido pela tipificação da bigamia é a ordem jurídica matrimonial ancorada no princípio da monogamia. Protege, sobretudo, uma dada forma de organização da instituição familiar. SILVA, Marcos Alves da. *Da monogamia*: a sua superação como princípio estruturante do direito de família. Curitiba: Juruá, 2013. p. 104.

crianças: a Lei Júlia estabelecia pena de morte aos culpados. Todavia, embora ela tornasse a acusação de adultério pública e permitida a todos, é certo que o adultério sempre foi considerado, no mais das vezes, um crime doméstico e privado, não um crime público. De tal maneira que raramente se permitia aos estrangeiros levar a cabo a vingança, sobretudo se o casamento era tranquilo e sem queixa do marido.[244]

Atualmente, o adultério não resistiu ao Código Penal, nem é mais utilizado como elemento para atribuição de culpa pelo fim do casamento. Muito embora esteja prevista no art. 1.573, inciso I, do Código Civil, a primeira das hipóteses de atribuição de culpa pelo fim da relação, o fato é que a culpa não é mais objeto de análise no Judiciário, uma vez que se tornou despicienda sua valoração, especialmente depois que a Emenda Constitucional nº 66/2010 retirou o termo *separação judicial* da Constituição Federal.[245]

Assim, o adultério não mais figura como crime, nem como hipótese autorizadora para o fim da sociedade conjugal, persistindo, tão somente, na seara da responsabilidade civil. O adultério é utilizado como hipótese de dano moral e, muito embora haja bastante controvérsia quanto à possibilidade de fixação de indenização, há precedentes importantes que autorizam a imputação desta quando se caracterizar, a partir da prática do adultério, violação aos direitos de personalidade da pessoa traída.

A esse respeito, tramita na Câmara dos Deputados o Projeto de Lei nº 5716/16, de autoria do Deputado Rômulo Gouveia, do PSD/PB. A proposta é de acréscimo ao art. 927 do Código Civil, nos seguintes termos:

> Art. 927-A. O cônjuge que pratica conduta em evidente descumprimento do dever de fidelidade recíproca no casamento responde pelo dano moral provocado ao outro cônjuge.[246]

---

[244] YVON, TOUSSAINT. Adultério. *In*: DIDEROT, Denis; D'ALEMBERT, Jean Le Rond. *Enciclopédia Sociedade e artes*. (Encyclopédie, ou Dictonnaire raisonné des sciences, des artas et des métiers. Trad. Maria das Graças de Souza). São Paulo: Ed. Unesp, 2018. v. 5, p. 29.

[245] Desde que a EC nº 66/2010 alterou o art. 226, §6º, da Constituição Federal, compreendeu-se que a separação judicial não mais existe. Não obstante, o Código de Processo Civil de 2015 manteve a separação em seu texto, sendo compreensível que esta seja utilizada apenas em situações de consenso, quando o casal não deseja pôr fim ao vínculo conjugal.

[246] BRASIL. Câmara dos Deputados. *Projeto de Lei nº 5716/2016*. Disponível em: http://www.camara.gov.br/proposicoesWeb/prop_mostrarintegra;jsessionid=B5176AB7EEC22A496 E04B5B067858D5B.proposicoesWebExterno1?codteor=1473966&filename=Tramitacao-PL+5716/2016. Acesso em: 05 ago. 2018.

Segundo a Justificativa do Projeto, a proposta seria de estatuir a infidelidade conjugal, restrita ao casamento, como hipótese de *culpa civil*, passível de indenização por danos morais, colocando o adultério como hipótese de dano *in re ipsa*, o que parece ser um grande equívoco.

Ora, o dano moral precisa de elementos objetivos para a constituição de um direito à indenização, não sendo certo que toda relação extraconjugal gere dano moral, até porque em algumas situações ela é conhecida e consentida. O projeto parece querer resgatar um cenário que já não faz sentido no Brasil, especialmente no âmbito da responsabilidade civil. A previsão de indenização persiste nos Estados Unidos, onde a alienação de afeto (*alienation of affection* ou *homewrecker*) ainda gera direito a indenizações em alguns estados, com grande força na Carolina do Norte.[247] O conceito, no entanto, não se restringe às traições, mas se estende a qualquer pessoa que influencie um divórcio, como um terapeuta ou parente próximo. Contudo, o seu conceito não tem qualquer harmonia com o sistema jurídico brasileiro, uma vez que o divórcio é exercício de autonomia, não devendo sofrer intervenção estatal.

Além disso, a superação da discussão da culpa no fim dos casamentos representou verdadeiro avanço no Direito Familiar, especialmente no que diz respeito às mulheres, que eram o verdadeiro alvo das previsões legais das consequências de um processo litigioso, fato que é inegável pela simples análise das consequências: perda do direito a alimentos e do direito ao uso do nome de casada.

A previsão legal de uma indenização nos casos de adultério, além de ir em sentido contrário aos avanços legais, é tecnicamente falha, porque o descumprimento de um dever conjugal não gera, necessariamente, violação de um direito fundamental, que requer a sua demonstração.

Se assim fosse, todos os incisos do art. 1.566 do Código Civil deveriam estar contemplados no projeto de lei e não apenas o inciso I, que diz respeito ao adultério.

---

[247] A esse respeito, a recente decisão publicada no Washington Post que determinou o pagamento de uma indenização milionária a um homem que atribuiu a outro a ruína de seu casamento, sob o argumento de que a esposa teria sido seduzida por ele. STANLEY-BECKER, Isaac. *$8.8 million 'alienation of affection' penalty*: another reason not to have an affair in North Carolina. Disponível em: https://www.washingtonpost.com/news/morning-mix/wp/2018/07/31/8-8-million-alienation-of-affection-award-another-reason-not-to-have-an-affair-in-north-carolina/?noredirect=on&utm_term=.4cce7a74da28. Acesso em: 12 ago. 2018.

5.3 Boa-fé nas famílias

A boa-fé é expressão frequentemente utilizada nas demandas relacionadas às famílias simultâneas, seja para conceder, seja para negar direitos. Por se tratar, do ponto de vista subjetivo, da "ignorância do sujeito acerca da existência do direito do outro ou, então, convicção justificada de ter um comportamento conforme o direito; e do ponto de vista objetivo, regra de conduta das pessoas nas relações jurídicas",[248] a boa-fé é usada como balizadora do comportamento humano, conforme o direito.

Embora haja divergências quanto à sua aplicabilidade nas relações familiares, restringindo-se, muitas vezes, seu uso às questões contratuais e, ainda, estar a boa-fé subjetiva mencionada no Livro de Família no que diz respeito à celebração do casamento, a boa-fé objetiva tem sido aplicada como princípio norteador das relações familiares.[249] Paulo Lôbo aponta os efeitos da boa-fé nas relações familiares:

> a) o casamento, mesmo declarado nulo, produz todos os efeitos em relação aos filhos e aos cônjuges de boa-fé; a boa-fé subjetiva assume relevância para permitir a permanência dos efeitos do casamento declarado nulo ou anulável. A boa-fé purifica a invalidade, admitindo efeitos apesar desta; b) para o casamento, não se aplica a regra geral de proteção dos interesses dos terceiros de boa-fé que contraíram negócios com o mandatário, sem este e aqueles saberem do falecimento do mandante (art. 689 do Código Civil); c) a retroação dos efeitos do contrato de regime de bens da união estável tem como limite a proteção dos interesses de terceiros de boa-fé; d) a união estável constituída de boa-fé por ambos os companheiros produz todos os seus efeitos, até a sentença de desconstituição dela, tanto em relação a eles quanto a seus filhos, inclusive os sucessórios; e) [...]; f) [...]; g) a alteração do regime de bens, no casamento ou na união estável, apenas é possível se houver ressalva dos interesses de terceiros de boa-fé; h) quando se tratar de invalidação promovida pelo cônjuge ou companheiro contra o outro, nos casos de oneração e alienação de bens imóveis e de extinção de contrato de fiança, de concessão de aval

---

[248] LÔBO, Paulo. Boa-fé do direito civil: do princípio jurídico ao dever geral de conduta. *In*: EHRHARDT JÚNIOR, Marcos; LÔBO, Fabíola Albuquerque; PAMPLONA FILHO, Rodolfo (Coord.). *Boa-fé e sua aplicação no direito brasileiro*. 2. ed. rev. e atual. Belo Horizonte: Fórum, 2019. p. 17.

[249] Por estar mais relacionada ao casamento de forma específica, a boa-fé está deslocada do capítulo de princípios desta tese, para ser trabalhada neste capítulo, mais destinado aos elementos retóricos de reconhecimento, ou não, das famílias simultâneas.

e de contrato de doação, deverão ser ressalvados os direitos e créditos do terceiro de boa-fé.[250]

A relação de boa-fé, portanto, pode estar vinculada a direitos existenciais, mas principalmente aos efeitos patrimoniais das famílias, resguardando, ora interesses dos cônjuges ou companheiros, ora dos terceiros de boa-fé.

A boa-fé objetiva surge para nortear o comportamento esperado das pessoas, do que se deduz que cada um deveria agir tendo como porto e farol a ética. Nas relações de família, a lealdade representa bem a noção de boa-fé, partindo da premissa de que as partes envolvidas pela afetividade não vão se enganar.

A exemplo, Flávio Tartuce entende que a boa-fé objetiva guarda relação com o casamento e que os seus deveres estão intrinsecamente ligados à boa-fé:

> O primeiro dever é o de fidelidade (art. 1.566, inc. I), que mantém relação direta com a boa-fé objetiva, entendida como uma conduta leal que deve existir entre as partes no negócio jurídico em questão. O segundo dever trata-se da mútua assistência (art. 1.566, inc. II), que também decorre da boa-fé, sendo entendida não só como assistência econômica, mas também como assistência afetiva e moral. Mas, sem dúvida, o dever que mais mantém relação com o dever de lealdade é o de respeito e consideração mútuos (art. 1.566, inc. V).[251]

Apesar de parecer naturalizado o uso da boa-fé objetiva nas relações de família, há importantes críticas ao seu uso como elemento de referência. Anderson Schreiber entende, por exemplo, que a utilização da boa-fé para justificar a exigência de um comportamento ético fragiliza o seu conteúdo científico, na medida em que vem sendo utilizada para fundamentar, muitas vezes, situações que teriam fundamentação jurídica própria, levando a uma espécie de banalização do seu uso, chegando a afirmar que a boa-fé tem sido usada como *receptáculo de todas as esperanças*.[252]

---

[250] LÔBO, Paulo. Boa-fé do direito civil: do princípio jurídico ao dever geral de conduta. *In:* EHRHARDT JÚNIOR, Marcos; LÔBO, Fabíola Albuquerque; PAMPLONA FILHO, Rodolfo (Coord.). *Boa-fé e sua aplicação no direito brasileiro.* 2. ed. rev. e atual. Belo Horizonte: Fórum, 2019. p. 22-23.

[251] TARTUCE, Flávio. *O princípio da boa-fé objetiva no direito de família.* Disponível em: http://www.ibdfam.org.br/_img/congressos/anais/48.pdf. Acesso em: 12 ago. 2018.

[252] SCHREIBER, Anderson. *O princípio da boa-fé objetiva no direito de família.* Disponível em: http://www.ibdfam.org.br/_img/congressos/anais/6.pdf. Acesso em: 12 ago. 2018.

Não é diferente em relação às famílias simultâneas. Superada a utilização pejorativa da expressão concubinato "puro" e "impuro", atualmente a tentativa de afastar as relações concubinárias de um espaço de direitos tem sido o uso das expressões "concubinato de boa-fé" e "concubinato de má-fé", considerando de boa-fé aquele onde há desconhecimento da existência de relações simultâneas e de má-fé aquele onde há conhecimento de múltipla relação. Contudo, esta má-fé se limita, muitas vezes, ao comportamento de uma das partes envolvidas. Quando se faz uso da expressão "concubinato de má-fé", em geral a referência feita é para a pessoa que se relaciona com outra, sendo esta última casada ou vivendo em união estável. O que não se observa aqui é que quem está de má-fé, em verdade, é a pessoa que já possui um primeiro relacionamento, que está traindo a confiança de ambas as pessoas com quem está se relacionando.

Quando a aplicação da norma restringe direito a essa terceira pessoa para assegurar a unidade do primeiro relacionamento, esta está, em verdade, protegendo duas pessoas e desprotegendo uma.

Rodolfo Pamplona apresenta como funções da boa-fé objetiva as seguintes: "função interpretativa e de colmatação; função criadora de deveres jurídicos anexos ou de proteção; e a função delimitadora do exercício de direitos subjetivos".[253] Na primeira das funções, impõe-se ao aplicador do Direito a busca pela melhor aplicação da norma, aquela considerada mais coerente com a realidade vivida, coadunando, portanto, com o que prevê o art. 5º da Lei de Introdução às Normas do Direito Brasileiro. Em seguida, a função de criar deveres jurídicos anexos, ou de proteção, que precisam se conectar com a primeira hipótese, para a criação e a aplicação de uma norma condizente com as realidades vivenciadas. Por fim, a função delimitadora do exercício de direitos subjetivos, que tem por finalidade evitar o abuso de direito. É importante perceber, então, que a boa-fé, diferentemente de existir para restringir direitos ou o próprio exercício deles, tem por escopo proteger as relações jurídicas.

Parece equivocado, portanto, o uso da técnica para atribuir, ou não, efeitos jurídicos às relações simultâneas pautadas na boa-fé, uma vez que o conhecimento ou o desconhecimento não está necessariamente vinculado ao consentimento. A pessoa que desconhece a existência de

---

[253] PAMPLONA FILHO, Rodolfo. Delimitação conceitual do princípio da boa-fé. *In*: EHRHARDT JÚNIOR, Marcos; LÔBO, Fabíola Albuquerque; PAMPLONA FILHO, Rodolfo (Coord.). *Boa-fé e sua aplicação no direito brasileiro*. 2. ed. rev. e atual. Belo Horizonte: Fórum, 2019. p. 41.

uma relação simultânea pode, ao conhecê-la, manter-se no relacionamento, consentindo com a simultaneidade, e aquela pessoa que conhece essa situação não está necessariamente de má-fé. Muito pelo contrário, o conhecimento e a manutenção do relacionamento podem e devem ser interpretados como boa-fé.

A esse respeito, vale observar trecho de emblemática decisão do Tribunal de Justiça de Pernambuco, proferida pelo Des. José Fernandes Lemos:

> No caso em análise, há que se atentar para o fato evidente de que, se o varão esteve no vértice de uma relação angular com duas mulheres, duas casas e duas proles, preenchendo em ambos os núcleos o papel de marido, de provedor e de pai, e que cultivava a compreensão pessoal de que podia integrar duas famílias, e, no seu íntimo, nutria a aberta intenção de fazê-lo. Por outro lado, conforme demonstrado pela prova dos autos, a duplicidade de relacionamentos não era segredo para as companheiras nem para a sociedade, do que se conclui que as relações coexistiam mesmo de maneira declarada, e, pelo menos até certo ponto, pacífica. Esses fatos, aliás, infirmam outro argumento contrário ao reconhecimento da união estável da autora-apelante, qual seja o de que se teria descumprido o dever de lealdade, atribuído aos companheiros pelo art. 1.724 do Código Civil, pois, tendo as consortes aprovado ou tolerado a duplicidade de relações, que, ademais, era pública e ostensiva, não há como classificar como desleal à conduta do varão, que adotou, pelo contrário, uma postura honesta e franca, sem manter em erro as companheiras. Tais circunstâncias, se analisadas com a devida isenção de ânimo, demonstram o caráter familiar da união amorosa mantida pela autora-apelante, que em nada se assemelha às relações clandestinas e furtivas, de finalidade meramente libidinosa. Assim, configurando-se a formação de autênticos núcleos familiares simultâneos, não há razão jurídica para que se exclua um deles da tutela estatal, desmerecendo-o e relegando-o à plena desconsideração, ou, quando muito, à tutela do direito obrigacional.[254]

No julgado, o Relator utilizou como argumento de convencimento para reconhecer a existência de vínculos familiares o conhecimento e a tolerância da duplicidade de relações.

---

[254] BRASIL. Tribunal de Justiça de Pernambuco. *AC nº 296.862-5*. Quinta Câmara Cível. Relator: Des. José Fernandes Lemos. Julgado em 15.04.2014. Disponível em: http://www.tjpe.jus. br/consultajurisprudenciaweb/xhtml/consulta/escolhaResultado.xhtml. Acesso em: 07 set. 2018.

Muito embora a boa-fé não deva ser utilizada como argumento para reconhecer ou negar a legitimidade das relações simultâneas, é recorrente encontrá-la como balizadora de decisões que envolvem dependência econômica, distinguindo boa e má-fé a desconhecimento e conhecimento, respectivamente.

Seria, portanto, de boa-fé aquela relação em que a parte envolvida não tivesse conhecimento de outro relacionamento, o que se convencionou chamar de "união estável putativa".

Exemplos dessa lógica são algumas decisões encontradas no Superior Tribunal de Justiça. No Resp nº 1185337/RS, aqui já mencionado,[255] o STJ reconheceu o direito de preservação de prestação alimentícia à companheira que manteve relação simultânea com homem casado por mais de 40 anos e pautou a decisão, basicamente, na sua idade para justificar o conflito de direitos entre família e dignidade e solidariedade e na conclusão de que aquela relação, que perdurou tanto tempo, não mais representava riscos à manutenção do casamento. Ou seja, partiu da ideia de que naquela relação havia boa-fé, em razão do conhecimento amplo da existência de relacionamentos simultâneos.

É interessante a afirmativa de que o concubinato não gera direito a alimentos, numa tentativa de *blindar* futuras situações análogas, ainda mais sob a alegação de que o objetivo é a *preservação da família*, ainda que seja o concubinato de longa duração. Restaria então indagar qual teria sido o fato autorizador do débito alimentar.

Assim, como é possível perceber, a boa-fé não reside exclusivamente na ausência de conhecimento, mas também na aquiescência de todas as partes envolvidas, quanto à simultaneidade das relações.

Se considerarmos, por exemplo, uma pessoa que se relacione com outras duas, simultaneamente, por anos, sem vínculo de casamento, mas com filhos, com aquisição de patrimônio e, ainda, com dependência econômica, qual dessas pessoas teria o privilégio do reconhecimento da entidade familiar e qual seria preterida? Quais seriam os critérios para a *escolha*? Tempo? Número de filhos? Nenhum deles excluiria a outra relação, ainda que não houvesse prole, já que o planejamento familiar é livre decisão do casal.

Em relação ao tempo, não haveria lógica considerar uma relação que começou primeiro e preterir a outra, como sói ocorrer. Se o Brasil admite o divórcio, por exemplo, seguindo essa lógica de recomposição familiar após a ruptura de um primeiro relacionamento, o segundo a

---

[255] Ver comentários ao art. 1.708 do Código Civil.

surgir deveria invalidar o primeiro. O que parece acontecer para justificar a lógica do primeiro invalidar o segundo é que haveria impedimento (matrimonial) para o reconhecimento do segundo relacionamento. Outra coisa que precisa ser observada é o fato de que o casamento, na jurisprudência, sempre tem sido fator de desconsideração da relação fática. Isso se deve ao fato de que, usualmente, o casamento ocorre antes da formação da relação concubinária. Contudo, ele pode ocorrer depois, quando já existe uma união estável formada. Seria ele, então, um casamento concubinário? Não, porque o concubinato não contempla o casamento, já que ele consiste em relações entre pessoas impedidas de se casar. A convolação das núpcias, então, afasta a expressão *concubinária*. Seria possível, então, haver a constituição de uma união estável seguida de um casamento? A rigor, sim, pois não existe vedação legal. A vedação é de formação de união estável para pessoas casadas sem separação de fato. Mas a pessoa que vive em união estável pode se casar, porque não houve alteração em seu registro civil.

A outra hipótese relacionada à boa-fé diz respeito à relação mantida sob o sigilo, onde uma das partes desconhece a outra relação. Nesse caso, sustenta a doutrina que não se deve proteger a relação concubinária, pois ela desrespeita a monogamia.

É interessante observar como a boa-fé é utilizada tanto para conceder direitos quanto para negá-los, quando, em verdade, a busca pela boa-fé se aproxima muito mais de um argumento para justificar o julgamento moral de cada caso. Isto porque a discussão da boa-fé é irrelevante, pois ela tanto pode se aplicar para justificar a concessão de direitos, quando ela reside no desconhecimento da existência de relações simultâneas, como pode se aplicar quando esse conhecimento é amplo, de todas as partes.[256]

Enquanto não houver a pacificação do entendimento pelo julgamento dos dois temas de repercussão geral, haverá *situações excepcionalíssimas*, em que os Tribunais brasileiros reconhecerão efeitos jurídicos às relações simultâneas, pautados na boa-fé, e situações em que se utilizará o argumento comum de respeito à monogamia, para negar efeitos jurídicos às relações concubinárias.

---

[256] BRASILEIRO, Luciana; HOLANDA, Maria Rita. A proteção da pessoa nas famílias simultâneas. *In*: MENEZES; Joyceane Bezerra de; RUZYK, Carlos Eduardo Pianovski; SOUZA, Eduardo Nunes de (Org.). *Direito Civil Constitucional*: a ressignificação dos institutos fundamentais do direito civil contemporâneo e suas consequências. Florianópolis: Conceito Editorial, 2014.

Da mesma forma, termina se tornando seletiva a aplicação da premissa de que entidade familiar é aquela que preenche os requisitos de ostensibilidade, estabilidade e afetividade. É inegável que as relações de fato comportam análise mais detida e casuística para caracterização, ou não, de relação de família, distanciando desta os relacionamentos furtivos ou sem *animus* de constituição de família.

Mas é igualmente inegável que a concessão de direitos não pode se pautar no sentimento de *fazer justiça* ou, ainda, nos *preconceitos* do julgador a respeito da fidelidade. Parece que o critério *'longa duração'* tem-se mostrado forte argumento para justificar atribuição de efeitos jurídicos, quando há outros fatores determinantes que merecem ser considerados, como a interpretação da norma vigente e dos princípios constitucionais dotados de força normativa.

5.3.1   Casamento putativo

No Direito Familiar, a boa-fé está presente para conceder efeitos jurídicos às pessoas que se casam no que posteriormente será reconhecido como casamento putativo.

O conceito de putatividade se origina do sentimento de proteção dos filhos havidos de casamentos celebrados por ignorância da existência de impedimentos.[257] Ao considerar que ambos os cônjuges se casaram de boa-fé, os efeitos do casamento perduram até a declaração judicial da sua invalidade, como se válido fosse.

A ideia é de proteger as pessoas da relação, partindo da premissa de que desconheciam o fato que obstaculizava a celebração matrimonial. Contudo, quando a boa-fé existe apenas em relação a um dos cônjuges, os efeitos positivos só se aplicam àquele que estava de boa-fé, tudo conforme prevê a legislação vigente, no art. 1.561.

Anderson Schreiber chama atenção para o fato de que, numa interpretação inversa, o casamento, ainda que contraído de má-fé (por uma das partes), vai gerar efeitos jurídicos à outra parte e, ainda, se contraído de má-fé por ambas as partes, resiste em efeitos jurídicos para os filhos.[258] Em relação a isso, traça um paralelo para as uniões estáveis e a impossibilidade de não receberem tratamento isonômico em relação ao casamento.

---

[257] LÔBO, Paulo. *Direito Civil*: famílias. 8. ed. São Paulo: Saraiva, 2018. p. 128.

[258] SCHREIBER, Anderson. *Manual de Direito Civil Contemporâneo*. São Paulo: Saraiva Jur, 2018. p. 839.

5.3.2 União estável putativa

Assim como no casamento, a união estável considerada putativa é representada pela formação de um relacionamento que se estabeleceu com base na boa-fé, sem observar a existência de impedimentos formais para sua configuração.

As consequências são as mesmas do casamento, ou seja: se tiver sido constituída por duas pessoas de boa-fé, até que haja a declaração de invalidade da relação, produzirá efeitos; se apenas houver desconhecimento por uma das partes, haverá efeitos positivos apenas para quem desconhecia; se ambas as partes estavam de má-fé, não haverá putatividade e aplicar-se-ão as regras de direito obrigacional no que pertine aos companheiros, preservando-se tão somente o direito dos filhos, este garantido constitucionalmente, independentemente da origem.

Esse conceito, que atribui efeitos jurídicos apenas aos filhos, remete à ideia de uma *família pela metade*,[259] existindo apenas em relação a eles e excluindo-se os companheiros do contexto familiar, o que parece ser uma grande incongruência.

Se fôssemos aplicar a regra de putatividade às hipóteses possíveis, ou não, de relações, teríamos o seguinte contexto:

a) Constituição de dois casamentos simultaneamente. Nessa circunstância, haveria a impossibilidade, haja vista a proibição expressa com aplicação de penalidade pelo crime de bigamia. A constatação dessa realidade anularia o segundo casamento, mantendo os efeitos pessoais, como prevê o art. 1.561 do Código Civil;

b) Simultaneidade de casamento e união estável, com celebração do casamento num primeiro momento. O casamento não seria inválido, porque não há vedação legal expressa, mas a união estável não se constituiria, aplicando-se ao caso a Súmula nº 380 do STF. Quanto aos filhos, há direitos irrestritos e, quanto ao cônjuge, direito a sucessão, alimentos e pensão previdenciária;

c) Simultaneidade de união estável e casamento, com constituição da união estável num primeiro momento. Não há vedação legal;

d) Simultaneidade de duas uniões estáveis. Não há vedação legal.

Em relação às duas últimas situações, então, é necessário indagar qual seria o critério utilizado para, com base no argumento da monogamia, excluir direitos de uma delas.

---

[259] SCHREIBER, Anderson. *Manual de Direito Civil Contemporâneo*. São Paulo: Saraiva Jur, 2018. p. 839.

Como já mencionamos, o tempo não poderia ser o argumento para invalidar a relação mais recente, especialmente porque aquelas que se estabelecem posteriormente costumam ser as desconsideradas judicialmente, partindo-se da premissa de que se deram em inobservância ao dever de lealdade. Contudo, não pode o tempo ser responsável por preterir uma em detrimento da outra porque seria incompatível com o sistema atual brasileiro, que admite a recomposição familiar após uma dissolução.

Assim, se existe uma união estável constituída, preenchidos todos os seus requisitos objetivos, a insurgência de um casamento sem a sua ruptura nem a invalida, nem ao casamento, pois a hipótese de nulidade para este seria de um casamento prévio.

Igualmente ocorre quanto à constituição de duas uniões estáveis de forma simultânea. Se uma se forma primeiro, não se desconstitui, e uma das partes passa a conviver com uma terceira pessoa de forma pública, contínua, duradoura, com o objetivo de constituição de família, não existe impedimento legal ao seu reconhecimento, pois a lei prevê impedimento para pessoas casadas sem separação de fato.

Assim como o tempo, não pode o (des)conhecimento ser argumento para atribuição de efeitos jurídicos. Se as situações em análise ocorrem com desconhecimento das partes envolvidas (aquelas pessoas que estão convivendo de forma simultânea com quem possui outra conformação familiar), não parece justo, ou razoável, que haja algum critério de escolha para reconhecer uma e preterir outra.

Se, por sua vez, há conhecimento das partes em relação à simultaneidade e, ainda assim, ela persiste, a caracterização da boa-fé, aqui, estará na ausência de impedimento legal e no consentimento, devendo haver reconhecimento das entidades familiares e atribuição positiva de efeitos jurídicos.

CAPÍTULO 6

OS EFEITOS JURÍDICOS DAS FAMÍLIAS SIMULTÂNEAS

Partir da premissa de que a manutenção de relacionamentos simultâneos é legítima, seja em concomitância a um casamento, seja entre relações estáveis, requer uma análise jurídica de seus efeitos, para que seja possível traçar um panorama das consequências existenciais e patrimoniais não apenas entre as partes, mas também em relação a terceiros.

Utilizando a metodologia civil constitucional e a interpretação inclusiva que o art. 226 da Constituição Federal empresta às entidades familiares de forma genérica, às famílias simultâneas caberia uma análise dos aspectos relacionados ao regime de bens e partilha, alimentos, previdência e os sucessórios, para que seja conferida legitimidade às relações concubinárias, sem o ranço histórico da formação cultural da sociedade brasileira.[260] A legitimação desses relacionamentos é necessária, possível e decorre da interpretação da norma despida, sobretudo, de preconceito.

---

[260] As questões relacionadas aos filhos foram superadas depois que a Constituição Federal lhes assegurou a igualdade de direitos, independentemente de origem. Assim sendo, todas as questões relacionadas à filiação terão idênticos efeitos, independentemente da origem ou do modelo familiar.

6.1 A questão previdenciária e seu precedente histórico de proteção das pessoas dependentes economicamente

O Direito Previdenciário tem se aproximado cada vez mais do Direito Familiar pela ampla necessidade de diálogo entre ambos, seja pelo encontro de conceitos, seja pelos problemas suscitados em matéria de previdência, que requer apoio das normas voltadas à família. A compreensão da legislação em relação aos dependentes é uma delas.

Em verdade, as questões relacionadas ao Direito Previdenciário sempre estiveram mais próximas da atribuição de efeitos jurídicos positivos às relações fáticas. Marcos Alves registra que o Decreto nº 24.637, de 10 de julho de 1934, já fazia referência à companheira nos casos de cobertura securitária.[261]

A Constituição Federal de 1988 instituiu a seguridade social em seu art. 194 com a finalidade de assegurar saúde, previdência e assistência social aos cidadãos brasileiros.

No que pertine à previdência social, tema que nos interessa, o art. 201, inciso V, institui o direito à "pensão por morte do segurado, homem ou mulher, ao cônjuge ou companheiro e dependentes". A ideia é garantir que a contribuição obrigatória dos segurados se transforme em proteção à vida digna dos seus dependentes.

De forma mais específica, o art. 16 da Lei nº 8.213/1991 prevê quem são as pessoas beneficiárias do Regime Geral de Previdência Social, estabelecendo em seu inciso I as companheiras e companheiros como tal, delimitando, por oportuno, em seu §3º, que essas pessoas devem viver em união estável, muito embora o texto constitucional não tenha dado margem a esta especificação.

É interessante observar, nesse particular, que, ao definir os dependentes de uma pessoa segurada da previdência social, o legislador pensou, por óbvio, naquelas vinculadas por laços familiares, com quem se estabelece o dever de solidariedade, e por esta razão delimitou a dependência aos parentes mais próximos, alguns em qualquer condição, cônjuges e companheiros (inciso I) e os pais (inciso II), e outros, em condições específicas, como os filhos e irmãos, que percebem até os 21 (vinte e um) anos, ou em qualquer idade, no caso de serem *inválidos, ou tenham deficiência intelectual ou mental, ou deficiência grave* (incisos I e II).

---

[261] SILVA, Marcos Alves da. *Da monogamia*: a sua superação como princípio estruturante do direito de família. Curitiba: Juruá, 2013. p. 117-118.

CAPÍTULO 6
OS EFEITOS JURÍDICOS DAS FAMÍLIAS SIMULTÂNEAS | 153

Ainda em relação aos dependentes, a legislação aponta as circunstâncias onde há dependência presumida, caso em que se enquadram os companheiros, ou aquelas que dependem de prova (art. 16, §4º).

Por fim, a legislação também reconhece efeitos jurídicos para as relações socioafetivas, atribuindo a possibilidade de ter como dependentes o enteado e o menor tutelado desde que haja prova da dependência econômica (art. 16, §2º).[262] Nesse parágrafo em específico, mesmo não havendo registro de filiação, a norma emprestou importância à relação de dependência como mecanismo assecuratório da dignidade dessas pessoas consideradas vulneráveis, demonstrando que o Direito Previdenciário se sobrepõe ao formalismo do Direito Privado.

Apesar de a norma restringir às uniões estáveis a concessão do benefício por morte, o fato é que as demandas analisadas inicialmente pela via administrativa podem ser de famílias simultâneas. Numa consulta ao site do Intituto Nacional do Seguro Social – INSS é possível colher informações básicas para requerer o benefício da pensão por morte, desde as pessoas que são consideradas dependentes até os documentos necessários para comprovação. A pessoa dependente, no caso de ser companheira, deve apresentar elementos que evidenciem a vida em comum, com o objetivo de constituição familiar, dentre eles:

- Certidão de nascimento de filho havido em comum;
- Certidão de casamento Religioso;
- Declaração do imposto de renda do segurado, em que conste o interessado como seu dependente;
- Disposições testamentárias;
- *Declaração especial feita perante tabelião (escritura pública declaratória de dependência econômica);*
- Prova de mesmo domicílio;
- Prova de encargos domésticos evidentes e existência de sociedade ou comunhão nos atos da vida civil;
- Procuração ou fiança reciprocamente outorgada;
- Conta bancária conjunta;

---

[262] O Direito Previdenciário tem trazido para o Direito Privado, especialmente o Familiar, situações concretas que questionam o atual contexto legislativo da norma civil. Ocorreu com as uniões homoafetivas, que só foram reconhecidas muito depois de já haver reconhecimento de dependência para recebimento da pensão por morte entre pessoas de mesmo sexo e vem ocorrendo nas situações de relações simultâneas. Com enteados não foi diferente. A dependência deles se deu por força da Lei nº 9.258/1997, portanto, há mais de 20 anos, reconhecendo que a existência de dependência não pode deixar de ser contemplada, ainda que não exista vínculo formal.

- Registro em associação de qualquer natureza onde conste o interessado como dependente do segurado;
- Anotação constante de ficha ou Livro de Registro de empregados;
- Apólice de seguro da qual conste o segurado como instituidor do seguro e a pessoa interessada como sua beneficiária;
- Ficha de tratamento em instituição de assistência médica da qual conste o segurado como responsável;
- Escritura de compra e venda de imóvel pelo segurado em nome do dependente;
- Declaração de não emancipação do dependente menor de vinte e um anos;
- Quaisquer outros documentos que possam levar à convicção do fato a comprovar.
- Na impossibilidade de serem apresentados 3 (três) dos documentos listados, mas desde que haja pelo menos 1 (um) documento consistente, o requerente do benefício poderá solicitar o procedimento de Justificação Administrativa para fins de comprovação.[263]

Não há dúvidas de que pessoas que vivam relacionamentos simultâneos consigam fazer prova da existência de comunhão de vida, seja pela existência de filhos, de um lar, de contas em comum ou até mesmo da própria dependência econômica. Essa prova distancia as relações concubinárias dos relacionamentos furtivos e as coloca em condição que não pode ser outra senão a de família.

Uma vez concedido o benefício da pensão por morte ou, ainda, judicializado seu pleito, surge para o Direito Previdenciário o dever de se posicionar em relação à viabilidade, ou não, da divisão desse benefício. Partindo-se da premissa, no entanto, de que a prova de dependência econômica é valorada nesta seara, pautada na dignidade das pessoas, em sua maioria mulheres, que durante a vida foram mantidas e assistidas pela pessoa beneficiária, a divisão tem sido deferida, ainda que não haja previsão expressa em lei.

Além do deferimento administrativo, a pensão passou também a ser concedida de forma rateada em decisões judiciais, considerando a total dependência econômica, o afastamento do mercado de trabalho, a solidariedade de uma vida toda. Nelson Carneiro, em aula inaugural do ano letivo da Faculdade de Direito da Universidade Federal do Paraná, em 1959, já apontava para a necessidade de o legislador ocupar

---

[263] BRASIL. *Instituto Nacional do Seguro Social, orientações aos dependentes*. Disponível em: https://www.inss.gov.br/orientacoes/dependentes/. Acesso em: 26 ago. 2018.

seu papel, atribuindo a morosidade de leis voltadas para as mulheres ao fato de haver poucas mulheres votantes:

> Isso explica não hajam sido os que legislam os que, mais assiduamente, têm desbravado o caminho em favor dos direitos da mulher. Essa tarefa vem sendo desempenhada, principalmente, pelos magistrados, por seu próprio dever mais ao contato com os dramas que a vida escreve, à margem da doutrina e dos dispositivos legais. O legislador pode ignorar o problema, retardar o momento de enfrenta-lo, esperar que encontre, à sua revelia, a solução possível. A ação do juiz é imediata, a controvérsia exige uma posição, o fato clama por uma atitude. O congressista dá as fórmulas gerais. O julgador cria, modela aperfeiçoa, constrói a lei ao aplica-la às hipóteses. Em nosso moderno Direito de Família, a norma consagra, em regra, a orientação da jurisprudência. Ou, às vezes, finca os pés num julgado para saltar um passo além.[264]

Contudo, a discussão acerca da possibilidade de rateio, em especial nas circunstâncias onde há evidente existência de relacionamentos simultâneos, ou seja, sem separação de fato,[265] não é pacífica, comportando decisões divergentes seja na primeira instância, nos tribunais de segundo grau e, ainda, nos Superiores.

6.2 Repercussão geral – RE nº 883.168-SC (Tema 526) e RE nº 1045273-SE (Tema 529) – matéria previdenciária com repercussão direta no Direito Familiar

Por não ser pacífica a matéria, o Supremo Tribunal Federal reconheceu a Repercussão Geral de dois temas, de números 526 e 529, onde discutiu os efeitos jurídicos das relações mantidas de forma simultânea nos seguintes termos:

> *Tema 526 – Possibilidade de concubinato de longa duração gerar efeitos previdenciários.* Recurso extraordinário em que se discute, à luz dos artigos 201, V, e 226, §3º, da Constituição Federal, a possibilidade, ou

---

[264] CARNEIRO, Nelson. *Aspectos da crise da família.* Curitiba: Biblioteca da Faculdade de Direito de Curitiba, 1959. p. 06.

[265] Quando há separação de fato ou ainda judicial, o INSS prevê a possibilidade de concessão rateada do benefício se houver demonstração de demanda judicial de alimentos. Assim, o cônjuge, alimentando, comprovando que houve acordo ou sentença deferindo-lhe alimentos, passa a ser dependente juntamente com o outro cônjuge ou companheiro do beneficiário.

não, de reconhecimento de direitos previdenciários (pensão por morte) à pessoa que manteve, durante longo período e com aparência familiar, união com outra casada.

Tema 529 – Possibilidade de reconhecimento jurídico de união estável e de relação homoafetiva concomitantes, com o consequente rateio de pensão por morte. Recurso extraordinário com agravo em que se discute, à luz dos artigos 1º, III; 3º, IV; 5º, I, da Constituição Federal, a possibilidade, ou não, de reconhecimento jurídico de união estável e de relação homoafetiva concomitantes, com o consequente rateio de pensão por morte.[266]

Apesar de terem sido tratados como temas de Direito Previdenciário, ambos possuem como arcabouço o Direito de Família, sendo certo que havia expectativa quanto ao entendimento da corte suprema do país, que, apesar de já haver emitido opinião sobre o tema em 2008, no julgamento emblemático do RE nº 397.762-8/BA, onde definiu a diferença entre união estável e concubinato, mais recentemente firmou seu posicionamento pela interpretação inclusiva do art. 226 da Constituição Federal, reconhecendo a família como *locus* de realização pessoal do ser humano e exaltando princípios constitucionais como o da dignidade da pessoa humana, da solidariedade e da responsabilidade para conceder *status* de família às relações entre pessoas de mesmo sexo.

Inicialmente houve um pedido de uniformização dos julgamentos, mas o fato é que os dois Temas foram julgados em momentos separados, com uma diferença de meses. Apesar do Tema 529 dar destaque à questão da simultaneidade entre relações hetero e homoafetivas, o fato é que às relações homoafetivas já foram assegurados os efeitos jurídicos de entidade familiar, não sendo razoável que ocorressem julgamentos distintos em relação à atribuição, ou não, de reconhecimento da simultaneidade de relacionamentos em ambas as matérias.

Em relação ao Tema 529, ele teve seu julgamento finalizado em dezembro de 2020, de relatoria do Ministro Alexandre de Moraes, que votou pelo improvimento do Recurso, acompanhado dos Ministros Gilmar Mendes, Ricardo Lewandowski, Dias Toffoli, Luiz Fux e Nunes Marques. Surpreendentemente, o Ministro Relator equiparou o casamento à união estável e manifestou o entendimento de que o reconhecimento do rateio da pensão por morte entre duas pessoas em uniões estáveis poderia configurar "bigamia".

---

[266] BRASIL. Supremo Tribunal Federal. *Pesquisa avançada de Repercussão Geral.* Disponível em: http://www.stf.jus.br/portal/jurisprudenciaRepercussao/pesquisarProcesso.asp. Acesso em: 14 abr. 2018.

Por sua vez, os Ministros Edson Fachin, Luís Roberto Barroso, Rosa Weber, Cármen Lúcia e Marco Aurélio votaram favoravelmente ao rateio da pensão, a partir da divergência do Min. Fachin de delimitar o tema à pensão previdenciária e desde que haja caracterização de boa-fé objetiva.[267] O processo foi inicialmente retirado de pauta em razão do pedido de vistas do Min. Dias Toffoli, que, na sequência, aderiu ao voto do Relator, destacando em seu voto, contudo, que não via possibilidade de atribuição de efeitos jurídicos à relação homoafetiva porque não havia ação anulatória proposta em face da primeira união estável

Ao final, fixou-se a seguinte Tese:

> A preexistência de casamento ou de união estável de um dos conviventes, ressalvada a exceção do artigo 1.723, § 1º, do Código Civil, impede o reconhecimento de novo vínculo referente ao mesmo período, inclusive para fins previdenciários, em virtude da consagração do dever de fidelidade e da monogamia pelo ordenamento jurídico-constitucional brasileiro.

É importante compreender que a Repercussão Geral é hipótese de controle de constitucionalidade prevista na Constituição Federal (art. 102, §3º) e no Código de Processo Civil (arts. 1.035 e 1.036), o que significa dizer que a manifestação do Supremo no sentido de atribuir efeitos positivos ao concubinato poderá culminar na inconstitucionalidade dos dispositivos discriminatórios do Código Civil e da norma previdenciária.

A Tese fixada, portanto, representa um grande retrocesso no sistema interpretativo que se construiu, que viabilizava a proteção das pessoas a partir da inclusão das entidades familiares implícitas ao rol exemplificativo do art. 226 da Constituição.

A decisão inaugura um novo momento, porque veda o reconhecimento de duas uniões estáveis, por exemplo, com seus efeitos jurídicos.

O que mais surpreende é que foi uma decisão pautada na monogamia, que foi alçada à condição de norma jurídica, sem qualquer referência ao que o próprio Supremo decidira outrora, quando alçou a afetividade e a dignidade humana a critérios de norma constitucional.

---

[267] GUIAME. Relações Paralelas em pauta no STF. Disponível em: https://guiame.com.br/colunistas/dra-regina-beatriz-tavares-da-silva/relacoes-paralelas-em-pauta-no-stf.html, acesso em: 15 mar. 2020.

Preocupa o fato de que, a partir de agora, famílias verdadeiramente constituídas no Brasil estarão em um espaço de total invisibilidade e desproteção.

Sobre o julgamento, Rodrigo da Cunha Pereira revelou sua preocupação com a inobservância ao dever de responsabilidade:

> Assim, um homem que tenha constituído uma família simultânea nenhuma responsabilidade terá com ela. Endossando uma lógica moralista, o STF continuou preferindo fazer de conta que essas famílias não existem, tirando a responsabilidade de quem, adulto e por livre e espontânea vontade, constitui uma união simultânea a outra, pois nenhuma responsabilidade ele terá com esta segunda família. Ouso dizer que atualmente as famílias multiespécies — aquelas formadas por humanos e animais de estimação — têm conquistado mais direitos e reconhecimento do que as simultâneas. Estas, assim como as poliamorosas, não "cabem" à mesa na ceia de Natal.[268]

Desde então, as famílias simultâneas estão, portanto, sem qualquer norte de orientação jurídica, por não possuírem efeitos jurídicos familiares, após um julgamento que teve como norte a discussão da monogamia.

O tema possui muitas interpretações divergentes. O Superior Tribunal de Justiça registra atualmente 258 (duzentos e cinquenta e oito) acórdãos sobre concubinato. Deles, 100 (cem) foram julgados após a entrada em vigor do Código Civil de 2002. O Supremo Tribunal Federal possui 221 (duzentos e vinte um) acórdãos, sendo 15 (quinze) julgados a partir da vigência do Código Civil de 2002.[269]

Dos acórdãos analisados no Superior Tribunal de Justiça, cujo julgamento se deu após a vigência do Código Civil de 2002, 29 (vinte nove) tratavam de demandas de Direito Previdenciário, mais

---

[268] PEREIRA, Rodrigo da Cunha. *STF premia a irresponsabilidade ao negar rateio de pensão para união simultânea*. Disponível em: https://ibdfam.org.br/artigos/1616/STF+premia+a+irresponsabilidade+ao+negar+rateio+de+pens%C3%A3o+para+uni%C3%A3o+simult%C3%A2nea. Acesso em: 31 jul. 2021.

[269] Pesquisa realizada em 14 de abril de 2018, nos endereços eletrônicos dos respectivos tribunais, utilizando como argumento de pesquisa as expressões *concubina, concubino, concubinagem* e *concubinato*. O resultado com maior volume foi o da expressão *concubinato*, termo que também consideramos mais adequado para os resultados procurados, haja vista que o objetivo foi mapear as matérias discutidas nos tribunais superiores sobre a entidade concubinato.

propriamente sobre a possibilidade de rateio da pensão por morte; 10 (dez) acerca da possibilidade de indenização por serviços domésticos prestados (delas, seis favoráveis à indenização e quatro contrárias); 04 (quatro) não tinham relação com a pesquisa;[270] e 57 (cinquenta e sete) tratavam de temas relacionados a Direito de Família e Sucessões, sendo que deles 21 (vinte e um) abordavam a união estável, mas utilizando a expressão concubinato em seu lugar.

Em relação ao Supremo Tribunal Federal, dos 15 (quinze) recursos julgados a partir da vigência do Código Civil de 2002, 01 (um) dizia respeito à possibilidade de indenização por serviços domésticos prestados, 08 (oito) tratavam da possibilidade de rateio da pensão por morte em matéria previdenciária e 06 (seis) discutiam matérias mais relacionadas a Direito de Família e Sucessões, sendo que em 03 (três) deles a expressão concubinato é utilizada no lugar de união estável.

É bastante interessante observar na pesquisa alguns fatores. O primeiro deles diz respeito ao tempo atual. Isto porque os acórdãos mais recentes são desfavoráveis à concessão da indenização por serviços domésticos prestados, em relação aos mais antigos, que asseguravam esta possibilidade especialmente quando não havia bens a partilhar, deixando a entender que a referida indenização proporcionava, do ponto de vista de justiça, uma *compensação*, num franco reconhecimento de responsabilidade e solidariedade, numa época em que ainda não havia a definição e a garantia da relação trabalhista, já que se considerava serviço prestado. Os julgados mais recentes, por outro flanco, negam o direito em questão, por entender que essa possibilidade traria para o concubinato uma garantia que não existe nem para o casamento, nem para a união estável, categorizando como uma entidade inferior o concubinato, a exemplo dos Recursos Especiais nº 988090/MS e nº 872659/MG, que merecem destaque:

> DIREITO CIVIL. CONCUBINATO. INDENIZAÇÃO DECORRENTE DE SERVIÇOS DOMÉSTICOS. IMPOSSIBILIDADE. INTELIGÊNCIA DO ART. 1.727 DO CC/02. INCOERÊNCIA COM A LÓGICA JURÍDICA ADOTADA PELO CÓDIGO E PELA CF/88, QUE NÃO RECONHECEM DIREITO ANÁLOGO NO CASAMENTO OU UNIÃO ESTÁVEL. RECURSO ESPECIAL CONHECIDO E PROVIDO. 1. A união estável pressupõe ou ausência de impedimentos para o casamento ou, ao menos, separação de fato, para que assim ocorram os efeitos análogos aos do casamento, o que permite aos companheiros a salvaguarda de

---

[270] Relacionavam-se a demandas de *habeas corpus* em estupro presumido, fazendo menção à discussão de existência de concubinato com o algoz.

direitos patrimoniais, conforme definido em lei. 2. Inviável a concessão de indenização à concubina, que mantivera relacionamento com homem casado, uma vez que *tal providência eleva o concubinato a nível de proteção mais sofisticado que o existente no casamento e na união estável*, tendo em vista que nessas uniões não se há de falar em indenização por serviços domésticos prestados, porque, verdadeiramente, de serviços domésticos não se cogita, senão de uma contribuição mútua para o bom funcionamento do lar, cujos benefícios ambos experimentam ainda na constância da união. 3. Na verdade, conceder a indigitada indenização *consubstanciaria um atalho para se atingir os bens da família legítima*, providência rechaçada por doutrina e jurisprudência. 4. Com efeito, por qualquer ângulo que se analise a questão, a concessão de indenizações nessas hipóteses testilha com a própria lógica jurídica adotada pelo Código Civil de 2002, *protetiva do patrimônio familiar*, dado que a família é a base da sociedade e recebe especial proteção do Estado (art. 226 da CF/88), *não podendo o Direito conter o germe da destruição da própria família*. 5. Recurso especial conhecido e provido.[271] (grifos nossos).

Direito civil. Família. Recurso especial. Concubinato. Casamento simultâneo. Ação de indenização. Serviços domésticos prestados. – Se com o término do casamento não há possibilidade de se pleitear indenização por serviços domésticos prestados, tampouco quando se finda a união estável, *muito menos com o cessar do concubinato haverá qualquer viabilidade de se postular tal direito, sob pena de se cometer grave discriminação frente ao casamento, que tem primazia constitucional de tratamento*; ora, se o cônjuge no casamento nem o companheiro na união estável fazem jus à indenização, *muito menos o concubino pode ser contemplado com tal direito, pois teria mais do que se casado fosse*. – A concessão da indenização por serviços domésticos prestados à concubina *situaria o concubinato em posição jurídica mais vantajosa que o próprio casamento, o que é incompatível com as diretrizes constitucionais fixadas pelo art. 226 da CF/88* e com o Direito de Família, tal como concebido. – A relação de cumplicidade, consistente na troca afetiva e na mútua assistência havida entre os concubinos, ao longo do concubinato, em que auferem proveito de forma recíproca, cada qual a seu modo, seja por meio de auxílio moral, seja por meio de auxílio material, não admite que após o rompimento da relação, ou ainda, com a morte de um deles, a outra parte cogite pleitear indenização por serviços domésticos prestados, o que *certamente caracterizaria locupletação ilícita*. – Não se pode mensurar o afeto, a intensidade do próprio sentimento, o desprendimento e a solidariedade na dedicação mútua que se visualiza entre casais. O amor não tem preço. Não há valor econômico em uma relação afetiva. *Acaso houver necessidade de dimensionar-se a questão em*

---

[271] BRASIL. Superior Tribunal de Justiça. *REsp nº 988090/MS*. Relator: Min. Luis Felipe Salomão. DJ: 02.02.2010. Disponível em: http://www.stj.jus.br/SCON/jurisprudencia/toc.jsp?processo=988090&&b=ACOR&thesaurus=JURIDICO&p=true. Acesso em: 14 abr. 2018.

termos econômicos, poder-se-á incorrer na conivência e até mesmo estímulo àquela conduta reprovável em que uma das partes serve-se sexualmente da outra e, portanto, recompensa-a com favores. – Inviável o debate acerca dos efeitos patrimoniais do concubinato quando em choque com os do casamento pré e coexistente, porque definido aquele, expressamente, no art. 1.727 do CC/02, como relação não eventual entre o homem e a mulher, impedidos de casar; a disposição legal tem o único objetivo de colocar a salvo o casamento, instituto que deve ter primazia, ao lado da união estável, para fins de tutela do Direito. Recurso especial do Espólio provido. Recurso especial da concubina julgado prejudicado.[272] (grifos nossos).

O entendimento foi alterado em relação à anteriormente pacificada compreensão de possibilidade de indenização no concubinato, com vasto precedente daquele Tribunal:

CIVIL E PROCESSUAL. CONCUBINATO. RELAÇÃO EXTRACONJU-GAL MANTIDA POR LONGOS ANOS. VIDA EM COMUM CONFI-GURADA AINDA QUE NÃO EXCLUSIVAMENTE. INDENIZAÇÃO. SERVIÇOS DOMÉSTICOS. PERÍODO. OCUPAÇÃO DE IMÓVEL PELA CONCUBINA APÓS O ÓBITO DA ESPOSA. DESCABIMENTO. PEDIDO RESTRITO. MATÉRIA DE FATO. REEXAME. IMPOSSIBILIDADE. SÚMULA Nº 7-STJ. I. Pacífica é a orientação das Turmas da 2ª Seção do STJ no sentido de indenizar os serviços domésticos prestados pela concubina ao companheiro durante o período da relação, direito que não é esvaziado pela circunstância de ser o concubino casado, se possível, como no caso, identificar a existência de dupla vida em comum, com a esposa e a companheira, por período superior a trinta anos. II. Pensão devida durante o período do concubinato, até o óbito do concubino. III. Inviabilidade de ocupação pela concubina, após a morte da esposa, do imóvel pertencente ao casal, seja por não expressamente postulada, seja por importar em indevida ampliação do direito ao pensionamento, criando espécie de usufruto sobre patrimônio dos herdeiros, ainda que não necessários, seja porque já contemplada a companheira com imóveis durante a relação, na conclusão do Tribunal Estadual, soberano na interpretação da matéria fática. IV. "A pretensão de simples reexame de prova não enseja recurso especial" – Súmula nº 7-STJ. V. Recurso especial conhecido em parte e, nessa parte, parcialmente provido.[273]

---

[272] BRASIL. Superior Tribunal de Justiça. *REsp nº 872659/MG*. Relatora: Min. Nancy Andrighi. DJ: 25.08.2009. Disponível em: http://www.stj.jus.br/SCON/jurisprudencia/toc.jsp?processo=872659&&b=ACOR&thesaurus=JURIDICO&p=true. Acesso em: 14 abr. 2018.

[273] BRASIL. Superior Tribunal de Justiça. REsp nº 303604/SP. Relator: Min. Aldir Passarinho JÚNIOR. DJ: 20.03.2003. Disponível em: http://www.stj.jus.br/SCON/jurisprudencia/toc.jsp?processo=303604&&b=ACOR&thesaurus=JURIDICO&p=true. Acesso em: 14 abr. 2018.

Como já mencionado, o Superior Tribunal de Justiça tem demonstrado maior restrição às relações simultâneas, afastando sua compreensão de que são famílias. Chama atenção o fato de que o Tribunal responsável pela verificação da aplicação de lei federal, como é o Código Civil, desvirtue a norma. Nos julgados em testilha observa-se a forte influência cultural de preconceito com as relações concubinárias, quando da leitura de expressões como "germe da destruição", "conduta reprovável" ou ainda "uma das partes serve-se sexualmente da outra e, portanto, recompensa-a com favores", todas destacadas, reduzindo as "relações não eventuais" a encontros ilícitos, ilegítimos, quase criminosos.

O Tema 526, por sua vez, teve seu julgamento concluído em agosto de 2021 no mesmo sentido, fixando-se a seguinte tese:

> É incompatível com a Constituição Federal o reconhecimento de direitos previdenciários (pensão por morte) à pessoa que manteve, durante longo período e com aparência familiar, união com outra casada, porquanto o concubinato não se equipara, para fins de proteção estatal, às uniões afetivas resultantes do casamento e da união estável.

A decisão teve maioria, vencido o Min. Edson Fachin, que firmou o seu entendimento na tese da boa-fé objetiva para reconhecer as relações fáticas, pautadas ainda na dependência econômica. Como é possível observar, o Supremo manteve o entendimento do julgamento anterior, limitando-se a distanciar o concubinato do casamento e da união estável. A tese contradiz o entendimento do próprio tribunal e da Constituição Federal, de que o art. 226 é inclusivo e que o sistema legal não comporta tratamentos discriminatórios.

As decisões deixam agora mais dúvidas que respostas.

Em relação ao Tema 529, a decisão não estabeleceu os critérios para identificação daquele que seria o núcleo detentor dos direitos familiares, ou não. Apesar de ter efeito vinculante, caberá ao Judiciário o papel de aferir qual dos núcleos é a "família".

Isto porque o Brasil, marcado pela diversidade, tem como critérios definidores de família a ostensibilidade, afetividade e durabilidade. Não existe hierarquia entre casamento e união estável. A existência, ou não de filhos, não é determinante. A coabitação é dispensável na união estável. Sendo assim, quando houver duas demandas simultâneas de reconhecimento e dissolução de união estável, ou até mesmo de união estável simultânea ao casamento, caberá ao Judiciário decidir qual delas será contemplada e qual delas será excluída dos efeitos jurídicos. Em relação ao Tema 526, a tese só se aplica ao concubinato, ou seja, quando

CAPÍTULO 6
OS EFEITOS JURÍDICOS DAS FAMÍLIAS SIMULTÂNEAS | 163

a relação não eventual for simultânea a um casamento, não se aplicando à hipótese de duas ou mais uniões estáveis, porque esta última se enquadra no resultado do Tema 529. Além disso, a decisão parece ter alcançado "apenas" os direitos previdenciários e, embora mencione que não haveria proteção estatal ao concubinato equiparável ao casamento e à união estável, menciona de forma expressa a delimitação do julgado.

6.2.1 A (des)necessidade de comprovação de concubinato de longa duração para a Repercussão Geral

Ainda dentro da temática da Repercussão Geral, chama atenção que a matéria tenha trazido como requisito o que se denominou de "concubinato de longa duração" no Tema 526.

É necessário esclarecer que, ao longo da análise do processo paradigma, houve necessidade de substituição de demandas. A primeira delas, o Recurso Extraordinário nº 669465/ES, precisou retornar para a instância de origem depois que o Relator, Min. Luiz Fux, observou a necessidade de julgamento de um pedido de Uniformização de Jurisprudência,[274] razão pela qual foi substituído pelo RE nº 883168/SC.

Ocorre que a demanda escolhida para *leading case* não representa efetivamente o que o Supremo se propôs a discutir em matéria de Repercussão Geral.[275] Em breves linhas, trata-se de demanda proposta pela companheira de beneficiário que faleceu casado, porém, aparentemente, separado de fato. Além disso, o indeferimento da concessão da pensão se deu pela ausência de preenchimento do tempo mínimo de cinco anos de relacionamento estável exigido pela Lei nº 8.059/90, em seu art. 2º, inciso VII. A autora propôs demanda contra a União Federal e em segunda instância o Tribunal Regional Federal da 4ª Região deferiu a concessão do pensionamento.

Contudo, no presente caso existia coabitação entre a companheira e o *de cujus*, que morava em cidade diversa da viúva, inclusive. O caso envolve um casamento entre o *de cujus* e sua cuidadora, com depoimentos de seus parentes informando que o casamento teria sido celebrado, inicialmente, na perspectiva de ter algum beneficiário da pensão por

---

[274] BRASIL. Supremo Tribunal Federal. *Despacho proferido em 11 de maio de 2015.* Disponível em: file:///C:/Users/lubrasileiro/AppData/Local/Packages/Microsoft. MicrosoftEdge_8wekyb3d8bbwe/TempState/Downloads/texto_306782955%20(1).pdf. Acesso em: 26 ago. 2018.

[275] No primeiro processo havia concubinato constituído há mais de vinte anos, com prole inclusive.

morte. Como fator de prova de que se tratava de uma simulação, foi acostada uma demanda de alimentos proposta pela viúva, na qual o *de cujus* teria se defendido informando que o casamento não teria sido sequer consumado, o que leva a crer que eles estavam realmente separados de fato, bem como que o casamento teria realmente a intenção financeira.

A escolha do processo como *leading case* não se aproxima da realidade e do escopo da discussão da simultaneidade familiar, haja vista a existência de separação de fato. Com isto, o Supremo pôs em risco a discussão da efetividade de direitos às relações concubinárias e, o que é pior, parece ter querido retomar a já afastada previsão de preenchimento de tempo mínimo para reconhecimento de entidades familiares.

Ao que parece, condicionar a concessão do rateio da pensão por morte aos concubinatos de longa duração poderia justificar uma decisão política de autorizar, desde que ocorresse em casos pontuais, pessoas idosas, com impossibilidade de colocação no mercado de trabalho, como fez o Superior Tribunal de Justiça no REsp nº 1185337/RS, ao conceder alimentos à concubina após quarenta anos de relacionamento, pautando-se primordialmente no argumento de se tratar de pessoa idosa e doente, aqui já mencionado. Igualmente, a ideia de longa duração parecia querer se apresentar como requisito para *justificar* uma eventual decisão favorável, quando o Supremo precisava enfrentar, em verdade, se o concubinato preenche os requisitos de uma entidade familiar que não se limita ao tempo.

Seria temerário porque a Lei nº 8.213/91, em seu art. 16, §4º, assegura a presunção de dependência econômica de cônjuges e companheiros, independentemente de idade ou tempo de relacionamento, este último relevante apenas para definir a duração do benefício.[276]

Além disso, não havia dúvidas de que o Supremo enquadrou a discussão também na seara do Direito de Família, pois ela se presta a discutir o alcance do art. 226, §3º, da Constituição Federal, que não estabelece tempo mínimo de convivência para caracterização da união estável.

Considerar o tempo como fator de definição para atribuição de efeitos jurídicos é um risco, porque importaria em desconsiderar legítimos relacionamentos que podem não ser de longa duração,

---

[276] Importante registrar que a Lei nº 13.135/2015 estabelece um tempo mínimo de dois anos de casamento ou união estável em caso de pensões por morte de militares.

embora continuados e duradouros, ou, ainda, legitimar relações única e exclusivamente por conta de sua durabilidade, quando o maior propósito deveria ser o objetivo de constituir família.

O tempo, além de ser um fator isolado, distanciaria as relações concubinárias do conceito amplo e inclusivo de entidades familiares, criando um mecanismo de discriminação, vedado pelo sentido plural da Constituição Federal.

A esse respeito, aliás, a própria Procuradoria, em parecer emitido no processo paradigma do Tema 526, se pronunciou contrariamente, admitindo que, na hipótese de se reconhecer a equivalência da proteção conferida à união estável e ao concubinato, o caso concreto deveria ser analisado para permitir identificar e determinar o que vem a ser concubinato de longa duração.[277]

Contudo, é bastante importante mencionar que a noção de *longa duração* pode estar vinculada à ideia de que a durabilidade é requisito para o reconhecimento das uniões estáveis. Se partíssemos dessa premissa, poderia representar uma sinalização de que o Supremo enxerga, como já defendido nesta pesquisa, que o concubinato guarda os mesmos requisitos da união estável para seu reconhecimento, à exceção do impedimento matrimonial. Não foi este o sentido, uma vez que o Supremo manteve o entendimento de traçar a diferença técnica entre concubinato e união estável, deixando clara sua compreensão restritiva em relação ao concubinato.

E, neste sentido, mencionar a longa duração findou sendo contraditório, porque, se o Supremo entendia que não há como equiparar concubinato ao casamento e união estável, pouco importa se de curta ou de longa duração, não deixa de ser, numa perspectiva crítica, um sinal de que reconhece no concubinato a não eventualidade como fator de estabilidade, sinônimos. Este elemento, então, passaria a ser fundamental, se interpretado da mesma forma que a durabilidade empregada para a união estável, para o reconhecimento de efeitos jurídicos positivos ao concubinato, tanto do ponto de vista previdenciário quanto no que concerne à sua afirmação como família.

O julgamento, no entanto, se limitou ao aspecto previdenciário, reproduzindo o entendimento anteriormente firmado de que ao concubinato não cabe a proteção estatal do casamento e da união estável.

---

[277] BARROS, Rodrigo Janot Monteiro de. *Parecer nº 198796/2016*. Recurso Extraordinário nº 883.168 – SC. Disponível em: File:///C:/Users/lubrasileiro/Dropbox/DOUTORADO/processo%20tema%20526/parecer%20PGR.pdf. Acesso em: 01 set. 2018.

E sendo assim, novos problemas surgem, especialmente na perspectiva social, uma vez que a decisão põe fim à discussão previdenciária e deixa sem proteção famílias dependentes e, dentro da realidade do país, certamente, mulheres não inseridas no mercado de trabalho, sem o benefício deixado pelos seus companheiros.

6.3 O argumento da proibição ao enriquecimento sem causa e a relativização das presunções nos regimes de bens

O reconhecimento de legitimidade às relações concubinárias implicaria, dentre outros efeitos, reconhecer a existência de direitos patrimoniais oriundos da aquisição de bens na constância da união.

Atualmente, ao concubinato, quando em vez o Judiciário tem aplicado a Súmula nº 380, que autoriza a divisão do patrimônio adquirido com esforço comum.

A aplicação tem sido utilizada em razão da vedação ao enriquecimento sem causa prevista no art. 884 do Código Civil brasileiro, cujos requisitos são o enriquecimento de alguém; à custa de outrem; sem causa jurídica que lhe justifique.[278]

Embora seja um argumento que não pode ser deixado de lado, porque a não contemplação do concubinato como espécie de relação familiar que possui efeitos patrimoniais gera enriquecimento sem causa, a Súmula nº 380 reconhece a possibilidade de partilha de uma sociedade de fato e sem qualquer presunção de esforço comum.

Ao empregar a correta interpretação ao concubinato, qual seja, de entidade familiar, é necessário afastá-lo do conceito de sociedade de fato e buscar uma solução do ponto de vista patrimonial, para a partilha dos bens adquiridos em sua constância.

A respeito da sociedade de fato, não há dúvidas de que o tratamento dispensado ao concubinato dessa forma está em total dissonância com o modelo de pluralidade familiar hodierno e, ainda, de garantia da dignidade de cada um de seus membros.

Tratar as relações concubinárias como sociedades de fato é retirar-lhes juridicamente a proteção, resumindo família a propriedade, resgatando um modelo ultrapassado, não condizente com o que preconiza o art. 226 da Constituição Federal.

---

[278] SCHREIBER, Anderson. *Manual de Direito Civil Contemporâneo.* São Paulo: Saraiva Jur, 2018. p. 388.

A esse respeito, Paulo Lôbo pontua ser contraditório e degradante o tratamento desigual empregado, reduzindo famílias ao propósito de lucro, que é o que ocorre em sociedades.[279] A exemplo, o Superior Tribunal de Justiça vem empregando a compreensão de que é cabível a discussão nas varas de família, porém, utilizando-se a regra do direito obrigacional, num verdadeiro contrassenso:

> RECURSO ESPECIAL. DIREITO DE FAMÍLIA. CASAMENTO E CONCUBINATO IMPURO SIMULTÂNEOS. COMPETÊNCIA. ART. 1.727 DO CÓDIGO CIVIL DE 2002. ART. 9º DA LEI Nº 9.278/1996. JUÍZO DE FAMÍLIA. SEPARAÇÃO DE FATO OU DE DIREITO. INEXISTÊNCIA. CASAMENTO CONCOMITANTE. PARTILHA. PROVA. AUSÊNCIA. SÚMULAS Nº 380/STF E Nº 7/STJ. 1. Recurso Especial interposto contra acórdão publicado na vigência do código de processo civil de 1973 (enunciados administrativos nºs 2 e 3/stj). 2. A relação concubinária mantida simultaneamente ao matrimônio não pode ser reconhecida como união estável quando ausente separação de fato ou de direito do cônjuge. 3. *A vara de família não está impedida de analisar o concubinato impuro, e seus eventuais reflexos jurídicos no âmbito familiar, nos termos dos arts. 1.727 do código civil de 2002 e 9º da Lei nº 9.278/1996.* 4. Não há [que se] falar em nulidade absoluta por incompetência da vara de família para julgar a causa, como devidamente decidido pelo tribunal local, *especialmente quando se deve considerar que as relações de afeto não se coadunam ao direito obrigacional, principalmente após o advento da constituição federal de 1988.* 5. Nas hipóteses em que o concubinato impuro repercute no patrimônio da sociedade de fato aplica-se o direito das obrigações. 6. A partilha decorrente de sociedade de fato entre pessoas impõe a prova do esforço comum na construção patrimonial (Súmula nº 380/STF). 7. O recorrente não se desincumbiu de demonstrar que o patrimônio adquirido pela recorrida teria decorrido do esforço comum de ambas as partes, circunstância que não pode ser reanalisada nesse momento processual ante o óbice da Súmula nº 7/STJ. 8. Recurso especial não provido (grifos nossos).[280]

Outro ponto que não pode ser desconsiderado é a utilização de critério para *escolher* a família que seria relegada à condição de sociedade de fato. Na prática, quando há estabelecimento de relacionamento em paralelo a um casamento, a união formal tem sido preservada em

---

[279] LÔBO, Paulo. *Direito Civil*: famílias. São Paulo: Saraiva, 2008. p. 166.

[280] BRASIL. Superior Tribunal de Justiça. *REsp nº 1628701/BA*. Relator: Ministro Ricardo Villas Bôas Cueva. *DJ*: 07.11.2017. Disponível em: http://www.stj.jus.br/SCON/jurisprudencia/doc.jsp. Acesso em: 06 abr. 2019.

detrimento da fática. Esse tratamento, por si só, é discriminatório, pois alça o casamento a uma condição hierárquica de superioridade.

Outro critério tem sido o temporal. Assim, se há dois relacionamentos estáveis em concomitância, tem prevalecido o mais antigo ou aquele de onde provieram filhos, ignorando-se: a uma, em relação ao primeiro critério, o tempo não tem sido mais requisito objetivo para constituição de união estável, mas, sim, a sua durabilidade; a duas, que o planejamento familiar é livre no Brasil, podendo o casal escolher se quer, ou não, ter filhos.

Após o julgamento do Tema 529 já há Projeto de Lei, de nº 309, de 2021 de autoria do Deputado José Nelto,[281] com o seguinte teor:

> Acresce dispositivos à Lei nº 10.406, de 10 de janeiro de 2002 (Código Civil), para instituir causa impeditiva de caracterização e reconhecimento de união estável. O Congresso Nacional decreta: Art. 1º A Lei nº 10.406, de 10 de janeiro de 2002 (Código Civil), passa a vigorar acrescida do seguinte art. 1.724-A:
> "Art. 1.724-A. A preexistência de casamento ou de união estável de um dos conviventes, ressalvadas as hipóteses excepcionais de que trata o § 1º do caput do art. 1.723 do Código Civil, impede a caracterização e o reconhecimento de novo vínculo de união estável referente ao mesmo período de tempo, inclusive para fins previdenciários.
> Parágrafo único. O disposto no caput deste artigo não inviabiliza, quando comprovada a existência de uma sociedade de fato e desde que demonstrada a contribuição para a aquisição do patrimônio, ou parte dele, o cabimento da partilha proporcional à participação de cada convivente.
> Art. 2º Esta Lei entra em vigor na data de sua publicação."

Como se pode perceber, o projeto pauta a possibilidade de manter o que prevê a Súmula 380, certamente por reconhecer a proibição do enriquecimento sem causa.

Quando se aplica a técnica de preenchimento dos elementos caracterizadores das entidades familiares,[282] por sua vez, não haverá um casamento/união estável e uma sociedade de fato, mas duas famílias. E, então, escolher uma para aplicar efeitos jurídicos familiares e outra para efeitos jurídicos obrigacionais é perverso.

---

[281] BRASIL. Câmara Legislativa. *Projeto de Lei nº 309, de 2021*. Disponível em: https://www.camara.leg.br/proposicoesWeb/fichadetramitacao?idProposicao=2269700. Acesso em: 19 fev. 2021.

[282] Afetividade, ostensibilidade e estabilidade.

Anderson Schreiber chega a traduzir o tratamento empregado quando há filhos, a "família pela metade",[283] pois a Constituição veda tratamento discriminatório aos filhos. Então haveria uma relação com efeitos familiares plenos para os filhos e com efeitos obrigacionais para os companheiros.

Ele vai além, no sentido de propor que, quando houver desconhecimento da simultaneidade de relacionamentos, aplique-se a regra do art. 1.561, §1º, do Código Civil, considerando-se a putatividade como elemento capaz de produzir efeitos jurídicos familiares e a consequente aplicação do regime de bens às partes. O autor chama atenção para o fato de que, nos casamentos putativos, quando uma das partes desconhece a existência de casamento previamente celebrado pela outra parte, ainda que constituindo crime de bigamia, haverá eficácia plena em relação ao cônjuge de boa-fé, não havendo perda de proteção jurídica, não sendo compreensível que não ocorra o mesmo no que pertine à união estável, que sequer exige exclusividade (exceto em relação a casamento anterior).[284]

Seguindo a lógica de tutelar as relações familiares com igual dignidade, imperioso esclarecer o sentido de presunção de esforço comum para se compreender o porquê dela ser afeta ao Direito Familiar. Pontes de Miranda alertava que o regime de bens não existe nas relações de família como consequência necessária. Segundo ele, poderia haver casamento sem regime de bens, restando ao direito obrigacional estabelecer as regras, contudo, a todos eles não haveria comunicação patrimonial: um regime de separação absoluta de bens.[285]

Os regimes de bens no Brasil são pautados pela liberdade, podendo as partes envolvidas escolher o regime aplicável, acrescentar elementos de outros regimes àquele escolhido e, na ausência de manifestação, aplica-se a regra do Regime de Comunhão Parcial de Bens, exceto nas circunstâncias onde a lei determina a aplicação do regime de Separação Obrigatória de Bens, qual seja, aquela prevista no art. 1.641 do

---

[283] Trata-se de verdadeira família pela metade. Vale dizer: a comunidade afetiva formada pelo companheiro adúltero, se resultar em filhos, atrai proteção de ordem familiar em relação a estes, mas não em relação ao convivente, que permanece desamparado, podendo, no máximo, invocar um direito à indenização com base em fuga inteiramente artificial para o direito das obrigações. SCHREIBER, Anderson. *Manual de Direito Civil Contemporâneo*. São Paulo: Saraiva Jur, 2018. p. 839.

[284] SCHREIBER, Anderson. *Manual de Direito Civil Contemporâneo*. São Paulo: Saraiva Jur, 2018. p. 839.

[285] MIRANDA, Pontes de. *Tratado de Direito de Família*: direito matrimonial (continuação). 3. ed. inteiramente refundida e aumentada. São Paulo: Max Limonad, 1947. v. 2, p. 139.

Código Civil, que define para as pessoas que se casarem sem observar as condições suspensivas, os maiores de 70 anos e também aqueles que precisarem de suprimento judicial para o casamento, restringindo-se sua aplicação às pessoas casadas, não se estendendo à união estável.

Essa imposição de um regime de bens deixa clara a necessidade de um sistema que defina a administração e a propriedade dos bens entre os envolvidos. Essa norma incide nas relações conjugais, sejam elas oriundas do casamento ou das uniões estáveis homo e heteroafetivas.

Estando o concubinato previsto no capítulo destinado à união estável, deveriam incidir sobre ele as regras cabíveis àquela. Ao contrário disso, o legislador em relação ao concubinato se preocupou em prever a possibilidade de anulação de doações feitas entre concubinos (anulável) e em proibir-lhes a condição de figurar como legatários de testamento quando não houver separação de fato há pelo menos cinco anos, sem culpa desse concubino (nula).

Como já trabalhado, o legislador teve a preocupação de preservar o patrimônio de uma das famílias, deixando de observar, entretanto, que pode haver aquisição patrimonial na outra, assim como ocorre em relação à dependência econômica, já que previu no art. 1.708 a solidariedade familiar entre pessoas concubinadas, em mais um contrassenso.

Não cogitar que da relação havida em simultaneidade à outra haverá aquisição patrimonial é não compreender que os contratos e a aquisição de bens são inerentes à continuidade de um relacionamento dotado de afetividade, ostensibilidade e estabilidade.[286] Nem mesmo nos casamentos celebrados em regime facultativo de separação total de bens há total liberdade e isolamento patrimoniais.

É, portanto, incongruente que a legislação legitime o concubinato dentro da mesma lógica da união estável, sem lhe conferir efeitos patrimoniais análogos ou próprios.

A aplicação da Súmula nº 380 do STF, para impedir enriquecimento sem causa, não parece ser a melhor solução, porque desnatura a lógica de haver um regime de bens para as relações familiares.

Igualmente, não haver uma resposta jurídica representa o enriquecimento sem causa, inevitavelmente, porque o patrimônio formado nessa relação, seja ela, ou não, de longa duração, uma vez desfeita, precisa ter uma fórmula para sua dissolução.

---

[286] Exemplo é o dos bens móveis, que se presumem comuns na letra do art. 1.662 do Código Civil.

Em se tratando de uma família, não parece razoável a continuidade de uma regra em que as partes são equiparadas a sócios, numa relação negocial onde cada uma precisa provar objetivamente sua contribuição para fazer jus à restituição do valor. Máxime quando houver uma das partes com maior autonomia econômica e outra parte, realidade ainda de boa parte das relações concubinárias no Brasil, dependente economicamente.

A doutrina vem se inclinando para reconhecer a possibilidade de partilha quando houver boa-fé, como já mencionado. Assim, nas hipóteses em que uma das partes desconhece que está vivendo numa relação concubinária, ter-se-ia a aplicação dos efeitos de uma união estável putativa, com todas as consequências jurídicas dela.

O problema maior surge quando há conhecimento das partes de que a relação é concubinária e, por via de consequência, consentimento, caso contrário, a exclusividade de relações imperaria.

Nessas circunstâncias, o consentimento pode ser da parte que se vê numa relação concubinária, por exemplo, convivendo com uma pessoa que já é casada, ou de todas as partes. Ou, então, quando todos os envolvidos conhecem o contexto familiar e nele permanecem.

Na primeira situação, havendo desconhecimento de ao menos uma pessoa (por exemplo, um homem casado que começa a se envolver com outra pessoa, sem o conhecimento de seu consorte), talvez a solução que melhor se adéque seja realmente a de isolamento patrimonial, a fim de preservar o patrimônio de quem não pôde expressar o seu consentimento quanto à simultaneidade familiar.

Contudo, havendo consentimento e conhecimento de todas as partes, não há como não reconhecer a necessária aplicação das mesmas regras da união estável em matéria de regime de bens.

6.4 A repercussão no direito sucessório: a solução através da triação

Outro ponto que também precisa ser analisado sob o ponto de vista dos efeitos jurídicos é o da sucessão. Em verdade, o direito sucessório foi um dos primeiros pontos abordados a partir da problemática em análise, uma vez que, concomitantemente à discussão do benefício previdenciário, surgiram as demandas para habilitação em inventário da pessoa com quem se convivia a partir de seu falecimento.

São muito importantes o registro e a reflexão de que essas questões têm sido postas ao Judiciário porque existem, efetivamente.

Muitas vezes decorre da existência desses fatos o surgimento de teses, posteriormente, doutrinárias, numa lógica inversa do sistema jurídico romano germânico, que propõe a evolução do Direito a partir da ordem: lei, doutrina, jurisprudência e costumes.

Portanto, em 2005, no Tribunal de Justiça do Rio Grande do Sul, teve repercussão a decisão de Relatoria do Des. Rui Portanova, nos autos da Apelação Cível nº 70009786419,[287] em que lançou uma nova possibilidade a partir da compreensão de que é possível reconhecer relacionamentos estáveis para além da exclusividade, o que chamou de *triação*.[288]

Segundo o raciocínio do Relator, o patrimônio seria dividido, inicialmente, em três partes iguais, cabendo ao caso, onde um homem mantinha dois relacionamentos com duas mulheres, um terço do patrimônio para cada um. Contudo, reconheceu que após os debates na sessão de julgamento, concluíram pela seguinte fórmula:

Espólio deixado pelo *de cujus*, relativo ao período de convivência dúplice		
50%		50%
25% para a esposa	25% para a companheira (apelante)	50% dividido entre os filhos (inclusive a filha do *de cujus* com a companheira)

O Tribunal compreendeu que a melhor forma de se assegurar também o direito dos filhos seria resguardar os direitos sucessórios daqueles, garantindo a participação de todos os filhos no patrimônio deixado por ele e constituído antes da simultaneidade familiar.

A decisão passou a ser utilizada como paradigma em outros Tribunais até mesmo para a partilha em vida, a exemplo do Tribunal de Justiça de Pernambuco, que apreciou Apelação Cível com Relatoria do Des. José Fernandes Lemos:

---

[287] BRASIL. Tribunal de Justiça do Rio Grande do Sul. *AC nº 70009786419*. Oitava Câmara Cível. Relator: Rui Portanova. Julgado em 03.03.2005. Disponível em: http://www.tjrs.jus.br/busca/search?q=tria%C3%A7%C3%A3o&proxystylesheet=tjrs_index&client=tjrs_index&filter=0&getfields=*&aba=juris&entsp=a__politicasite&wc=200&wc_mc=1&oe=UTF-8&ie=UTF-8&ud=1&sort=date%3AD%3AS%3Ad1&as_qj=&site=ementario&as_epq=&as_oq=&as_eq=&as_q=+#main_res_juris. Acesso em: 07 set. 2018.

[288] Aqui é preciso outro pensar, diria um outro paradigma de divisão. Aqui se pode falar em outra forma de partilhar, que vai denominada, com a vênia do silogismo, de "triação", que é a divisão em três e que também deve atender ao princípio da igualdade.

CAPÍTULO 6
OS EFEITOS JURÍDICOS DAS FAMÍLIAS SIMULTÂNEAS | 173

Uniões estáveis simultâneas. Reconhecimento. Partilha De Bens. Triação 1. Estando demonstrada, no plano dos fatos, a coexistência de duas relações afetivas públicas, duradouras e contínuas, mantidas com a finalidade de constituir família, é devido o seu reconhecimento jurídico à conta de uniões estáveis, sob pena de negar a ambas a proteção do direito. 2. Ausentes os impedimentos previstos no art. 1.521 do Código Civil, a caracterização da união estável paralela como concubinato somente decorreria da aplicação analógica do art. 1.727 da mesma lei, o que implicaria ofensa ao postulado hermenêutico que veda o emprego da analogia para a restrição de direitos. 3. Os princípios do moderno direito de família, alicerçados na Constituição de 1988, consagram uma noção ampliativa e inclusiva da entidade familiar, que se caracteriza, diante do arcabouço normativo constitucional, como o lócus institucional para a concretização de direitos fundamentais. Entendimento do STF na análise das uniões homoafetivas (ADI nº 4.277/DF e ADPF nº 132/RJ). 4. Numa democracia pluralista, o sistema jurídico-positivo deve acolher as multifárias manifestações familiares cultivadas no meio social, abstendo-se de, pela defesa de um conceito restritivo de família, pretender controlar a conduta dos indivíduos no campo afetivo. 5. Os bens adquiridos na constância da união dúplice são partilhados entre as companheiras e o companheiro. Meação que se transmuda em "triação", pela simultaneidade das relações. 6. Precedentes do TJDF e do TJRS.[289] (TJPE; AC nº 296.862-5; 5ª C. Cív.; Rel. Des. José Fernandes de Lemos; DJPE 15.04.2014).

Na decisão, o Relator constata que não há impedimento legal para constituição de família simultaneamente ao casamento, desde que não seja outro casamento, porque aí haveria o impedimento legal do art. 1.521 do Código Civil, reforçando o postulado que inviabiliza o uso da analogia para restrição de direitos.

Em comentário à decisão, Jones Figueiredo Alves lança questionamento acerca da natureza jurídica do concubinato, propondo sua interpretação como entidade familiar atípica, "quando presentes os mesmos requisitos da união estável e sob a égide do valor jurídico da afetividade (*affectio maritalis*), mas pontua o posicionamento refratário da jurisprudência do STJ e do STF a respeito do tema".[290]

---

[289] BRASIL. Tribunal de Justiça de Pernambuco. *AC nº 296.862-5*. Quinta Câmara Cível. Relator: Des. José Fernandes Lemos. Julgado em 15.04.2014. Disponível em: http://www.tjpe.jus. br/consultajurisprudenciaweb/xhtml/consulta/escolhaResultado.xhtml. Acesso em: 07 set. 2018.

[290] ALVES, Jones Figueiredo. *Triação dos bens na partilha*. Disponível em: http://www. familiaesucessoes.com.br/?p=2083. Acesso em: 07 set. 2018.

Muito interessante é a conclusão construída pelo Relator acerca da possibilidade de coexistência de entidades para justificar sua decisão em colisão com o entendimento majoritário dos Tribunais Superiores, de que o Brasil é orientado pela monogamia, não sendo admissível a sua quebra:

> Aliás, adotando-se a posição contrária, ou seja, a de que a duplicidade de relacionamentos afetivos acarreta a perda da *affectio familiae* e a quebra do dever de lealdade seria forçoso concluir que tal perda e tal quebra não se restringiriam a uma das relações apenas, mas se estenderiam a todas. No caso dos autos, considerando ilegítima a união afetiva da autora-apelante, teríamos de admitir, por identidade de fundamentos, descaracterizada também a relação do réu-apelado com sua outra companheira, ao menos durante o período em que verificada a simultaneidade, o que nos conduziria ao absurdo de, diante de duas famílias consolidadas no plano dos fatos, não conferir o devido reconhecimento jurídico a nenhuma delas. Por outro lado, tutelar apenas um dos relacionamentos, em desprezo do outro, implicaria clara ofensa à isonomia, por conferir tratamento distinto a situações substancialmente idênticas. Mais ainda, importaria desrespeito ao princípio da dignidade da pessoa humana, por negar à companheira desprestigiada a condição familiar, sem mencionar a duvidosa situação em que se veria o filho do casal, já que, admitindo-se como espúrio o relacionamento da dita concubina, recusar-se-ia a dignidade do núcleo familiar, comprometendo-se, inevitavelmente, a legitimidade da própria filiação.[291]

A triação, portanto, parece ser a solução jurídica que se aproxima do conceito de justa, devendo-se observar as regras do art. 1.829 e seguintes do Código Civil:

a) *Concorrência com descendentes do de cujus* (independentemente de serem filhos de todos ou de apenas um dos relacionamentos)

Se o *de cujus* tiver deixado descendentes, o patrimônio que será partilhado entre as pessoas que com ele conviviam será equivalente à metade da totalidade dos bens, dividida em porções iguais.

Essa regra apenas não se aplicará no caso do *de cujus* ser casado no regime de separação de bens. Isso porque a regra do inciso I do art. 1.829 excepcionou os regimes de comunhão universal de bens e comunhão

---

[291] BRASIL. Tribunal de Justiça de Pernambuco. *AC nº 296.862-5*. Quinta Câmara Cível. Relator: Des. José Fernandes Lemos. Julgado em 15.04.2014. Disponível em: http://www.tjpe.jus. br/consultajurisprudenciaweb/xhtml/consulta/escolhaResultado.xhtml. Acesso em: 07 set. 2018.

parcial de bens, partindo da premissa de que o cônjuge supérstite teria acesso à metade dos bens, restando os outros 50% aos descendentes.

Contudo, no caso de coexistência de relacionamentos, a aplicação dessa regra faria com que ao outro convivente restasse de forma isolada 50% da herança do de cujus.

No entanto, havendo casamento nos regimes de comunhão universal, comunhão parcial de bens, sem bens particulares e separação obrigatória de bens, o cônjuge sobrevivente não herdará, participando tão somente da meação.

Sistematizando *cada um dos regimes de bens*:

a.1 Comunhão Parcial de Bens com bens particulares – os conviventes partilham a meação e participam da herança nos termos do art. 1.832 do Código Civil;

a.2 Comunhão Parcial de Bens sem bens particulares – os conviventes partilham a meação, não havendo participação na herança;

a.3 Comunhão Universal de Bens – os conviventes partilham a meação, não havendo participação na herança;

a.4 Participação Final nos Aquestos – os conviventes partilham a meação e participam da herança nos termos do art. 1.832 do Código Civil;

a.5 Separação Total de Bens com um dos conviventes – haverá partilha da herança, cabendo a meação ao outro com quem havia comunhão de bens;

a.6 Separação Total de Bens com todos os conviventes – os conviventes partilham 50% da herança;

a.7 Separação Obrigatória de Bens com o cônjuge – o convivente herdará 50% da herança e partilhará com o cônjuge gravado pela separação obrigatória a meação dos bens adquiridos no tempo do casamento, por força da Súmula 377 do STF.

b) *Concorrência com ascendentes do de cujus*

Nesse caso, o patrimônio será dividido em porções iguais entre ascendentes e conviventes, devendo-se observar a regra do art. 1.837 do Código Civil. Assim, se o *de cujus* tiver vivos seus dois ascendentes em primeiro grau, caberá aos conviventes um terço da herança; no caso de haver apenas um dos ascendentes ou se forem em grau mais remoto, os conviventes terão direito à metade da herança, sendo ainda condôminos em relação à outra metade.

c) *Não havendo ascendentes ou descendentes*

Se o *de cujus* não tiver deixado descendentes ou ascendentes, os conviventes partilharão o patrimônio entre si em porções iguais.

6.5 Impenhorabilidade dos bens de família legais

Assim como o art. 1.831 do Código Civil, que prevê ao cônjuge sobrevivente o direito real de moradia, devendo-se aplicar, na hipótese de reconhecimento de simultaneidade familiar, a proteção às pessoas que conviviam com o *de cujus*, o bem de família também merece proteção num contexto que deve ser ampliado.

No Brasil, a impenhorabilidade do bem de família é protegida por lei própria (Lei nº 8.009/90) que prevê, em seu art. 1º, a impenhorabilidade do imóvel utilizado para fins de moradia *pelo casal ou entidade familiar.*[292]

Apesar de definir a exclusividade de um bem em seu art. 5º, o fato é que o reconhecimento de simultaneidade gera a extensão da impenhorabilidade para o número de bens equivalente ao número de entidades familiares, porque a proteção, nesse caso, é das pessoas, no conceito mais amplo de família.

A esse respeito já há compreensão pacífica no Superior Tribunal de Justiça, que entende que a regra da impenhorabilidade pode e deve proteger a pessoa, independentemente de sua condição, porque a moradia é um direito social assegurado pelo art. 6º da Constituição Federal.

Ao julgar o Recurso Especial nº 1126173/MG, por exemplo, o Tribunal Superior elasteceu o conceito de impenhorabilidade para dois imóveis, protegendo não apenas o casal, mas a prole de um deles, firmando o que está sendo aqui defendido:

> RECURSO ESPECIAL. DIREITO CIVIL. EXECUÇÃO. EMBARGOS DE TERCEIROS. PENHORA INCIDENTE SOBRE IMÓVEL NO QUAL RESIDEM FILHAS DO EXECUTADO. BEM DE FAMÍLIA. CONCEITO AMPLO DE ENTIDADE FAMILIAR. RESTABELECIMENTO DA SENTENÇA.
> 1. "A interpretação teleológica do Art. 1º, da Lei nº 8.009/90, revela que a norma não se limita ao resguardo da família. Seu escopo definitivo é a proteção de um direito fundamental da pessoa humana: o direito à moradia" (REsp nº 182.223/SP, Corte Especial, Rel. Min. Humberto Gomes de Barros, DJ 6.2.2002). 2. A impenhorabilidade do bem de família visa a resguardar não somente o casal, mas o sentido amplo de entidade familiar.

---

[292] Art. 1º O imóvel residencial próprio do casal, ou da entidade familiar, é impenhorável e não responderá por qualquer tipo de dívida civil, comercial, fiscal, previdenciária ou de outra natureza, contraída pelos cônjuges ou pelos pais ou filhos que sejam seus proprietários e nele residam, salvo nas hipóteses previstas nesta lei. BRASIL. Lei nº 8.009, de 29 de março de 1990. *Dispõe sobre a impenhorabilidade do bem de família.* Disponível em: http://www.planalto. gov.br/ccivil_03/Leis/L8009.htm. Acesso em: 07 set. 2018.

CAPÍTULO 6
OS EFEITOS JURÍDICOS DAS FAMÍLIAS SIMULTÂNEAS | 177

Assim, no caso de separação dos membros da família, como na hipótese em comento, a entidade familiar, para efeitos de impenhorabilidade de bem, não se extingue, ao revés, surge em duplicidade: uma composta pelos cônjuges e outra composta pelas filhas de um dos cônjuges. Precedentes. 3. A finalidade da Lei nº 8.009/90 não é proteger o devedor contra suas dívidas, tornando seus bens impenhoráveis, mas sim, reitera-se, a proteção da entidade familiar no seu conceito mais amplo. 4. Recurso especial provido para restabelecer a sentença.[293]

Reforça essa tese a afirmação legal de que a impenhorabilidade protege o bem que serve de moradia permanente, pois nas situações de simultaneidade familiar haverá mais de uma moradia, haja vista a permanência de mais de uma entidade coexistindo.

6.6 Preenchimento da função familiar para atribuição de efeitos jurídicos e o dever de responsabilidade

A responsabilidade é dever jurídico imposto nas relações familiares por força da Constituição Federal. É nela que estão previstos os deveres do Estado, da sociedade e das pessoas para assegurar o desenvolvimento digno de cada membro da família.

O *design* dado às famílias pela Constituição impõe a assunção de um comportamento nunca antes experimentado, garantindo que nenhuma pessoa sofrerá as discriminações outrora experienciadas.

Por esse motivo, as famílias passaram a ser vistas sob as lentes funcionais da proteção humana. Belo exemplo é o §8º do art. 226, que impõe ao Estado o dever de proteção individual, na busca da erradicação de violência. Num primeiro prisma, as leis Maria da Penha e Menino Bernardo são lançadas como modelos de atitudes estatais na busca dessa proteção.

Mas a violência não é só física, como asseguram ambas as legislações aqui ressaltadas. Ela também é moral e está presente no tratamento discriminatório que sempre foi dado ao contexto das famílias simultâneas. A própria expressão, ainda utilizada, de concubinato é utilizada não apenas nas situações de relações estabelecidas simultaneamente ao casamento, mas também nas hipóteses de uniões estáveis.

---

[293] BRASIL. Superior Tribunal de Justiça. *REsp nº 1126173/MG*. Terceira Turma. Relator: Min. Ricardo Villas Bôas Cueva. DJ: 09.04.2013. Disponível em: http://www.stj.jus.br/SCON/jurisprudencia/doc.jsp?processo=1126173&b=ACOR&p=true&t=JURIDICO&l=10&i=2. Acesso em: 07 set. 2018.

Se o conceito de família hodierno é o de *locus* de realização pessoal de cada indivíduo, não cabe ao Estado discriminar relacionamentos onde existe afetividade, ostensibilidade e estabilidade. Pelo contrário. Reconhecer seus efeitos jurídicos, conferindo legitimidade, quedará na atribuição de responsabilidade de cada um de seus membros, assegurando dessa forma que ninguém ficará sem proteção nem quando jovem, na idade adulta ou ainda na velhice.

O art. 227 referenda essa necessidade. Inicialmente, por prever como dever da família, sociedade e Estado, de forma prioritária, dentre outras, a convivência familiar e comunitária, além da proteção contra qualquer forma de discriminação, exploração, violência, crueldade e opressão, e reitera a proibição dessa discriminação em seu §6º ao proibir tratamento diferente aos filhos não oriundos do casamento, vedando designações discriminatórias. Assim, o uso de expressões como *filho ilegítimo, bastardo, adulterino,* dentre outras, passa a ser proibido por serem consideradas discriminatórias.

Se a expressão é discriminatória ao filho, também é aos pais (especialmente às mães), não sendo razoável interpretar a norma de forma tão restrita, especialmente porque a própria Constituição reconhece, em seguida, nos arts. 229 e 230, que há uma inversão de proteções quando os pais idosos passam a ser os que precisam de amparo para usufruir de uma vida digna.

Esse sistema cíclico que responsabiliza pessoas, sociedade e Estado, de forma contínua, a cuidarem umas das outras é que garante que todas estejam sempre a salvo de qualquer discriminação.

A função atual da família, portanto, deixa de ser a de proteção do patrimônio, num ultrapassado viés seletivo de modelo familiar matrimonializado, patriarcal, e passa a ser democrática, funcionalizada, para assegurar a proteção individual, num contexto coletivo e pleno.

É fácil concluir, portanto, que a discriminação das relações simultâneas é inconstitucional, porque ela impõe ao Estado a escolha de um arranjo familiar para ser protegido, em detrimento de outro(s), importando na criação de critérios para a *seleção* que, inevitavelmente, conduzirão pessoas para o limbo do não direito, num atentado à dignidade humana.

Enquanto houver interpretação disforme, em total inobservância aos preceitos constitucionais, haverá pessoas se relacionando, formando famílias e, no momento em que caberia ao Estado tutelar seus interesses, seja em razão do fim em vida, seja em razão da sucessão, restarão desprotegidas com a aplicação fria de uma norma deslocada do contexto atual, com os resquícios do Brasil colonial. No sentir de Mário Delgado:

[...] negar efeitos jurídicos do direito de família ao segundo par conjugal implica favorecer a irresponsabilidade e enfraquecer tanto o princípio monogâmico como o dever de fidelidade. Na medida em que o "infrator" sabe que o segundo relacionamento não lhe impingirá obrigações nem acarretará direitos, ele se sentirá muito mais à vontade para infringir a lei.[294]

Igualmente, a sociedade continuará se sentindo autorizada a discriminar as pessoas que integram essas famílias, sendo certo que os filhos desses relacionamentos, muito embora tenham assegurados seus direitos a nome, alimentos e herança, permanecerão no universo *adulterado* da segregação. Terão direito a ter direitos, mas permanecerão na ambiência da ilegitimidade.

Com muita lucidez sobre o tema, Carlos Eduardo Pianovski pondera que enquanto houver análise da simultaneidade familiar sob o viés da monogamia, ou da proteção da família, no seu sentido unitário, haverá interpretação combativa aos efeitos positivos ou à própria existência das situações fáticas inegavelmente presentes no sistema jurídico brasileiro. Contudo, quando o foco de luz se projeta em cada pessoa, buscando sua realização pessoal,

> [...] a simultaneidade familiar – muito mais ampla e multifacetada que a bigamia – pode se apresentar como realidade, com alguma relevância jurídica, não mais na seara do desvalor, da sanção, mas sim, da proteção das pessoas que se inserem no âmbito dessa pluralidade de relações familiares em núcleos distintos.[295]

Ter família, ser família, é um direito assegurado na Declaração Universal dos Direitos do Homem, da Organização das Nações Unidas, que em seu art. 16.3 prevê a família como *um núcleo natural e fundamental da sociedade*. É uma garantia constitucional que deve ser de todas as pessoas, não pode se restringir à prole, seja em razão da necessidade de proteção de cada indivíduo, seja, até mesmo, para assegurar o que prevê o §6º do art. 227.

Ao reconhecer que das relações simultâneas nascem filhos, a lei que os protege também legitima a família. Não há proibição ao planejamento familiar. Pelo contrário, ele é livre decisão do *casal*, conforme prevê o §7º do art. 226, que ainda estabelece que deve ser fundado na dignidade da pessoa humana e na paternidade responsável.

---

[294] DELGADO, Mário Luiz. Famílias Paralelas (STJ – REsp nº 1.348.458/MG). *In*: *Revista Nacional de Direito de Família e Sucessões*, Porto Alegre, v. 1, p. 151, jun./jul. 2014.

[295] RUZYK, Carlos Eduardo Pianovski. *Famílias simultâneas*: da unidade codificada à pluralidade constitucional. Rio de Janeiro: Renovar, 2005. p. 23-24.

O silêncio do Estado quanto à atribuição de efeitos jurídicos positivos representa omissão que protege pessoas contra outras, mas dentro do ambiente privado. Quem estabelece relacionamentos simultâneos é pessoa protegida pelo Estado quando há, em seu favor, negativa de alimentos ou partilha de bens, por exemplo.

A percepção da interpretação inclusiva impõe ao Estado a escolha por um modelo amplo, que pode estabelecer direitos a relações até então ainda não contempladas na sociedade. Um excelente exemplo já tratado diz respeito às uniões homoafetivas, reconhecidas implicitamente ao art. 226 da Constituição pela nossa Corte Constitucional. Se as relações entre pessoas de mesmo sexo já foram hostilizadas social e juridicamente e, ainda, se em alguns países são criminalizadas, no Brasil, são famílias, desde que preencham os requisitos de ostensibilidade, estabilidade e afetividade. Esta consideração representa um grande avanço social, de garantia de dignidade e democracia, haja vista que o Brasil lidera altos índices de violência e preconceito contra pessoas LGBTQIA+.

Sobre a abertura do sistema jurídico, Eduardo Pianovski se posiciona, apontando que a ausência de um rol taxativo para os tipos familiares permite uma interpretação conforme o comportamento social, afirmando que é a partir daquele que haverá resposta jurídica quanto ao dever-ser: "aquilo que constituir família em uma perspectiva sociológica também assim será reputado perante o direito".[296]

Outra situação concreta, bem relacionada ao tema desta pesquisa, é o tratamento dado aos filhos. Se a origem dos filhos já foi objeto de exclusão de direitos, para aqueles oriundos de relações extramatrimoniais, por exemplo, a partir da interpretação que valoriza as pessoas em sua dignidade, a igualdade entre eles foi assegurada, proibindo qualquer discriminação jurídica ainda que, socialmente, haja resistência.[297] [298]

---

[296] RUZYK, Carlos Eduardo Pianovski. *Famílias simultâneas*: da unidade codificada à pluralidade constitucional. Rio de Janeiro: Renovar, 2005. p. 234.

[297] Em pesquisa no sítio eletrônico Google, é possível encontrar consultas em endereços jurídicos, como a seguir exemplificada. São pessoas buscando espaço legal para retirar direitos dos filhos havidos fora do casamento: O que fazer para um filho não ter direito aos bens do pai? Meu marido tem um filho com 23 anos. Soubemos de sua existência há 5 anos, fizemos o DNA e desde então pagamos pensão mensal, pois ele está cursando ensino superior. A relação é muito difícil, porque meu marido não consegue estabelecer vínculo e ele só nos procura quando precisa de dinheiro. Somos casados há 20 anos e temos duas filhas. Temos uma casa e dois carros. Não gostaríamos que ele tivesse direito a nenhum desses bens, visto que conquistamos com muito sacrifício e acreditamos ser por direito apenas das nossas filhas. Isso é possível? (JUS.COM.BR. *O que fazer para um filho não ter direito aos bens do pai?* Disponível em: https://jus.com.br/duvidas/540942/o-que-fazer-para-um-filho-nao-ter-direito-aos-bens-do-pai. Acesso em: 23 nov. 2018).

[298] A Bíblia Sagrada, em Deuteronômio, 23:2, prevê: "Nenhum bastardo entrará na congregação do Senhor; nem ainda a sua décima geração entrará na congregação do Senhor".

Ainda que completamente rechaçado pela sociedade, fruto de uma relação *ilegítima*, o filho possui direitos irrestritos, vedando a Constituição Federal a prática de atos discriminatórios, em atendimento à dignidade humana.

Reconhecer a filiação antes ilegítima é reconhecer que de relacionamentos que se estabelecem simultaneamente surgem famílias, porque o planejamento de filhos, com atribuição de direitos e deveres, não decorre de uma sociedade de fato, mais próxima de relações obrigacionais, empresariais, despida da complexidade do direito familiar. Este, no Brasil, tem protagonizado a defesa de pessoas, ainda que haja eventual resistência social pela herança matrimonializada, patriarcal e patrimonializada do sistema.

Não é demais destacar a função do juiz, que precisa observar a regra lapidada pelo já mencionado art. 5º da Lei de Introdução às Normas do Direito Brasileiro, determinando-lhe atender aos fins sociais e exigências do bem comum. Em matéria de famílias, no contexto plural e poroso hodierno, o que seriam exigência social e bem comum? Mais que isto, no contexto da privacidade, de preservação da intimidade e de valorização das pessoas, como garantir o bem, partindo da regra da exclusão ou da eleição de apenas uma conformação familiar?

É inegável que as relações concubinárias no Brasil são formadas, em maioria, por um homem com mais de uma mulher. É inegável que o país ainda discrimina a mulher, que ocupa menos espaço no mercado, que é financeiramente desprestigiada e ainda é alvo dos maiores índices de violência doméstica. E é sintomático que, em se tratando de relações concubinárias, seja ela, a mulher, *a concubina*, quando, em verdade, ela é fiel ao seu companheiro, muito embora ele mantenha outro(s) relacionamento(s). Neste ponto de preservação da monogamia, projetada como imagem do bem comum, da segurança jurídica, da moral e bons costumes, Engels afirma:

> Estamos caminhando presentemente para uma revolução social, em que as atuais bases econômicas da monogamia vão desaparecer, tão seguramente como vão desaparecer as da prostituição, complemento daquela. A monogamia nasceu da concentração de grandes riquezas nas mesmas mãos – as de um homem – e do desejo de transmitir essas riquezas, por herança, aos filhos desse homem, excluídos os filhos de qualquer outro. Para isso, era necessária a monogamia da mulher, mas não a do homem; tanto assim que a monogamia daquela não constituiu o menor empecilho para a poligamia, oculta ou descarada, deste. Mas a revolução social iminente, transformando pelo menos a imensa maioria

das riquezas duradouras hereditárias – os meios de produção – em propriedade social, reduzirá ao mínimo todas essas preocupações de transmissão por herança. E agora cabe a pergunta: tendo surgido de causas econômicas, a monogamia desaparecerá quando desaparecerem essas causas?[299]

Marcos Alves aponta a manutenção da interpretação monogâmica para todas as famílias como herança "do sistema de família matrimonializada", afirmando que as relações que se estabelecem em simultaneidade representam uma ameaça ao "sistema centrado na propridade, que tem na família matrimonializada um dos pilares de sua sustentabilidade e segurança". Para o autor, a monogamia serve como um filtro, "separando as mulheres pobres e desamparadas de qualquer proteção econômica, daquelas moças de família destinadas ao mercado do casamento, que visava fundamentalmente atender a uma política de alianças".[300]

A lógica é bastante coerente com a construção do Direito Privado no Brasil, pautado na influência estrangeira do patriarcado, de proteção e concentração patrimonial nas famílias mais favorecidas, além de um sistema pautado na família matrimonializada, fortemente protegida da *turbatio sanguinis*.

Contudo, o contexto atual não comporta mais a imposição desta herança histórica, em razão da grande mudança de paradigma que representa a valorização das pessoas, respeitando suas individualidades e diferenças, assim como priorizando o respeito à dignidade humana. A transformação do papel da família, que deixa de ter um molde prévio onde as pessoas devem se enquadrar e passa a funcionar em função da realização de seus membros.

Por esta razão os filhos e as mulheres deixam de ser propriedade, o casamento deixa de ser única espécie do gênero familiar, as pessoas deixam de ter papéis previamente estabelecidos e/ou separados (de criação, sustento...) e passam todas elas a exercer de forma conjunta funções que lhes proporcionam realização. A família se instrumentaliza em função das pessoas, em busca de suas dignidades, dentro de um contexto democrático que não deve discriminar gênero, raça ou credo.

Não observar as diferenças de forma respeitosa representa ignorar a pluralidade, dotada de força normativa no Direito Familiar

---

[299] ENGELS, Friedrich. *A origem da família, da propriedade privada e do Estado*. São Paulo: Expressão popular, 2010. p. 99.

[300] SILVA, Marcos Alves da. *Da monogamia*: a sua superação como princípio estruturante do direito de família. Curitiba: Juruá, 2013. p. 101.

brasileiro. Não atribuir efeitos jurídicos positivos às relações conjugais simultâneas, sob o argumento de que esbarra na monogamia, é diminuir a dignidade das pessoas envolvidas na relação. Contudo, é mais grave, porque a negativa representa omissão do Estado: protege-se uma relação conjugal e invisibiliza-se a outra que existe, mas não tem efeitos. Não atribuir efeitos jurídicos positivos significa desrespeitar, dente outros, a democracia, a pluralidade, a liberdade, a intimidade e a dignidade, além do conceito hodierno de família.

Ao discorrer sobre o tema, Giselda Hironaka chama atenção para a importância de enxergar e dar tratamento diferente às situações da vida. Citando Jean Cruet, que sustentou que vemos a sociedade refazer a lei, mas jamais a lei refazer a sociedade, a autora destaca que a omissão do Estado para as relações conjugais simultâneas é hipocrisia:

> Que o Direio não permaneça alheio à realidade humana, à realidade das situações existentes, às mudanças sociais importantes que, sem dúvida, têm se multiplicado na história das famílias. Cerrar os olhos, talvez seja mais um dos inúmeros momentos de hipocrisia que a sociedade, o Legislativo e o Judiciário têm deixado, às vezes, acontecer, numa era em que já não mais se coaduna com as histórias guardadas a sete chaves.[301]

Manter na invisibilidade as relações conjugais simultâneas é, por fim, deixar de atribuir responsabilidade às pessoas envolvidas, o que desnatura, por si, o conceito de viver em sociedade. Punir alguém, por viver em um contexto que não corresponde ao padrão, com omissão de efeitos jurídicos, é, por consequência, como em toda relação jurídica, deixar de atibuir ao outro a responsabilidade que lhe caberia por se relacionar.

Mais grave ainda quando se projeta numa relação familiar, onde a responsabilidade é mola propulsora dos efeitos jurídicos. É permitir que alguém estabeleça com outra pessoa uma relação de dependência, por exemplo, e ao final da relação, ao contrário de conceder alimentos, direito indisponível de família, negar de forma sistemática esta garantia, desprotegendo quem depende e beneficiando quem deveria, numa clara inversão da lógica jurídica que assegura asilo. O lar se transforma em espaço de dor, silêncio e ausência de um Estado, que estigmatiza pessoas. É preciso afrouxar os nós da interferência moral estatal para fortalecer a noção de responsabilidade das pessoas que compõem os ninhos, não

---

[301] HIRONAKA, Giselda Maria Fernandes Novaes. Famílias paralelas. *In: Revista IBDFAM, Famílias e Sucessões*, Belo Horizonte, v.1, 55-69, p. 68, jan./fev. 2014.

numa ação que possa, aparentemente, denotar liberdade absoluta, mas no sentido democrático, de atribuição de responsabilidades a cada membro da família, sem valorizar uns, em detrimento de outros. Como projeção de futuro proposta por Michelle Perrot: "o que se gostaria de conservar da família, no terceiro milênio, são seus aspectos positivos: a solidariedade, a fraternidade, a ajuda mútua, os laços de afeto e amor. Belo sonho".[302]

---

[302] PERROT, Michelle. O nó e o ninho. *In: Veja 25 anos*: reflexões para o futuro. São Paulo: Abril, 1993.

CONSIDERAÇÕES FINAIS

O Direito de Família brasileiro chama atenção de muitos países pela sua abordagem democrática e inclusiva, que caminha a passos muito mais largos que o próprio comportamento humano.

A premissa de uma família construída num contexto livre, justo e solidário, proporcionado pela norma constitucional, tem chamado atenção pelo protagonismo na ambiência do Direito Privado, num tratamento que se revela muito mais respeitoso às individualidades da privacidade que a norma imposta pelo Código Civil brasileiro.

Os avanços quebraram as barreiras do preconceito, possibilitando a atribuição de efeitos jurídicos familiares às relações homoafetivas, por exemplo, mesmo o Brasil ocupando um dos primeiros lugares em matéria de homofobia. O Supremo Tribunal Federal aplicou a interpretação inclusiva do art. 226 da Constituição, firmando o entendimento de que, além de expressamente plurais, as famílias podem se configurar para além daquelas previstas em seu rol exemplificativo.

Venceram: a afetividade, a solidariedade, a garantia da dignidade humana, a intimidade, a liberdade na formação de família, a responsabilidade entre seus membros e, especialmente, consagrou-se o verdadeiro papel da família, como *locus* de realização pessoal de cada indivíduo.

Este movimento que permite a interpretação inclusiva da norma traz luz a um problema que frequenta os tribunais brasileiros, qual seja: a possibilidade de atribuição de efeitos jurídicos familiares às relações conjugais simultâneas.

Muitas vezes, as histórias de vida esbarram no obstáculo da monogamia, argumento comumente utilizado para *selecionar* uma família como *legítima* e deslegitimar a outra, negando-lhe direitos com base na máxima de que as relações concubinárias não geram efeitos jurídicos, porque são proibidas por lei.

Para responder à pergunta, esta pesquisa buscou traçar um panorama histórico das relações concubinárias no Brasil até o advento da união estável, um divisor de águas tanto no conceito quanto nos efeitos jurídicos.

Isto porque no Brasil, até 1988, o casamento foi a única forma de constituição de família, sendo o concubinato revelado como única forma de simultaneidade conjugal. Depois da inserção da união estável, surge uma segunda modalidade de constituição familiar simultânea e é necessário identificar nessas hipóteses seus efeitos jurídicos.

Antes de qualquer colocação a respeito das relações simultâneas nos dias atuais, foi extremamente importante identificar o comportamento da sociedade desde a sua formação. Isto porque, no período pré-colonial e durante o colonial, houve grande tolerância ao estabelecimento de relacionamentos conjugais simultâneos.

Antes do Brasil se estabelecer como colônia lusitana, a população indígena que aqui vivia, com critérios bem diversos de interação humana, tolerava a poligamia e, inclusive, a identificava como sinônimo de poder.

Com a chegada do povo português, no entanto, além da total dizimação do povo e da cultura indígena, numa avassaladora ocupação, foi necessário permitir que os colonos se relacionassem com índias e escravas (ou mulheres brancas pobres), haja vista que não traziam suas famílias de Portugal, fato que tornou inevitável a formação de famílias simultâneas àquelas mantidas no seu país de origem.

Esta tolerância, influenciada pelo interesse de ocupação das ricas terras brasileiras, gerou o povo brasileiro. Foi da mistura de culturas, origens e raças que surgiu a população tupiniquim, fato inegável. Somos todos filhos e filhas destas relações e por esta razão temos tantos sangues correndo nas veias, numa população multiétnica e cultural.

Nem mesmo a necessidade de organização das terras, ou a chegada dos padres jesuítas, pôde conter a aproximação dos povos, numa rotina diferente daquela estabelecida pelo colonizador, que respeitava as rigorosas regras das Ordenações Filipinas.

Foi necessário adaptar a norma ao Brasil, não obstante tenha sido ainda mais reforçada, haja vista que as Constituições Primeiras do Arcebispado da Bahia tiveram a missão de conformar o contexto vivido na colônia com o modelo imposto pelo colonizador.

À medida que foi tomando forma, o país foi cada vez mais absorvendo as heranças ocidentais europeias, de uma sociedade estruturada em camadas de poder, voltada ao patrimônio, fixada em bases patriarcais e matrimonializada.

Foi desta forma que o Brasil teve sua primeira norma própria, num longo processo de codificação, onde a monogamia se impôs como modelo a ser seguido ainda que a sociedade se comportasse de forma diversa. A regra então garantiu que os filhos e os relacionamentos estabelecidos em simultaneidade a um casamento fossem invisibilizados. Sem previsão positiva na norma, eram relações ilegítimas, escusas e veladas, mas eram.

Durante muitas décadas, a jurisprudência foi se amoldando às configurações que se revelavam como um desafio ao padrão. Muito embora estabelecido no *civil law*, a jurisprudência é fonte da norma jurídica que vem se revelando como uma espécie de resistência ao sistema tradicional da norma civil.

Especialmente em matéria de família. Regular o comportamento humano, ainda, em um sistema democrático, é uma tarefa difícil que exige ou muita flexibilidade da norma ou mudanças constantes nela.

A Constituição Federal, norma maior do Estado, trouxe especial proteção às famílias em 1988, após longos debates na Assembleia Nacional Constituinte, trazendo uma abordagem até então nunca vista no ordenamento jurídico, reforçando e proporcionando ao Direito Familiar um espaço para atendimento das dignidades.

Os princípios constitucionais consagrados impõem às pessoas o respeito e a responsabilidade para lidar com o próximo e assegurar que não haverá tratamento discriminatório entre pessoas.

A partir desta perspectiva de uma metodologia civil constitucional, foi forçoso identificar os dispositivos que estão fora deste ambiente plural, igualitário e livre, para combater o cotidiano das diferenças – e preconceitos.

A mulher, que sempre foi alvo de abordagem discriminatória, visto que teve sua liberdade limitada, vigiada e conduzida a assumir um comportamento sempre muito casto, para que fosse possível garantir a certeza da paternidade, buscou sua inserção no mercado de trabalho para alcançar sua autonomia financeira, assim como nos espaços políticos e de poder. Ela também passou a ser protagonista nas famílias, mas está longe de alcançar o patamar da igualdade material. Ainda é mais dependente, ainda tem menos voz, ainda assume mais responsabilidades familiares, em triplas jornadas impostas pela sociedade, que questiona aquelas que não cuidam da casa, dos filhos e do marido.

Esta mesma mulher ainda é, em maior número, a concubina que não tem direitos, porque *escolheu* se relacionar com um homem casado, cujo relacionamento é tolerado, é considerado, mas do ponto de vista jurídico, é desconsiderado.

Contudo, o sistema de normas atual não comporta este tratamento, seja porque colide com o modelo que é inclusivo, seja porque fere a dignidade da pessoa humana. Se alguém pode conviver de forma pública, contínua e duradoura com outra, se pode planejar ter ou não ter filhos, pois estes terão o mesmo tratamento, independentemente de sua origem, se podem se amparar um ao outro de forma solidária e responsável, o que justificaria esse poder desaparecer com uma ruptura, em vida, ou após a morte?

Poderia o argumento de que o Brasil é um país monogâmico tornar seletivo o ordenamento jurídico a ponto de afastar direitos de uma conformação familiar em detrimento de outra? E poderia fazê-lo mesmo diante de um Código Civil que normatiza e legitima o concubinato, conferindo-lhe deveres existenciais, como, por exemplo, o dever de alimentos? Ou, ainda, que não traz a monogamia como imposição em algumas situações?

A monogamia se apresenta como importante tanto do ponto de vista da estruturação da sociedade, que culturalmente a observa como regra de conduta, quanto do ponto de vista jurídico, porque há vedação expressa à bigamia, tipificada no Código Penal.

Contudo, ela não pode nem ser tida como elemento estruturante de todos os tipos de conjugalidade no Brasil, desde que se adotou um sistema plural, tampouco se sobrepor às garantias constitucionais para restringir direitos de forma indiscriminada, sob pena de reduzir o conceito de família ao do casamento.

Se houve avanços na Constituição Federal de 1988 e se ela é considerada, em matéria de famílias, como cidadã, foi conquista da sociedade que clamou pelo reconhecimento das uniões de fato. Aquela que hoje chamamos de união estável é, sem dúvida, o modelo mais democrático de conjugalidade, porque forçou o reconhecimento da igualdade dos filhos havidos fora do casamento, porque tem sido modelo utilizado para equiparação de direitos das famílias implícitas ao art. 226.

Além disso, a união estável acomodou o concubinato em seu conteúdo, sendo gênero daquela espécie, na medida em que encontrou nele a resposta para legitimar as relações mantidas entre pessoas casadas sem separação de fato. Se a interpretação dada ao concubinato concei-tuado pelo Código como a relação não eventual entre pessoas impedidas de se casar tem sido, até então, de exclusão, ou seja, de afirmação de sua ilegitimidade, é necessário enxergá-lo pelas lentes democráticas constitucionais, que conduzem ao reconhecimento e à legitimação das relações conjugais dotadas de afetividade, ostensibilidade e estabilidade, e inverter a lógica da interpretação da lei, que o afirma como relação não eventual.

Além dele, também não há vedação legal às uniões estáveis que se estabeleçam dentro de um mesmo lapso temporal ou, ainda, às uniões estáveis que precedem ao casamento, completando o conceito de relações conjugais simultâneas.

Quando a lei fala em impedimentos, se refere ao casamento tão somente, não trazendo qualquer restrição ao estabelecimento de duas ou mais uniões. Se partíssemos da premissa de que a monogamia é uma regra absoluta, esbarraríamos na falta de critérios também para excluir uma das uniões da proteção legal: tempo, ausência/presença de prole, coabitação, dependência econômica? Nenhum destes elementos certamente faria a diferença para a eleição de uma em detrimento de outra, a não ser o preconceito.

Atualmente, portanto, a única maneira de relações simultâneas serem teladas pelo Judiciário é na hipótese de um acordo de vontades. Se um casal apresenta para homologação um acordo, estabelecendo entre eles partilha de bens, cláusula de alimentos e guarda dos filhos, e este acordo atende aos interesses das partes, será homologado porque o Judiciário não tem poder de intervenção na vida privada a ponto de saber que, em paralelo àquela relação, existe uma outra. Mais ainda, se houver conhecimento e aquiescência de todas as partes, não haverá questionamento ou reivindicação de direitos por ninguém. Assim, se um homem casado doa patrimônio à sua companheira e a esposa, sabendo da doação, não o questiona, a propriedade se transmitirá. O mesmo ocorrerá se houver acordo entre as partes para a dissolução da relação, com atribuição de responsabilidades.

O Judiciário, no entanto, tende a negar direitos nas demandas litigiosas se o relacionamento tiver um fim e uma das partes recorrer em busca da fixação dos alimentos necessários à sobrevivência, em razão de uma dependência econômica estabelecida durante anos e muitas vezes imposta, inclusive, amparado no argumento de que o Brasil é monogâmico e, se as partes tinham conhecimento dos impedimentos para o casamento, faltou-lhes boa-fé, tratando-se a relação de *mero concubinato*.

Esta solução simplista não só reduz o concubinato como também toda e qualquer relação de fato. Isto porque uma pessoa casada, separada de fato, que viva em união estável com outra, é também impedida de se casar a não ser que se divorcie. A norma civil distancia as conjugalidades da igualdade assegurada constitucionalmente.

Mais intrigante ainda é observar a quem esta interpretação restritiva protege. É inegável que existe uma tolerância em relação às famílias simultâneas, porque, se não houvesse, como já mencionado, não haveria previsão em relação ao concubinato no Código Civil, tampouco preocupação com a garantia da igualdade de direitos entre os filhos, antes já chamados de adulterinos.

Quando o intérprete adota a aplicação excludente, afirmando que as partes agiram de má-fé e que o concubinato (ou a união estável simultânea a outra) não tem efeitos positivos, ele possivelmente estará deixando de garantir a uma das partes algum direito inerente ao fato de ter vivido em família – partilha de bens, alimentos, sucessão, impenhorabilidade do bem de família, direitos previdenciários. Certamente, a pessoa reivindicante, inegavelmente, no Brasil, a mulher, é alguém que precisa daquele direito para dar continuidade à vida com dignidade, seja pelo sustento, seja pela garantia do patrimônio que contribuiu para construir e vai ter que lidar com o argumento da parte adversa de que falta possibilidade jurídica ao pedido em razão do relacionamento ter se estabelecido de forma simultânea a um *oficial*, blindado pela justiça.

A pesquisa jurisprudencial realizada revela, ainda, a criação de mecanismos de proteção através do combate retórico das relações simultâneas, quando se decide, por exemplo, que as relações concubinárias representam espécie de ameaça, ou que é o germe de destruição de uma família. Os tribunais superiores impõem pechas, decidem que não há como estabelecer a atribuição de qualquer direito, sob a pena de colocar o concubinato acima do casamento, quando, em verdade, está negando acesso de pessoas a direitos construídos ao longo de uma vida e que lhes são garantidos por lei.

Se voltarmos à abordagem já alinhavada, de que o Judiciário muitas vezes referenda acordos celebrados, sem interferir na privacidade, a ponto de investigar se aquela relação era ou não exclusiva, e projetarmos num contexto de conflito, onde alguém busca um direito e o outro nega, chegaremos à conclusão de que o Estado vem estimulando as pessoas ao conflito e à irresponsabilidade. A lógica de atribuição de responsabilidades nas relações pessoais foi desenhada para o reconhecimento dos filhos havidos fora dos casamentos e precisava ser imposta por força do que determina a norma constitucional.

Quando o legislador afirma que os filhos receberão tratamento igualitário, independentemente de sua origem, ele está reconhecendo a pluralidade de origens; quando permite que uma família seja reconhecida de forma implícita, desde que preencha requisitos que a inserem no amplo espaço que é a família hoje, está admitindo a pluralidade;

quando permite que as pessoas escolham como querem se relacionar, está assegurando a liberdade. O Estado precisa, então, garantir a todas as pessoas o mesmo tratamento digno, sob pena de perpetuar a noção de família pela metade: para os filhos há incidência da norma familiar; para os pares, não.

Este tratamento é disforme e atentatório à dignidade humana, além de ser omisso, por parte do Estado, que tem o dever de protegê-las. Sendo a família um *locus* de realização pessoal, ela precisa prever normas de proteção integral de cada indivíduo que a compõe, razão pela qual a atribuição de efeitos jurídicos positivos às relações conjugais simultâneas decorre da interpretação inclusiva da Constituição Federal, que preenche com função familiar toda relação dotada de afetividade, estabilidade e ostensibilidade. O Código Civil brasileiro regulamenta o concubinato com regras existenciais e patrimoniais e ele não pode ser tratado de forma diferente das demais entidades familiares, pois as entidades familiares precisam ser tratadas à luz da mesma dignidade e o tratamento diferenciado fulmina de inconstitucionalidade os artigos que impõem exclusão.

A norma constitucional tem, portanto, se mostrado além das pessoas, mais solidária, mais responsável, menos preconceituosa e mais inclusiva, e enquanto o julgador se mantiver preso à interpretação mecânica, robotizada, de que a monogamia prepondera sobre todo e qualquer outro argumento, a liberdade não será para formar famílias, mas para formar e desfazer, sem qualquer responsabilização jurídica, e haverá uma praça em cada jardim.[303]

---

[303] Em homenagem e alusão à obra de Nelson Saldanha, "O jardim e a praça". SALDANHA, Nelson. *O jardim e a praça*: ensaio sobre o lado privado e o lado público da vida social e histórica. Porto Alegre: Sérgio Antônio Fabris, 1986.

REFERÊNCIAS

ADFAS. *CNJ publica acórdão sobre impossibilidade de reconhecimento de poliafetividade como entidade familiar*. Disponível em: http://adfas.org.br/2018/07/02/cnj-publica-o-julgamento-sobre-impossibildade-de-reconhecimento-de-poliafetividade-como-entidade-familiar/. Acesso em: 16 jul. 2018.

ALBUQUERQUE, Fabíola Santos; PEREIRA, Rodrigo da Cunha. A família eudemonista do século XXI. *In*: PEREIRA, Rodrigo da Cunha (Coord.). *Família*: entre o público e o privado. Porto Alegre: Magister/IBDFAM, 2012.

ALEXY, Robert. *Teoria dos Direitos Fundamentais*. (Trad. Virgílio Afonso da Silva). 2. ed. 4. reimpressão. São Paulo: Malheiros, 2011.

ALVES, Jones Figueiredo. *Triação dos bens na partilha*. Disponível em: http://www.familiaesucessoes.com.br/?p=2083. Acesso em: 07 set. 2018.

ARGENTINA. *Código Civil y Comercial de la Nación*. 1. ed. Ciudad Autónoma de Buenos Aires: Errepar, 2015.

ASSEMBLEIA GERAL DA ONU. *Declaração Universal dos Direitos Humanos*. Disponível em: https://www.unicef.org/brazil/pt/resources10133.htm. Acesso em: 17 nov. 2018.

AZEVEDO, Álvaro Vilaça de. *Do concubinato ao casamento de fato*. Belém: CEJUP, 1987.

BALEEIRO, Aliomar. *Coleção Constituições Brasileiras*. 3. ed. Brasília: Senado Federal, 2015. v. 2.

BARROS, Rodrigo Janot Monteiro de. *Parecer nº 198796/2016*. Recurso Extraordinário nº 883.168 – SC. Disponível em: File:///C:/Users/lubrasileiro/Dropbox/DOUTORADO/processo%20tema%20526/parecer%20PGR.pdf. Acesso em: 01 set. 2018.

BARROS, Sérgio Resende de. *A ideologia do afeto*. Disponível em: http://www.srbarros.com.br/pt/a-ideologia-do-afeto.cont. Acesso em: 06 jun. 2018.

BARROSO, Luís Roberto. *Curso de Direito Constitucional Contemporâneo*: os conceitos fundamentais e a construção do novo modelo. São Paulo: Saraiva Jur., 2018.

BÈJIN, André. O casamento extraconjugal dos dias de hoje. *In*: ARIÉS, Philippe; BÈJIN, André. *Sexualidades ocidentais*: contribuições para a história e para a sociologia da sexualidade. São Paulo: Brasiliense, 1985.

BEVILÁCQUA, Clóvis. *Direito de família*. Campinas: Red livros, 2001.

BEVILÁCQUA, Clóvis. *Em defesa do projecto do código civil brasileiro*. Disponível em: http://www2.senado.leg.br/bdsf/handle/id/224223. Acesso em: 12 jan. 2018.

BITTENCOURT, Edgard de Moura, *apud* DINIZ, Maria Helena. *Direito Civil Brasileiro*. São Paulo: Saraiva, 2002.

BITTENCOURT, Edgard de Moura. *O concubinato no Direito*. Rio de Janeiro: Ed. Jurídica e Universitária Ltda., 1969. v. 1.

BITTENCOURT, Edgard de Moura. *Concubinato*. São Paulo: Livraria Editora Universitária, 1975.

BOSSERT, Gustavo A. *Régimen jurídico del concubinato*. 4. ed. Buenos Aires: Astrea, 1994.

BOURDIEU, Pierre. *A dominação masculina*: a condição feminina e a violência simbólica. Rio de Janeiro: Best Bolso, 2014.

BRASIL. *Anais da Assembleia Nacional Constituinte, Constituinte Sotero Cunha*. Disponível em: file:///C:/Users/lubrasileiro/AppData/Local/Temp/Temp1_audienciap.zip/8c%20-%20 SUB.% 20FAM%C3%8DLIA,%20DO%20MENOR%20E%20DO.pdf. Acesso em: 26 jun. 2018.

BRASIL. Câmara dos Deputados. *Projeto de Lei nº 5716/2016*. Disponível em: http://www.camara.gov.br/proposicoesWeb/prop_mostrarintegra;jsessionid=B5176AB7EE C22A496E04B5B067858D5B.proposicoesWebExterno1?codteor=1473966&filename= Tramitacao-PL+5716/2016. Acesso em: 05 ago. 2018.

BRASIL. *Instituto Nacional do Seguro Social, orientações aos dependentes*. Disponível em: https://www.inss.gov.br/orientacoes/dependentes/. Acesso em: 26 ago. 2018.

BRASIL. *Jornadas de direito civil I, III, IV e V*: enunciados aprovados. (Coordenador científico Ministro Ruy Rosado de Aguiar Júnior). Brasília: Conselho da Justiça Federal, Centro de Estudos Judiciários, 2012. Disponível em: file:///C:/Users/LUBRAS~1/AppData/Local/Temp/ compilacaoenunciadosaprovados1-3-4jornadadircivilnum.pdf. Acesso em: 26 jun. 2018.

BRASIL. Lei nº 8.009, de 29 de março de 1990. *Dispõe sobre a impenhorabilidade do bem de família*. Disponível em: http://www.planalto.gov.br/ccivil_03/Leis/L8009.htm. Acesso em: 07 set. 2018.

BRASIL. Lei nº 9.278, de 10 de maio de 1996. *Regula o §3º do art. 226 da Constituição Federal*. Disponível em: http://www.planalto.gov.br/ccivil_03/Leis/L9278.htm. Acesso em: 20 jun. 2018.

BRASIL. Lei nº 8.971, de 29 de dezembro de 1994. *Regula o direito dos companheiros a alimentos e à sucessão*. Disponível em: http://www.planalto.gov.br/ccivil_03/LEIS/L8971. htm. Acesso em: 20 jun. 2018.

BRASIL. Mensagem de veto nº 420, de 10 de maio de 1996. Disponível em: http://www. planalto.gov.br/ccivil_03/Leis/Mensagem_Veto/anterior_98/VEP-LEI-9278-1996.pdf. Acesso em: 20 jun. 2018.

BRASIL. Supremo Tribunal Federal. ADI nº 4277/DF. Relator: Min. Ayres Britto. Julgamento 05.05.2011. Disponível em: http://redir.stf.jus.br/paginadorpub/paginador. jsp?docTP=AC&docID=628635. Acesso em: 10 set. 2018.

BRASIL. Supremo Tribunal Federal. *Súmula nº 447*. Disponível em: http://www.stf.jus.br/ portal/jurisprudencia/menuSumarioSumulas.asp?sumula=3113. Acesso em: 26 jun. 2018.

BRASIL. Supremo Tribunal Federal. *RE nº 83.930/SP*. Relator: Min. Antonio Neder. Disponível em: http://stf.jus.br/arquivo/cms/publicacaoRTJ/anexo/082_3.pdf. Acesso em: 20 nov. 2018.

BRASIL. Superior Tribunal de Justiça. *REsp nº 1185337/RS*. Relator: Min. João Otávio de Noronha, DJ: 17.03.2015. Disponível em: http://www.stj.jus.br/SCON/jurisprudencia/

toc.jsp?livre=alimentos+concubina&&b=ACOR&thesaurus=JURIDICO&p=true. Acesso em: 14 abr. 2018.

BRASIL. Superior Tribunal de Justiça. *REsp nº 1159242/SP*. Relatora: Min. Nancy Andrighi. DJ: 24.04.2012. Disponível em: https://ww2.stj.jus.br/processo/jsp/revista/abreDocumento. jsp?componente=COL&sequencial=14828610&formato=PDF. Acesso em: 18 jun. 2018.

BRASIL. Superior Tribunal de Justiça. *REsp nº 1157573/RN*. Relatora: Min. Nancy Andrighi. DJ: 18.05.2010. Disponível em: http://www.stj.jus.br/SCON/jurisprudencia/toc. jsp?processo=1157273&&b=ACOR&thesaurus=JURIDICO&p=true. Acesso em: 14 abr. 2018.

BRASIL. Superior Tribunal de Justiça. *REsp nº 1126173/MG*. Terceira Turma. Relator: Min. Ricardo Villas Bôas Cueva. DJ: 09.04.2013. Disponível em: http://www.stj.jus.br/SCON/ jurisprudencia/doc.jsp?processo=1126173&b=ACOR&p=true&t=JURIDICO&l=10&i=2. Acesso em: 07 set. 2018.

BRASIL. Superior Tribunal de Justiça. *REsp nº 1628701/BA*. Relator: Ministro Ricardo Villas Bôas Cueva. DJ: 17.11.2017. Disponível em: http://www.stj.jus.br/SCON/jurisprudencia/ doc.jsp?livre=bem+de+familia+e+concubinato&b=ACOR&p=true&l=10&i=1. Acesso em: 02 set. 2018.

BRASIL. Superior Tribunal de Justiça. *REsp nº 1628701/BA*. Relator: Ministro Ricardo Villas Bôas Cueva. DJ: 07.11.2017. Disponível em: http://www.stj.jus.br/SCON/jurisprudencia/ doc.jsp. Acesso em: 06 abr. 2019.

BRASIL. Supremo Tribunal Federal. *Pesquisa avançada de Repercussão Geral*. Disponível em: http://www.stf.jus.br/portal/jurisprudenciaRepercussao/pesquisarProcesso.asp. Acesso em: 14 abr. 2018.

BRASIL. Superior Tribunal de Justiça. *REsp nº 988090/MS*. Relator: Min. Luis Felipe Salomão. *DJ*: 02.02.2010. Disponível em: http://www.stj.jus.br/SCON/jurisprudencia/toc. jsp?processo=988090& &b=ACOR&thesaurus=JURIDICO&p=true. Acesso em: 14 abr. 2018.

BRASIL. Superior Tribunal de Justiça. *REsp nº 872659/MG*. Relatora: Min. Nancy Andrighi. DJ: 25.08.2009. Disponível em: http://www.stj.jus.br/SCON/jurisprudencia/toc. jsp?processo=872659& &b=ACOR&thesaurus=JURIDICO&p=true. Acesso em: 14 abr. 2018.

BRASIL. Superior Tribunal de Justiça. REsp nº 303604/SP. Relator: Min. Aldir Passarinho Junior. DJ: 20.03.2003. Disponível em: http://www.stj.jus.br/SCON/jurisprudencia/toc. jsp?processo=303604&&b=A COR&thesaurus=JURIDICO&p=true. Acesso em: 14 abr. 2018.

BRASIL. Supremo Tribunal Federal. *Despacho proferido em 11 de maio de 2015*. Disponível em: file:///C:/Users/lubrasileiro/AppData/Local/Packages/Microsoft. MicrosoftEdge_8wekyb3d8bbwe/TempState/Downloads/texto_306782955%20(1).pdf. Acesso em: 26 ago. 2018.

BRASIL. Superior Tribunal de Justiça. *AREsp nº 1164936*. Relatora: Ministra Nancy Andrighi. Disponível em: http://www.stj.jus.br/SCON/decisoes/toc.jsp?livre=uni%E3o+ est%E1vel+e+ato-fato+jur%EDdico&&b=DTXT&thesaurus=JURIDIC O&p=true. Acesso em: 24 jun. 2018.

BRASIL. Superior Tribunal de Justiça. *REsp nº 1226565/CE*. Relator Min. Raul Araújo. DJ: 14.06.2011. Disponível em: http://www.stj.jus.br/SCON/jurisprudencia/toc. jsp?processo=1226565&&b=ACOR&thesaurus=JURIDICO&p=true. Acesso em: 14 abr. 2018.

BRASIL. Tribunal de Justiça do Rio Grande do Sul. *Embargos Infringentes nº 70020816831*. Quarto Grupo de Câmaras Cíveis. Tribunal de Justiça do RS. Relator Vencido: Ruy Ruben Ruschel. Redator para Acórdão: José Ataídes Siqueira Trindade. Julgado em 14.09.2007. Disponível em: http://www1.tjrs.jus.br/site_php/consulta/consulta_processo. php?nome_comarca=Tribunal+de+Justi%E7a&versao=&versao_fonetica=1&tipo=1&id_comarca=700&num_processo_mask=70020816831&num_processo=70020816831&codE menta=2078184&temIntTeor=true. Acesso em: 25 jun. 2018.

BRASIL. Tribunal de Justiça de Pernambuco. *AC nº 296.862-5*. Quinta Câmara Cível. Relator: Des. José Fernandes Lemos. Julgado em 15.04.2014. Disponível em: http://www. tjpe.jus.br/consultajurisprudenciaweb/xhtml/consulta/escolhaResultado.xhtml. Acesso em: 07 set. 2018.

BRASIL. Tribunal de Justiça do Rio Grande do Sul. *AC nº 70009786419*. Oitava Câmara Cível. Relator: Rui Portanova. Julgado em 03.03.2005. Disponível em: http://www.tjrs. jus.br/busca/search?q=tria%C3%A7%C3%A3o&proxystylesheet=tjrs_index&client=tjrs_index&filter=0&getfields=*&aba=juris&entsp=a__politicasite&wc=200&wc_mc=1&oe=UTF-8&ie=UTF-8&ud=1&sort=date%3AD%3AS%3Ad1&as_qj=&site=ementario&as_epq=&as_oq=&as_eq=&as_q=+#main_res_juris. Acesso em: 07 set. 2018.

BRASIL. Tribunal Regional Federal da 1ª Região. *Processo nº 2004.31.00.000799-6*. Disponível em: file:///C:/Users/LUBRAS~1/AppData/Local/Temp/dd88e1810ea7e6a0ee3362ef4509d218.pdf. Acesso em: 14 jul. 2018.

BRASILEIRO, Luciana. A plasticidade na boa-fé no concubinato. *In:* EHRHARDT JÚNIOR, Marcos; LÔBO, Fabíola Albuquerque; PAMPLONA FILHO, Rodolfo (Coord.). *Boa-fé e sua aplicação no Direito brasileiro*. Belo Horizonte: Fórum, 2017.

BRASILEIRO, Luciana. Relações conjugais simultâneas. *Revista Fórum de Direito Civil*, n. 13, p. 83-94, set./dez. 2016.

BRASILEIRO, Luciana; HOLANDA, Maria Rita. A proteção da pessoa nas famílias simultâneas. *In:* MENEZES; Joyceane Bezerra de; RUZYK, Carlos Eduardo Pianovski; SOUZA, Eduardo Nunes de (Org.). *Direito Civil Constitucional*: a ressignificação dos institutos fundamentais do direito civil contemporâneo e suas consequências. Florianópolis: Conceito Editorial, 2014.

BRITTO, Carlos Ayres. *Voto vista no Recurso Extraordinário nº 397.762-8/BA, Supremo Tribunal Federal*. Disponível em: http://www.stf.jus.br/arquivo/cms/noticiaNoticiaStf/anexo/ RE397762CB.pdf. Acesso em: 09 jun. 2018.

CAENEGEM, R. C. Van. *Uma introdução histórica ao Direito Privado*. São Paulo: Martins Fontes, 2000.

CANOTILHO, J. J. Gomes. *Direito Constitucional*. Coimbra: Almedina, 1995.

CARBONERA, Silvana Maria. *Reserva da intimidade*: uma possível tutela da dignidade no espaço relacional da conjugalidade. Disponível em: https://www.acervodigital.ufpr.br/bitstream/handle/1884/19601/Tese?sequence=1. Acesso em: 24 nov. 2018.

CARNEIRO, Nelson. *Atas de Comissões da Assembleia Nacional Constituinte*. Disponível em: http://www.senado.leg.br/publicacoes/anais/constituinte/8c_Sub._Familia,_Do_Menor_E_Do.pdf. Acesso em: 05 maio 2018.

CARNEIRO, Nelson. *Aspectos da crise da família*. Curitiba: Biblioteca da Faculdade de Direito de Curitiba, 1959.

REFERÊNCIAS | 197

COMPARATO, Fábio Konder. *Ética*: direito, moral e religião no mundo moderno. 3. ed. São Paulo: Companhia das Letras, 2016.

COOPER, Thomas. *The Instituites of Justinian*. California: Byrne, 1812. Disponível em: https://books.google.com.br/books?id=Z31IAAAAYAAJ&pg=PA420&lpg=PA 420&dq=semi+matrimonium&source=bl&ots=lJcEWGKYhG&sig=4864RlgJAP6SWDg 0la5UG_cl5UU&hl=pt-BR&sa=X&ved=0ahUKEwi-6LujucvaAhUGHJAKHdQSA6kQ6AEI UzAF#v=onepage&q=concubinatus&f=false. Acesso em: 21 abr. 2018.

DELGADO, Mário Luiz. Famílias Paralelas (STJ – REsp nº 1.348.458/MG). *In: Revista Nacional de Direito de Família e Sucessões*, Porto Alegre, v. 1, jun./jul. 2014.

DIAS, Maria Berenice. *Manual de Direito das famílias*. 9. ed. São Paulo: Revista dos Tribunais, 2013.

DIAS, Maria Berenice. *Escritura reconhece união afetiva a três*. Disponível em: http://www. ibdfam.org.br/noticias/4862/novositehttp://www.ibdfam.org.br/noticias/4862/novosite. Acesso em: 16 jul. 2018.

ENGELS, Friedrich. *A origem da família, da propriedade privada e do Estado*. São Paulo: Expressão popular, 2010.

FERREIRA, Pinto. *Investigação de Paternidade, Concubinato e Alimentos*. São Paulo: Saraiva, 1987.

FRANÇA. *Code Civil Français*. Disponível em: https://www.legifrance.gouv.fr/affichCode. do;jsessionid=287DABA85F58FBF8EC0CD9E21C2D3D7F.tplgfr25s_2?idSectionTA= LEGISCTA000006136537&cidTexte=LEGITEXT000006070721&dateTexte=20180628. Acesso em: 27 jun. 2018.

FREITAS, Augusto Teixeira de. *Consolidação das Leis Civis*. Disponível em: https://siabi. trt4.jus.br/biblioteca/acervo/Doutrina/eBooks/teixeira%20freitas_consolidação%20leis%20 civis.pdf. Acesso em: 11 nov. 2018.

FREYRE, Gilberto. *Casa Grande & Senzala*: formação da família brasileira sob o regime patriarcal. 25. ed. Rio de Janeiro: José Olympio, 1987.

GOMES, Orlando. *Raízes históricas e sociológicas do Código Civil Brasileiro*. 2. ed. São Paulo: Martins Fontes, 2006.

GOLÇALVES, Carlos Roberto. *Direito Civil Brasileiro*: Direito de família, 13. ed. São Paulo: Saraiva, 2016. v. 6.

GUIAME. Relações Paralelas em pauta no STF. Disponível em: https://guiame.com.br/ colunistas/dra-regina-beatriz-tavares-da-silva/relacoes-paralelas-em-pauta-no-stf.html, acesso em: 15 mar. 2020.

HART, H. L. A. *O conceito de Direito*. São Paulo: Martins Fontes, 2012.

HESPANHA, António Manuel. *A política perdida*: ordem e governo antes da modernidade. Curitiba: Juruá, 2010.

HESSE, Konrad. *A força normativa da Constituição* (Die normative Kraft der Verfassung. Trad. Gilmar Ferreira Mendes). Porto Alegre: Sérgio Antônio Fabris Editor, 1991.

HIRONAKA, Giselda Maria Fernandes Novaes. Famílias paralelas. *In: Revista IBDFAM, Famílias e Sucessões*, Belo Horizonte, v. 1, p. 55-69, jan./fev. 2014.

HONNET, Axel. *O direito da liberdade* (Das Recht der Freiheit. Trad. Saulo Krieger). São Paulo: Martins Fontes, 2015.

IBGE. *Mulheres dedicam praticamente o dobro do tempo a tarefas domésticas e cuidados de pessoas.* Disponível em: https://agenciadenoticias.ibge.gov.br/agencia-noticias/2013-agencia-de-noticias/releases/20911-pnad-continua-2017-realizacao-de-afazeres-domesticos-e-cuidados-de-pessoas-cresce-entre-os-homens-mas-mulheres-ainda-dedicam-quase-o-dobro-do-tempo.html. Acesso em: 29 maio 2018.

IBGE. *Estatísticas de Registro Civil.* Disponível em: https://www.ibge.gov.br/estatisticas-novoportal/sociais/populacao/9110-estatisticas-do-registro-civil.html?=&t=downloads. Acesso em: 29 maio 2018.

JONAS, Hans. *O princípio responsabilidade*: ensaio de uma ética para a civilização tecnológica (Das Prinzip Verantwortuong: Vesuch einer ethic für die Technologiche Zivilisation. Trad. Marijane Lisboa, Luiz Barros Montez). Rio de Janeiro: Contraponto: Ed. PUC-Rio, 2006.

JUS.COM.BR. *O que fazer para um filho não ter direito aos bens do pai?* Disponível em: https://jus.com.br/duvidas/540942/o-que-fazer-para-um-filho-nao-ter-direito-aos-bens-do-pai. Acesso em: 23 nov. 2018.

KANT, Immanuel. *Fundamentação da metafísica dos costumes.* Disponível em: http://www.xr.pro.br/IF/KANT-Fundamentacao_da_Metafisica_dos_Costumes.pdf. Acesso em: 19 maio 2018.

LEI FUNDAMENTAL DA REPÚBLICA FEDERAL DA ALEMANHA. *Lei fundamental de Bonn (Grundgesetz).* Disponível em: https://www.btg-bestellservice.de/pdf/80208000.pdf. Acesso em: 08 maio 2018.

LÉVI-STRAUSS, Claude. *As estruturas elementares do parentesco.* 5. ed. Petrópolis: Vozes, 2009.

LÔBO, Paulo. *A concepção da União Estável como Ato-Fato Jurídico e suas repercussões processuais.* Disponível em: http://www.evocati.com.br/evocati/artigos.wsp?tmp_codartigo=385. Acesso em: 24 jun. 2018.

LÔBO, Paulo. *A repersonalização das relações de família.* Disponível em: https://jus.com.br/artigos/5201/a-repersonalizacao-das-relacoes-de-familia. Acesso em: 09 jun. 2018.

LÔBO, Paulo. As vicissitudes da igualdade e dos deveres conjugais no direito brasileiro. *In: Revista Brasileira de Direito de Família*, Porto Alegre, n. 26, out./nov. 2004.

LÔBO, Paulo. Boa-fé do direito civil: do princípio jurídico ao dever geral de conduta. *In*: EHRHARDT JÚNIOR, Marcos; LÔBO, Fabíola Albuquerque; PAMPLONA FILHO, Rodolfo (Coord.). *Boa-fé e sua aplicação no direito brasileiro.* 2. ed. rev. e atual. Belo Horizonte: Fórum, 2019.

LÔBO, Paulo. *Direito Civil*: contratos. São Paulo: Saraiva, 2011.

LÔBO, Paulo. *Direito Civil*: famílias. 8. ed. São Paulo: Saraiva, 2018.

LÔBO, Paulo. *Direito Civil*: famílias. São Paulo: Saraiva, 2008.

LÔBO, Paulo. *Direito Civil*: sucessões. São Paulo: Saraiva, 2016.

LÔBO, Paulo. *Entidades familiares constitucionalizadas*: para além do *numerus clausus*. Disponível em: http://www.egov.ufsc.br/portal/sites/default/files/anexos/9408-9407-1-PB.pdf. Acesso em: 14 abr. 2018.

REFERÊNCIAS | 199

LÔBO, Paulo. *Famílias contemporâneas e as dimensões da responsabilidade.* Disponível em: https://jus.com.br/advogados/participe/plus?utm_campaign=Seja%2520JusPlus&utm_medium=modal&utm_source=jus. Acesso em: 09 jun. 2018.

LÔBO, Paulo. Família e conflito de direitos fundamentais. *In: Separata de Lex Familia e Revista Portuguesa de Direito da Família,* ano 8, n. 16, jul./dez. 2011.

LÔBO, Paulo. *Princípio da solidariedade familiar.* Disponível em: http://www.ibdfam.org.br/_img/congressos/anais/78.pdf. Acesso em: 25 maio 2018.

M DE MULHER. *Com 03 mulheres e quase 27 filhos, Mr. Catra afirma: 'Deus fez isso por mim, deixo tudo nas mãos Dele'.* Disponível em: https://mdemulher.abril.com.br/famosos-e-tv/com-3-mulheres-e-quase-27-filhos-mr-catra-afirma-deus-fez-isso-por-mim-deixo-tudo-nas-maos-dele/. Acesso em: 17 nov. 2018.

MIRANDA, Pontes de. *Tratado de Direito de Família.* vol. I: Direito Matrimonial. São Paulo: Max Limonad, 1947.

MIRANDA, Pontes de. *Tratado de Direito de Família*: direito matrimonial (continuação). 3. ed. inteiramente refundida e aumentada. São Paulo: Max Limonad, 1947. v. 2.

MIRANDOLA, Pico Della. *A dignidade do homem* (Oratio de Hominis Dignitate. Trad. Luiz Feracine). São Paulo: Escala, [ano: -].

MORAES, Maria Celina Bodin de. *Na medida da pessoa humana*: estudos de direito civil-constitucional. Rio de Janeiro: Renovar, 2010.

MULTEDO, Renata Vilela. *Liberdade e família*: limites para a intervenção do Estado nas relações conjugais e parentais. Rio de Janeiro: Editora Processo, 2017.

NASCIMENTO, Hudson Nogueira; SANTOS, Giovana Ferreira Martins Nunes. A (não) recepção do crime de bigamia à luz do princípio da dignidade da pessoa humana das famílias plurimas, poliafetivas ou socioafetivas. *In: Revista dos Tribunais,* v. 943, p. 127-151, 2014.

NÓBREGA, Manuel da. Nesta terra há um grande pecado. Disponível em: *www.correioims.com.br/carta/nesta-terra-ha-um-grande-pecado/.* Acesso em: 05 jan. 2018.

OLIVEIRA, José Lamartine Corrêa de; MUNIZ, Francisco José Ferreira. *Direito de família*: direito matrimonial. Porto Alegre: Sérgio Antônio Fabris, 1990.

ORDENAÇÕES FILIPINAS. Os filhos gerados eram tidos como ilegítimos. Disponível em: http://www1.ci.uc.pt/ihti/proj/filipinas/l5p1189.htm. Acesso em: 09 jan. 2018.

PAMPLONA FILHO, Rodolfo. Delimitação conceitual do princípio da boa-fé. *In:* EHRHARDT JÚNIOR, Marcos; LÔBO, Fabíola Albuquerque; PAMPLONA FILHO, Rodolfo (Coord.). *Boa-fé e sua aplicação no direito brasileiro.* 2. ed. rev. e atual. Belo Horizonte: Fórum, 2019.

PEREIRA, Lafayette Rodrigues. *Direitos de família.* 5. ed. São Paulo: Freitas Bastos, 1956.

PEREIRA, Rodrigo da Cunha. *Concubinato e União Estável.* Belo Horizonte: Del Rey, 2004.

PEREIRA, Rodrigo da Cunha. *Princípios fundamentais norteadores para o direito de família.* Belo Horizonte: Del Rey, 2006.

PEREIRA, Rodrigo da Cunha. *Código Civil das Famílias Anotado.* 4. ed. Curitiba: Juruá, 2002.

PEREIRA, Rodrigo da Cunha. *Dicionário de Direito de Família e sucessões ilustrado*. 2. ed. São Paulo: Saraiva Jur., 2018.

PEREIRA, Rodrigo da Cunha. *STF premia a irresponsabilidade ao negar rateio de pensão para união simultânea*. Disponível em: https://ibdfam.org.br/artigos/1616/STF+premia+a+irrespon-sabilidade+ao+negar+rateio+de+pens%C3%A3o+para+uni%C3%A3o+simult%C3%A2nea. Acesso em: 31 jul. 2021.

PEREIRA, Virgílio de Sá. *Direito de família*: lições do professor catedrático de direito civil. 3. ed. atual. Legislativamente. Rio de Janeiro: Forense, 2008.

PERROT, Michelle. O nó e o ninho. *In: Veja 25 anos*: reflexões para o futuro. São Paulo: Abril, 1993.

PIOVESAN, Flávia. *Direitos Humanos e o Direito Constitucional Internacional*. 9. ed. São Paulo: Saraiva, 2008.

PORTALDORI. *Número de uniões estáveis cresce cinco vezes mais rápido do que o de casamentos*. Disponível em: https://www.portaldori.com.br/2017/02/20/numero-de-unioes-estaveis-cresce-cinco-vezes-mais-rapido-do-que-o-de-casamentos/. Acesso em: 19 jun. 2018.

PORTALIS, Jean-Étienne-Marie. *Discours preliminaire du premier projet du code civil*. Disponível em: http://www.justice.gc.ca/fra/apd-abt/gci-icg/code/page05.html. Acesso em: 04 jun. 2018.

PRIORE, Mary Del. *Histórias da gente brasileira*: Colônia. São Paulo: Leya, 2016. v. 1.

QUINTAS, Fátima. *A mulher e a família no final do século XX*. 2. ed. Recife: Massangana, 2005.

RIBEIRO, Darcy. *O povo brasileiro*: a formação e o sentido do Brasil. São Paulo: Global, 2015.

RODRIGUES JUNIOR, Otávio Luiz. Distinção sistemática e autonomia epistemológica do direito civil contemporâneo em face da constituição e dos direitos fundamentais. (Livre-docência) 2017. p. 359-360. Tese (Doutorado em Direito) – Departamento de Direito Civil, Faculdade de Direito da Universidade de São Paulo, São Paulo.

ROMINELLI, Ronald. Eva Tupinambá. *In*: PRIORE, Mary Del (Org.); PINSKY, Carla Bassanezi (Coord.). *História das mulheres no Brasil*. São Paulo: Contexto, 2017.

RUZYK, Carlos Eduardo Pianovski. *Famílias simultâneas*: da unidade codificada à pluralidade constitucional. Rio de Janeiro: Renovar, 2005.

RUZYK, Carlos Eduardo Pianovski. *Famílias Simultâneas e monogamias*. Disponível em: file:///C:/Users/lubrasileiro/Dropbox/DOUTORADO/texto%20monogamia%20pianovsky. pdf. Acesso em: 05 jul. 2018.

SALDANHA, Nelson. *O jardim e a praça*: ensaio sobre o lado privado e o lado público da vida social e histórica. Porto Alegre: Sérgio Antônio Fabris, 1986.

SARLET, Ingo Wolfgang. *Dimensões da dignidade*: ensaios de Filosofia do Direito e Direito constitucional. Porto Alegre: Livraria do Advogado, 2009.

SARMENTO, Daniel. *Dignidade da pessoa humana*: conteúdo, trajetórias e metodologia. 2. ed. Belo Horizonte: Fórum, 2016.

SCHREIBER, Anderson. *Manual de Direito Civil Contemporâneo*. São Paulo: Saraiva Jur., 2018.

REFERÊNCIAS | 201

SCHREIBER, Anderson. *O princípio da boa-fé objetiva no direito de família*. Disponível em: http://www.ibdfam.org.br/_img/congressos/anais/6.pdf. Acesso em: 12 ago. 2018.

SERVICE-PUBLIC FRANCE. *Qui peut concluire un PACS?* Disponível em: https://www.service-public.fr/particuliers/vosdroits/F1618. Acesso em: 24 jun. 2018.

SARAIVA, Jaqueline. Mr. Catra não deixou herança para mulheres e 32 filhos: família do funkeiro que morreu após luta contra o câncer deve se virar apenas com os lucros de direitos autorais. Disponível em: https://www.metropoles.com/vida-e-estilo/celebridades/mr-catra-nao-deixou-heranca-para-mulheres-e-32-filhos. Acesso em: 17 nov. 2018.

SILVA, José Afonso da. *Teoria do Conhecimento Constitucional*. São Paulo: Malheiros, 2014.

SIMÃO, José Fernando. *Doutrina nem jurisprudência reconhecem prestação de alimentos a amantes*. Disponível em: https://www.conjur.com.br/2017-mai-21/nao-existe-dever-prestar-alimentos-entre-concubinos. Acesso em: 25 jun. 2018.

SILVA, Maria Beatriz Nizza da. *História da família no Brasil Colonial*. Rio de Janeiro: Nova Fronteira, 1998.

SILVA, Marcos Alves da. *Da monogamia*: a sua superação como princípio estruturante do direito de família. Curitiba: Juruá, 2013.

SILVA, Marilda Santana da. *Dignidade e transgressão*: mulheres no tribunal eclesiástico em Minas Gerais (1748-1830). São Paulo: UNICAMP, 2001.

SILVA, Regina Beatriz Tavares da. *O que será das mulheres de Mr. Catra?* Disponível em: https://politica.estadao.com.br/blogs/fausto-macedo/o-que-sera-das-mulheres-de-mr-catra. Acesso em: 17 nov. 2018.

STANLEY-BECKER, Isaac. *$8.8 million 'alienation of affection' penalty*: another reason not to have an affair in North Carolina. Disponível em: https://www.washingtonpost.com/news/morning-mix/wp/2018/07/31/8-8-million-alienation-of-affection-award-another-reason-not-to-have-an-affair-in-north-carolina/?noredirect=on&utm_term=.4cce7a74da28. Acesso em: 12 ago. 2018.

TARTUCE, Flávio. *O princípio da boa-fé objetiva no direito de família*. Disponível em: http://www.ibdfam.org.br/_img/congressos/anais/48.pdf. Acesso em: 12 ago. 2018.

TAYLOR, Robert F. *Concubinage and union libre*: a historical comparison of the rights of unwed cohabitants in wrongful death actions in France and Louisiana. Disponível em: http://digitalcommons.law.uga.edu/cgi/viewcontent.cgi?article=1893&context=gjicl. Acesso em: 26 fev. 2018.

Thiago Salvático, companheiro de Gugu, entra na disputa pela herança do apresentador. Disponível em: https://istoe.com.br/thiago-salvatico-companheiro-de-gugu-entra-na-disputa-pela-heranca-do-apresentador/, acesso em: 15 mar. 2020.

TORRES-LODOÑO, Fernando. *A outra família*: concubinato, igreja e escândalo na colônia. São Paulo: Edições Loyola, 1999.

TORRES-LODOÑO, Fernando. *As Constituições do Arcebispado da Bahia de 1707 e a presença da escravidão*. Disponível em: http://www.humanas.ufpr.br/portal/cedope/files/2011/12/AsConstitui%C3%A7%C3%B5es-do-Arcebispado-da-Bahia-de-1707-e-a-presen%C3%A7a-da-escravid%C3%A3o-Fernando-Torres-Londono.pdf. Acesso em: 04 jan. 2018.

VELOSO, Zeno. *Código Civil Comentado*: Direito de família. Alimentos. Bem de Família. União Estável. Tutela e Curatela. Arts. 1.694 a 1.783, vol. XVII. (Coord. Álvaro Vilaça Azevedo). São Paulo: Atlas, 2003.

VIDE, Sebastião Monteiro da. *Constituições Primeiras do Arcebispado da Bahia*. Brasília: Senado Federal, 2011.

VILLELA, João Baptista. *Liberdade e família*. Belo Horizonte: Faculdade de Direito da UFMG, 1980.

VILLELA, João Baptista. As novas relações da família. *Anais da XV Conferência Nacional da Ordem dos Advogados do Brasil*: ética, democracia e justiça. São Paulo: JBA Comunicações, 1995.

YVON, TOUSSAINT. Adultério. *In*: DIDEROT, Denis; D'ALEMBERT, Jean Le Rond. *Enciclopédia Sociedade e artes*. (Encyclopédie, ou Dictonnaire raisonné des sciences, des arts et des métiers. Trad. Maria das Graças de Souza). São Paulo: Ed. Unesp, 2018. v. 5.

Esta obra foi composta em fonte Palatino Linotype, corpo 10
e impressa em papel Pólen Bold 70g (miolo) e Supremo 250g (capa)
pela Gráfica Paulinelli.